KB131369

불안과 억압

불안과 억압

지크문트 프로이트 황보석 옮김

일러두기

1. 열린책들의 『프로이트 전집』 2020년 신판은 기존의 『프로이트 전집』(전15권, 제2판, 2003)을 다시 한 번 교열 대조하여 펴낸 것이다. 일부 작품은 전체를 재번역했다. 권별 구성은 제2판과 동일하다.

2. 번역 대본은 독일 피셔 출판사 S. Fischer Verlag 간행의 『지크문트 프로이트 전집 Sigmund Freud Gesammelte Werke』과 현재까지 발간된 프로이트 전집 가운데 가장 충실하고 권위 있는 전집으로 알려진 제임스 스트레이치 James Strachey 편집의 『표준판 프로이트 전집 The Standard Edition of the Complete Psychological Works of Sigmund Freud』을 사용했다. 그러나 각 권별 수록 내용은 프로이트 저술의 발간 연대기순을 따른 피셔판 『전집』이나 주제별 편집과 연대기적 편집을 절충한 『표준판 전집』보다는, 『표준판 전집』을 토대로 주제별로 다시 엮어 발간된 『펭귄판』을 참고했다.

3. 본 전집에는 프로이트의 주요 저술들이 모두 수록되어 있다. 다만, (1) 〈정신분석〉이란 용어가 채 구상되기 이전의 신경학에 관한 글과 초기의 저술, (2) 정신분석 치료 전문가들을 위한 치료 기법에 관한 글, (3) 개인 서신, (4) 서평이나 다른 저작물에 실린 서문 등은 제외했다. (이들 미수록 저작 중 일부는 열린책들에서 2005년 두 권의 별권으로 발행되었다.)

4. 논문이나 저서에 이어 ( ) 속에 표시한 연도는 각 저술의 최초 발간 시기를 나타내며, 집필 연도와 발간 연도가 다를 경우에는 [ ] 속에 집필 연도를 병기했다.

5. 주석의 경우, 프로이트 자신이 붙인 원주는 각주 뒤에 〈 ─ 원주〉라고 표시했으며, 옮긴이주는 별도 표시 없이 각주 처리했다.

6. 본문 중에 용어의 원어가 필요할 때는 독일어를 병기했다.

이 책은 실로 꿰매어 제본하는 정통적인 사철 방식으로 만들어졌습니다.
사철 방식으로 제본된 책은 오랫동안 보관해도 손상되지 않습니다.

차례

신경증과 정신증에서 현실감의 상실　203

억압, 증상 그리고 불안　213

신경 쇠약증에서 〈불안 신경증〉이라는 특별한 증후군을 분리시키는 근거에 관하여

Über die Berechtigung, von der Neurasthenie einen bestimmten Symptomenkomplex als 'Angstneurose' abzutrennen (1895[1894])

이 논문은 빌헬름 플리스에게 보낸 원고의 형태로 시작되어 프로이트 사망 후에 출간되었다(1950). 프로이트가 초기에 쓴 논문들을 읽을 때는 당시에 그가 심리학의 자료들을 신경학의 용어로 설명하려는 시도에 깊이 몰두하고 있었다는 사실을 염두에 두는 것이 바람직하다. 무위로 끝난 그 시도는 「과학적 심리학 초고」(이 논문의 원고가 쓰인 지 몇 달 뒤인 1895년 가을에 완성되었지만, 이 논문과 마찬가지로 그의 사후인 1950년에 출간됨)에서 절정을 이루었다가 완전한 실패로 돌아갔다. 그때까지만 해도 프로이트는 무의식적인 정신 과정이 있다는 가설을 전적으로 받아들이지 않았다. 그러므로 이 논문에서도 그는 〈신체적인 성 흥분〉과 〈성적 리비도 또는 심리적인 욕구〉를 별개의 것으로 구분한다. 그러나 〈리비도〉가 순전히 〈심리적인〉 것으로 간주된다고 해도 〈심리적인〉 것과 〈의식적인〉 것 사이의 명확한 구분은 아직 이루어지지 않은 것으로 보인다. 프로이트 자신이 불과 2년 뒤인 1897년에 쓴 이 논문의 초록(抄錄)에서 리비도가 잠재적으로 무의식적인 것이라는 견해를 분명하게 받아들여 〈신경증적 불안이 성적 리비도로 바뀐다〉라고 쓴 것을 주목한다면 흥미로울 것이다.

그러나 프로이트가 어떤 용어를 써서 표현했든 이 이론은, 비록 여러 가지 제한적이고 복잡한 문제들을 안고 있기는 해도 그가 만년까지 고수했다.

이 논문은 1895년 『신경학 중앙지 Neurologische Centralblatt』 제14권에 처음 실렸으며, 『저작집 Gesammelte Schriften』 제1권(1925), 『전집 Gesammelte Werke』 제1권(1952)에 실렸다. 영어 번역본은 1909년 브릴 A. A. Brill이 "On the Right to Separate from Neurasthenia a Definite Symptom-Complex as 'Anxiety Neurosis'"라는 제목으로 번역하여 『히스테리와 그 밖의 정신 신경증에 대한 논문집 Selected Papers on Hysteria and other Psycho-Neuroses』에 처음 실렸으며, 릭먼 J. Rickman이 "The Justification for Detaching from Neurasthenia a Particular Syndrome: the Anxiety-Neurosis"라는 제목으로 번역하여 『논문집 Collected Papers』 제1권(1924)과 『표준판 전집 The Standard Edition of the Complete Psychological Works of Sigmund Freud』 제3권(1962)에 실렸다.

서론

신경 쇠약증*Neurasthenie*에 관해서는, 비어드[1]가 그 용어에 포함시킨 모든 증상을 다루기 위해 그 명칭을 사용하는 한, 보편타당한 언급을 하기가 매우 어렵다. 내가 보기에 그 용어는, 만일 우리가 진정한 신경 쇠약증과 그 밖의 모든 신경 장애를 구분하려고 했을 때, 신경 병리학에 덧붙여진 명칭에 지나지 않는다. 진정한 신경 쇠약증과 구분되는 신경 장애에서는 한편으로 증상들이 신경 쇠약증의 전형적인 증상들(두개골 내부 압박, 척추의 통증, 고창증[鼓脹症]과 변비를 수반하는 소화 불량 등)보다 서로 더 밀접하게 관련되어 있고, 다른 한편으로는 병인과 메커니즘에서 전형적인 신경 쇠약성 신경증과 본질적인 차이를 보인다. 만일 우리가 이 구분법을 받아들인다면, 우리는 곧 신경 쇠약증에 관하여 훨씬 더 단일한 심상을 얻게 될 것이다. 그리고 다음에는 진정한 신경 쇠약증으로부터 여러 가지 유사 신경 쇠약증(조직적으로 결정된 코의 반사 신경증에서 관찰되는 임상적 상황,[2] 불량한 건

---

1 G. M. Beard(1839~1883). 미국의 신경학자로서 신경 쇠약증 연구의 중요 권위자로 간주된다. 비어드의 『미국인의 신경 작용 — 그 원인과 결과*American Nervousness, its Causes and Consequences*』(1881)와 『성적 신경 쇠약(신경 피로) — 그 위생법, 원인, 증상 그리고 치료*Sexual Neurasthenia(Nervous Exhaustion), Its Hygiene, Causes, Symptoms and Treatment*』(1884) 참조.

강 상태와 동맥 경화증으로 인한 신경 장애, 정신 이상자와 몇몇 정신증 환자들이 보이는 전신 마비의 예비 단계 등)을 지금까지 가능했던 것보다 좀 더 명확하게 구분할 수 있을 것이다. 그리고 한 걸음 더 나아가서는 뫼비우스Möbius가 제안했듯이 유전적으로 퇴화한 개인들에게서 신경과민 상태를 일부 제거할 수 있을 것이며, 또한 오늘날 신경 쇠약증 — 특히 간헐적이거나 주기적 성격의 신경증 — 이라고 설명되는 증상 가운데 많은 것이 우울증의 범주에 포함되어야 하는 이유도 알게 될 것이다.

그러나 가장 현저한 변화는 내가 다음 페이지들에서 설명하고자 하는, 특히 위에서 본 몇 가지 상태를 충분히 만족시키는 증후군을 신경 쇠약증에서 분리하기로 할 경우에 도입될 것이다. 이 증후군의 증상들은 진정한 신경 쇠약증의 증상들보다 서로 훨씬 더 밀접하게 관련되어 있으며(이 증상들은 흔히 함께 나타나고 병이 진행되는 과정에서 서로 교체된다), 병인과 메커니즘도 진정한 신경 쇠약증의 병인 및 메커니즘과 근본적으로 다르다. 진정한 신경 쇠약증은 위에서 본 분리가 이루어진 뒤에 남는 증상일 것이기 때문이다.

나는 이 증후군을 〈불안 신경증Angstneurose〉[3]이라고 부른다. 왜냐하면 그 증후군의 모든 구성 요소들이 불안의 주된 증상을 중심으로 묶일 수 있고, 그 하나 하나가 불안과 명백한 관련을 맺고

2 이것은 플리스가 1892년과 1893년에 제안하여 프로이트에게 영향을 미친 임상적 실체였다.

3 프로이트가 출판물에서 이 단어를 독일어로 쓴 것은 이때가 처음이다. 그는 이미 1895년의 「강박증과 공포증Obsessions et Phobies」에서 프랑스어로 같은 뜻을 가진 névrose d'angoisse라는 용어를 쓴 바 있는데, 뢰벤펠트Löwenfeld는 『심리적 강박 현상Die psychischen Zwangserscheinungen』(1904)에서 그 개념과 용어가 모두 프로이트에게서 비롯되었다고 밝히고 있다. 불안 정신증anxiety psychosis을 구분하기 위한 시도는 좀 더 이른 1894년 베르니케Wernicke에 의해서 이루어졌다.

있기 때문이다. 나는 불안 신경증의 증상들에 관한 견해가 나에게서 비롯되었다고 생각했지만, 헤커 E. Hecker의 흥미로운 논문[4]을 입수한 뒤로 똑같은 해석이 더할 나위 없이 명확하고 완벽하게 상술되어 있는 것을 알았다.[5] 그런데 헤커는 몇몇 특정한 증상들을 불안 발작과 동일한 것이거나 불안 발작의 조짐이 되는 것으로 인식하기는 했어도, 그 증상들을 내가 제안한 것처럼 신경 쇠약증의 영역에서 분리하지는 않았다. 이것은 분명히 그가 두 가지 사례에서 병인적 결정 요인들 사이의 차이점을 고려하지 않았기 때문이다. 그러나 결정 요인들 사이의 차이점이 인식되고 나면 불안증의 증상들을 진정한 신경 쇠약증의 증상들과 같은 이름으로 부를 필요가 없어진다. 어떻게 본다면 독단적일 수도 있는 다른 이름을 붙이는 주된 목적은 일반론을 더 쉽게 정의하려는 것이기 때문이다.

4 「신경 쇠약에서 나타나는 유충적이고 불완전한 불안 상태 Über larvirte und abortive Angstzustände bei Neurasthenie」(1893).

5 불안 Angst은 사실상 칸 Kaan의 저서 『강박 관념과 첫 번째 사고 강박에서 비롯된 신경 쇠약의 불안 정동 Der neurathenische Angstaffekt bei Zwangsvorstellungen und der primordiale Grübelzwang』(1893)에서 신경 쇠약증의 주된 증후군 가운데 하나로 제시되었다.

1. 불안 신경증의 임상적 증후

내가 〈불안 신경증〉이라고 부르는 증상은 완전히 발전된 형태 또는 초보적인 형태로, 즉 다른 신경증들과 분리된 형태 또는 결합된 형태로 관찰될 수 있다. 그러나 불안 신경증이 임상적 실체라는 느낌을 특별히 뒷받침해 주는 것은, 물론 어느 정도 완전하면서 동시에 고립된 사례들에서이다. 다른 사례들, 즉 증후군이 다른 〈복합 신경증 *die gemischte Neurose*〉에 해당하는 사례들에서는 신경 쇠약증이나 히스테리에 속하는 것이 아니라 불안 신경증에 속하는 증후군들을 가려내어 분리해야 한다.

불안 신경증의 임상적 상황에는 다음의 증상들이 포함된다.

(1) 전반적인 흥분성 *die allgemeine Reizbarkeit*. 이것은 신경증에 공통된 증상이며, 따라서 많은 신경과민 상태 *status nervosi*의 일부를 이룬다. 내가 여기서 흥분성을 언급하는 이유는 그 증상이 불안 신경증에 반드시 나타나며 이론적으로도 중요하기 때문이다. 증가된 흥분성은 언제나 흥분을 축적하거나 그런 축적을 견디지 못하는 — 말하자면 절대적이거나 상대적인 흥분의 축적 — 경향이 있다. 이 증가된 흥분성의 한 가지 징후에 대해서는 특별한 언급이 있어야 할 것으로 보인다. 나는 청각 과민증 *Gehörshyperästhesie*, 즉 소음에 대한 신경과민 — 의심할 바 없이 청각적 느낌과 공포 사

이에 선천적으로 밀접한 관계가 있는 것으로 설명되는 증후군 —
에 관해서 이야기하려는 것이다. 청각 과민증은 흔히 불면의 원
인으로 밝혀지는데, 불안 신경증에는 여러 가지 형태의 불면증이
포함된다.

(2) 불안 예기 *Angsterwartung*. 내가 염두에 두고 있는 상태를 설
명하려면 이 불안 예기라는 명칭을 써서 몇 가지 예를 드는 편이
가장 나을 것이다. 불안 예기로 고통받는 여자는 예를 들면 감기
에 걸린 남편이 기침을 할 때마다 독감성 폐렴을 생각할 것이고,
그녀의 마음의 눈에는 남편의 장례식이 보일 것이다. 또 외출했
다 돌아왔을 때 문 앞에 사람들이 서 있는 것을 보면 그녀는 자신
의 아이가 창문에서 떨어졌다는 생각을 하게 될 것이며, 벨 소리
가 들리면 누군가가 부고(訃告)를 가져왔다거나 하는 식으로 생
각할 수도 있다. 그러나 위에서 본 예들은 모두 단순한 가능성을
확대해서 생각할 만한 근거가 전혀 없는 경우이다.

불안 예기는 보통 근심이라고 일컬어지는 모든 상태 — 또는
비관적인 견해를 취하는 경향 — 를 포함하는 정상적인 불안으로
차츰차츰 바뀐다. 그러나 이 불안 예기는 기회가 있을 때마다 근
심이라고 할 만한 범위를 넘어서고, 잠재적인 자아에 의해 일종
의 강박으로 인식될 때가 많다. 그런 이유로 우리는 환자 자신의
건강과 관련된 불안 예기의 한 형태에 별도로 건강 염려증
*Hypochondrie*이라는 오래된 이름을 붙일 수도 있을 것이다. 그러나
건강 염려증이 취하는 극단적인 형태는 일반적인 불안 예기의 경
우와 항상 같지는 않으며, 그 전제 조건으로서 착감각(錯感覺)과
신체적으로 괴로운 느낌이 있어야 한다. 그러므로 건강 염려증은
종종 볼 수 있는 것처럼, 환자들이 불안 신경증에 걸렸을 때 진정
한 신경 쇠약증의 지원을 받는 형태이다.[6]

불안 예기의 좀 더 심각한 표현은 의심할 바 없이 도덕적 불안 *Gewissensangst*[7]을 일으키기 쉬운, 즉 꼼꼼하고 융통성 없는 성향 — 도덕적인 감수성이 평균치보다 더 큰 사람들에게서 매우 자주 나타나고 정상 상태에서부터 지나친 형태의 의심 광증*Zweifelsucht*으로까지 바뀌는 성향 — 을 지닌 사람에게서 관찰될 수 있다.

불안 예기는 신경증의 핵심적인 증상이며, 또한 신경증 이론의 일부를 분명하게 밝혀내기도 한다. 여기에서 우리는 일정한 양의 불안이 자유로이 떠돌아다니는 상태로 존재하다가 기대가 있는 곳에서 관념의 선택을 통제하고 적절한 관념 작용의 내용과 언제든 결합할 준비가 되어 있다고 볼 수 있을 것이다.

(3) 그러나 불안 — 의식의 관점에서는 대체로 잠재해 있지만 항상 이면에 숨어 있는 — 은 그 외에 다른 표현 수단을 가지고 있어서 연상에 의해 일깨워지지 않고도 갑자기 의식으로 침투하여 불안 발작을 일으킬 수 있다. 그런 종류의 불안 발작은 연관된 관념이 전혀 없이 불안감만으로 이루어지거나, 또는 자기가 죽거나, 뇌졸중 발작을 일으키거나, 미치거나 하지 않을까 하는 등의 두려움을 수반할 수도 있다. 또 때로는 불안감에 어떤 종류의 착감각(히스테리의 전조와 유사한)[8]이 결합될 수도 있고, 마지막으로는 불안감이 호흡, 심장 박동, 혈관 운동 신경 지배, 또는 내분비샘의 활동 같은 신체 기능들 가운데 하나나 그 이상의 장애와 결

---

6 프로이트는 『히스테리 연구』(프로이트 전집 3, 열린책들)에서 다른 신경증들에 대한 건강 염려증의 관계를 좀 더 언급했다. 그리고 훨씬 더 나중에, 특히 자기애에 관한 논문 「나르시시즘 서론」(프로이트 전집 11, 열린책들) 제2절에서 그 주제로 다시 돌아왔다.

7 글자 뜻대로라면 〈양심 불안〉. 이것은 프로이트가 가장 나중에 저술한 몇몇 논문들에서 중요한 주제였는데, 그런 예로는 「억압, 증상 그리고 불안」(프로이트 전집 10, 열린책들)의 후반부를 들 수 있다.

8 간질 발작이나 히스테리 발작을 일으키기 전의 느낌.

합될 수도 있다. 이러한 결합 가운데서 환자들은 특별히 어느 한 요소나 다른 요소를 골라내어 〈심장의 경련〉, 〈호흡 곤란〉, 〈발한〉, 〈충족될 수 없는 허기〉 등의 증세를 호소하는데, 그들의 호소에서 불안감은 대개 뒤로 물러나거나 또는 〈기분이 안 좋다〉, 〈마음이 불안하다〉는 등의 아주 모호한 말로 표현된다.

(4) 불안 발작에서는 위에서 본 요소들의 혼합 비율이 놀랄 만큼 많이 달라지고 수반되는 거의 모든 증상이 불안 그 자체와 마찬가지로 발작을 일으킬 수 있다. 이것은 진단학의 견지에서 매우 흥미롭고 중요한 사실이다. 결국 불안 발작에는 흔적 불안 발작과 대등한 불안 발작이 있는데, 두 가지 모두 아직까지 거의 인식되지 않은 매우 다양한 형태를 보여 주며, 아마도 같은 의미를 지닐 것이다. 이러한 유충적(幼蟲的) 불안 상태(1893년에 헤커가 명명한 대로라면)를 좀 더 면밀하게 연구하고 다른 발작들과 구분해서 진단하는 일이 곧 정신 병리학에 반드시 필요한 과제가 될 것이다.

나는 다음에 내가 알고 있는 불안 발작의 형태들만이 포함된 목록을 추가하고자 한다.

(a) 가슴이 두근거리는 것과 같은 심장 활동 장애, 또는 일시적인 부정맥(不整脈)이나 좀 더 오래 지속되는 심계 항진(이 증상은 결국 심장 기능을 심각하게 약화시킬 수도 있는데, 기질적인 심장 질환과 구별하기가 항상 쉽지만은 않다), 그리고 진단하기가 매우 까다로운 유사 협심증 등을 수반하는 심장 질환.

(b) 몇 가지 형태의 신경성 호흡 곤란을 수반하는 불안 발작과 천식 비슷한 발작 등. 나는 이러한 발작에서도 언제나 눈에 띄는 불안이 수반되지는 않는다는 점을 강조하고자 한다.

(c) 대체로 한밤중에 일어나는 발한 발작.

(d) 히스테리 발작과 매우 혼동하기 쉬운 오한 발작.

(e) 종종 현기증을 수반하는 극심한 허기 발작.

(f) 발작으로까지 이르는 설사.

(g) 이동성 현기증 발작.

(h) 사실상 혈관 운동 신경 쇠약증이라는 이름이 붙은 모든 증세를 포함하는, 울혈이라고 알려진 증상의 발작.

(i) 착감각 발작(그러나 이 증상은 불안이나 그와 유사한 불쾌감 없이는 여간해서 생겨나지 않는다).

(5) 대체로 불안, 호흡 곤란, 발한 등과 결합되어 한밤중에 깜짝 놀라 잠을 깨는 증상(성인들의 야경증 *pavor nocturnus*)은 흔히 불안 발작의 한 변형에 지나지 않는다. 이 장애는 불안 신경증의 범주에 속하는 불면증의 두 번째 결정 요인이다. 더군다나 나는 어린아이들의 야경증 역시 불안 신경증에 속하는 증상을 보인다고 믿게 되었다. 이 증상에는 히스테리의 기미가 있으며 불안이 적절한 경험이나 꿈의 재현과 결합되어 어린아이들에게 특별한 성질을 띤 것으로 보이는 밤의 공포를 불러일으킨다. 그러나 공포는 꿈이나 재발되는 환각이 전혀 없이 순수한 형태로 나타날 수도 있다.

(6) 〈현기증〉은 불안 신경증의 여러 증상 가운데서 중요한 위치를 차지한다. 이 증상은 가장 가벼운 형태일 경우 〈어지러움〉으로 가장 잘 나타나고, 좀 더 심한 징후는 〈현기증 발작〉(불안이 있건 없건)으로 나타나는데, 그 증상은 신경증의 가장 심각한 증상들 가운데 하나로 분류되어야 한다. 불안 신경증의 어지러움은 번갈아 나타나지도 않고 메니에르Menière의 현기증처럼 어떤 특

정한 면이나 방향에 영향을 미치지도 않는다. 이 증세는 안구 운동 신경 마비에서의 현기증처럼 이동성 또는 협조성 현기증의 부류에 속한다. 이 증세는 땅이 움직이는 느낌, 다리에 힘이 없어서 더 이상 서 있을 수가 없다는 느낌을 수반한 특별히 불쾌한 상태로 이루어지며, 그러는 동안 다리가 납덩이처럼 무겁게 느껴져 떨리거나 무릎이 꺾인다. 이 현기증으로 인해 쓰러지는 일은 결코 없다. 그러나 다른 한편으로 나는 이런 종류의 현기증 발작이 심한 혼수 발작으로 대체될 수도 있다는 점을 밝히고 싶다. 불안 신경증에서 생겨나는 혼수의 본질 가운데 다른 조건들은 심장 쇠약에 따른 것으로 보인다.

현기증 발작은 극심한 불안을 수반하는 일이 드물지 않으며, 때로는 심장 및 호흡기 장애와 결합된다. 나의 관찰에 의하면 높은 산이나 낭떠러지에서 생겨나는 현기증은 종종 불안 신경증에서도 생겨난다. 더군다나 나는 이 현기증을 위(胃, *stomacho laeso*)에서 생겨나는 현기증과 같은 것으로 인식해도 되는지 확신할 수 없다.

(7) 전형적인 공포증의 첫 번째 유형은 만성적인 불안(불안 예기)에 근거해서 전반적인 생리적 위험과 관련하여 생겨나고, 두 번째 유형은 현기증을 수반한 불안 발작 경향에서 이동성과 관련하여 생겨난다. 첫 번째 유형에는 뱀, 천둥, 어둠, 해충 등에 대한 두려움은 물론 전형적인 도덕적 과민성과 여러 가지 형태의 의심광증이 포함된다. 여기에서 이용 가능한 불안은 단순히 모든 사람들의 뇌리에 본능적으로 심어진 혐오를 강화하는 데 쓰인다. 그러나 강박적인 방식으로 작용하는 공포증은 대체로 불안이 표현할 수 있었던 경험의 회상이 덧붙여질 때에만 — 예를 들면 환자가 허허벌판에서 천둥 번개를 동반한 폭풍우를 경험한 뒤

처럼 — 생겨난다. 그런 사례들을 단지 강렬한 느낌의 지속으로 만 설명하려는 것은 잘못이다. 그 경험들을 의미 있게 만들고, 그에 대한 기억을 지속시키는 것은 결국 불안 — 경험을 한 당시에 나타날 수 있고, 그와 유사하게 지금도 나타날 수 있는 — 이다. 달리 말해서 그런 느낌은 〈불안 예기〉가 있는 사람들에게만 강력하게 지속된다.

다른 유형에는 광장 공포증*Agoraphobie*과 그것에 수반되는 모든 형태, 즉 이동성과의 관계로 특징지어지는 모든 증상이 포함된다. 우리는 이 공포증이 생겨나기 전에 먼저 현기증 발작이 일어나는 것을 자주 보게 되지만, 나는 그런 발작이 어느 경우에나 당연히 일어난다고는 생각하지 않는다. 때로는 불안이 수반되지 않는 첫 번째 현기증 발작을 일으킨 뒤에도 운동성이 제약을 받지 않고 — 비록 그 이후로 항상 어질어질한 느낌이 수반되기는 하더라도 — 계속 제 기능을 유지할 수도 있다. 그러나 좁은 길에 혼자만 있는 경우와 같은 특정한 상황에서는 현기증 발작에 불안이 보태지면 운동성이 감퇴한다.

이러한 공포증들과 강박 신경증적 공포증의 관계 — 나는 이 정기 간행물에 먼저 기고한 논문[9]에서 그 메커니즘을 분명히 밝혔다 — 는 다음과 같다. 그 증상들에 공통적인 것은 두 경우 모두 관념이 이용 가능한 정서에 덧붙여진 결과 강박적이 된다는 것이다. 그러므로 정서 전위*Affektversetzung*의 메커니즘은 두 가지 공포증 모두에 해당한다. 그러나 불안 신경증의 공포증에서는 1) 이 정서가 언제나 같은 특성, 즉 불안의 특성을 띠며 2) 그 정서가 억

---

9 「방어 신경 정신증Die Abwehr-Neuropsychosen」(1894) — 원주. 강박 신경증 *Zwangsneurose*라는 용어는 이 문장에서 (출판물에) 처음 나타났다. 뢰벤펠트에 따르면 그 용어와 개념은 모두 프로이트에게서 비롯된 것이라고 한다.

압된 관념에서 비롯되는 것이 아니기 때문에 정신분석으로도 더 이상 줄일 수 없고, 심리 요법으로도 치료가 되지 않는다는 것이 밝혀진다. 그러므로 치환*Substitution*의 메커니즘은 불안 신경증적 공포증에는 해당되지 않는다.

두 종류의 공포증(그리고 강박증도)은 함께 나타날 때가 많지만, 강박증에 근거한 전형적이지 않은 공포증은 반드시 불안 신경증이라는 토양에서 생겨나지는 않는다. 원래 불안 신경증에 속하는 단순한 공포증에서는 그 공포증의 내용이 다른 관념으로 바뀌면 매우 빈번하고 명백하게 복잡한 메커니즘이 나타나며, 다음에는 그 바뀐 관념들이 공포증을 대신한다. 바뀐 관념으로 가장 자주 쓰이는 것은 원래의 공포증에 대항하기 위해 이용되었던 〈보호 수단들〉이다. 그러므로 예를 들면 〈사색 광증*Grübelsucht*〉은 건강 염려증적 공포증이 지속되는 동안 환자가 자신이 미치지 않았음을 증명하려는 노력으로부터 생겨난다. 그리고 의심증*folie du doute*의 망설임과 의심, 특히 반복은 자신의 연상이 분명한지를 캐고 들려는 당연한 의심으로부터 생겨난다. 왜냐하면 환자는 강박적이거나 그 비슷한 관념으로 인해 끊임없이 장애를 의식하고 있기 때문이다. 그러므로 우리는 의심 광증이나 그와 유사한 강박 신경증의 여러 증상 역시 개념적으로는 아니더라도 임상적으로는 불안 신경증에 속하는 것으로 인식할 수 있을 것이다.[10]

(8) 불안 신경증에서 소화 활동이 겪는 장애는 몇 가지 안 되지만, 그 장애는 매우 특징적인 것들이다. 토할 것 같거나 메스꺼운 느낌이 드는 경우가 드물지 않고, 극심한 시장기가 그 자체로서 또는 울혈과 같은 다른 증상과 결합해서 미숙한 불안 발작을 일으킨다. 불안 예기와 유사한 만성적 변화로서 우리는 설사가 나

10 「강박증과 공포증」(1895) 참조 — 원주.

는 경향을 관찰할 수 있는데, 이것은 의사들이 아주 이상한 진단의 오류를 범해 온 증상이었다. 내가 잘못 알고 있지 않다면 뫼비우스가 최근 어느 짧은 논문[11]에서 관심을 보였던 것도 이 설사 증세였다. 한 걸음 더 나아가서 나는 페예르Peyer가 전립선 장애에서 도출한 반사적 설사 역시 불안 신경증의 설사 증세에 지나지 않는다는 생각이 든다. 반사적 관계가 있으리라는 착각은 불안 신경증의 병인에 작용하는 요인들이 전립선 질환 및 다른 비슷한 장애의 발병에도 마찬가지로 작용하기 때문에 생겨난다.

불안 신경증에서 소화관의 활동은 신경 쇠약의 영향을 받았을 경우와 비교해 보면 기능 면에서 분명한 대조를 보인다. 그리고 두 가지 증상이 혼합된 사례들에서는 종종 익히 알려진 〈설사와 변비가 번갈아 반복되는 증세〉가 나타나는데, 이 설사와 유사한 증상은 불안 신경증에서 생겨나는 소변이 자주 마려운 증상이다.

(9) 현기증 발작이나 불안 발작에 수반될 수 있는 착감각증은 히스테리의 전조가 되는 느낌처럼 분명한 순서 — 비록 내가 그런 연상들이 히스테리의 연상과는 반대로 불규칙적이고 변화한다는 것을 발견하기는 했어도 — 를 가지고 연상된다는 점에서 흥미롭다. 그러나 불안 신경증이 히스테리와 더 유사한 점은 신체 감각에 일종의 전환Konversion[12]이 생겨난다는 사실인데, 이것은 근육에 류머티즘이 생긴 것으로 간과되기가 쉽다. 류머티즘 환자라고 알려진 사람들 — 더군다나 류머티즘 환자로 보일 수 있는 사람들 — 은 사실 모두 불안 신경증으로 고통받고 있는 것이다. 나는 또 불안 신경증의 여러 사례에서 통증에 더 민감해지

11 『신경학 논문집 Neurologische Beiträge』(1894).
12 「방어 신경 정신증」참조 — 원주. 「히스테리성 환상과 양성 소질의 관계」(프로이트 전집 10, 열린책들)도 참조할 것.

는 경향과 함께 환각이 생기는 경향도 관찰했는데, 그런 사례들은 히스테리성인 것으로 해석될 수 없었다.

(10) 불안 신경증에 수반되거나 그것을 대신하는 증상들 가운데 몇 가지는 만성적인 형태로도 나타나는데, 그럴 경우에는 그 증상들을 알아보기가 더욱 어렵다. 왜냐하면 그 증상들에 수반되는 불안감은 불안 발작의 경우에서처럼 분명하지가 않기 때문이다. 이것은 특히 설사, 현기증, 그리고 착감각증의 경우에 그렇다. 현기증 발작이 졸도로 대치될 수 있는 것과 마찬가지로 만성적인 현기증은 끊임없이 느껴지는 심한 무력감, 나른함 등으로 대치될 수 있다.

2. 불안 신경증의 발병과 병인

어떤 불안 신경증 사례들에서는 병인이 전혀 발견되지 않는다. 그런 사례들의 경우는 대체로 환자에게 심각한 유전적 소인이 있음을 증명하기가 별로 어렵지 않다는 사실을 주목할 만하다.

그러나 신경증이 후천적으로 생겨났다고 여길 만한 근거가 있는 사례들에서는 면밀히 조사를 해보면 성생활로부터 생겨난 일련의 해독과 영향이 발병을 촉진시키는 요인들이라는 것을 알 수 있다. 이 요인들은 처음엔 여러 가지 성질을 띤 것처럼 보이지만, 얼마 안 가서 곧 그것들이 어째서 신경계에 유사한 영향을 미치는지 설명해 주는 공통적인 특성을 드러낸다. 더군다나 이 요인들은 독자적으로, 또는 다른 〈평범한〉 해독noxae과 함께 존재하는데, 우리는 그것을 도움이 되는 영향으로 생각할 수도 있다. 불안 신경증에서는 성적인 병인이 놀랄 만큼 자주 나타날 수 있기 때문에, 나는 이 짧은 논문의 목적을 위해 병인이 다르거나 의심스러운 사례들은 과감히 무시하고자 한다.

불안 신경증이 생겨나는 병인적 조건을 더 정확히 제시하려면 남성과 여성을 분리하여 생각하는 편이 더 나을 것이다. 여성들 — 그들의 타고난 소인을 잠시 무시한다면 — 에게는 불안 신경증이 다음과 같은 경우에 생겨난다.

(1) 처녀의 불안이나 사춘기의 불안. 수많은 관찰을 통해 나는 불안 신경증이 성숙해 가는 처녀들에게 성적인 문제를 처음 접하게 함으로써, 즉 이제까지는 숨겨져 있던 것을 얼마간 알게 함으로써 — 예를 들면 성행위를 목격하거나 그런 일에 관한 이야기를 듣거나 책을 읽음으로써 — 생겨날 수 있다는 것을 분명히 알게 되었다. 그런 불안 신경증은 거의 전형적으로 히스테리와 결합된다.13

(2) 신혼의 불안. 남자와 처음으로 동침을 할 때 불감증적 상태에 있던 젊은 여자들은 불안 신경증에 걸리는 일이 드물지 않지만, 이 증상은 불감증이 정상적인 민감성으로 바뀌자마자 사라진다. 대부분의 젊은 부인들이 처음에는 불감증이 있더라도 건강한 상태를 유지하는 것으로 보아, 이와 같은 불안이 나타나기 위해서는 다른 결정 요인들이 더 있어야 할 것으로 보인다. 그 점에 대해서는 나중에 언급할 것이다.

(3) 조루증이 있거나 성 기능이 현저하게 손상된 남편을 둔 여자들의 불안.

(4) 성교를 중단하거나 또는 발기 부전으로 성행위를 완료하지 못하는 남편을 둔 여자들의 불안.

(3)과 (4)의 사례들은 같은 범주에 속한다. 많은 사례들을 분석해 보면 그런 불안은 단순히 여자가 성교에서 만족을 얻느냐 얻지 못하느냐에 달려 있다는 것을 쉽게 알 수 있기 때문이다. 만

---

13 프로이트는 이 단락의 요점을 방어적 정신 이상에 관한 그의 두 번째 논문 (「방어 신경 정신증에 대한 재고찰Weitere Bemerkungen über die Abwehrneuropsychosen」, 1896) 각주에서 인용하고 다음과 같이 덧붙였다. 〈나는 젊은 여자들에게서 이《처녀의 불안》이 돌발할 경우, 그것이 실제로는 성에 처음 접했기 때문이 아니라 어린 시절에 겪었던 수동적인 성 경험을 의미하며 그 기억이《첫 번째 마주침》에서 일깨워진다는 것을 알고 있다.〉『히스테리 연구』에 나오는 〈카타리나〉의 사례를 프로이트는 〈처녀의 불안〉의 예로 설명했다.

일 여자가 만족을 얻지 못한다면 불안 신경증이 생겨날 조건이 주어진다. 그러나 다른 한편으로 조루증인 남편이 바로 뒤이어 좀 더 만족스러운 성교를 재개할 수 있다면 신경증에서 벗어날 수 있다. 콘돔을 사용하는 제한적 성교는 만일 여자가 아주 신속하게 흥분할 수 있고 남편의 정력이 매우 강하다면 여자에게 해롭지 않지만, 그렇지 않다면 이런 종류의 피임을 위한 성교는 다른 것들 못지않게 해롭다. 성교 중단은 거의 언제나 해독을 미친다. 그러나 아내 쪽에서는 남편이 자기 멋대로 성교 중단을 할 경우에만, 즉 아내의 흥분이 고조되어 간다는 것을 전혀 고려하지 않고 사정할 때가 가까워지자마자 성교를 중단할 경우에만 그러하다. 그와는 반대로 만일 남편이 아내가 만족을 얻을 때까지 기다린다면 그 성교는 아내에게 정상적인 것이 될 것이다. 그러나 남편은 불안 신경증에 걸리게 된다. 나는 이 주장의 근거로서 수많은 관찰을 반복하고 분석했다.

(5) 불안 신경증은 과부들의 불안과 의도적으로 금욕하는 여자들의 불안으로도 나타나는데, 강박적인 관념과 전형적으로 결합되는 경우가 드물지 않다.

(6) 성적 욕구가 마지막으로 크게 증가하는 갱년기의 불안.

(3), (4), (5)의 경우는 여성들의 불안 신경증이 유전적 소인과는 무관하게 가장 자주, 그리고 가장 쉽게 생겨나는 조건을 이룬다. 내가 신경증에서 발견된 성적 해독이 실제로는 신경증의 병인적 요인이라는 것을 보여 주고자 하는 유형은 이와 같은 불안 신경증의 사례들 — 치료가 가능한 후천적인 사례들 — 이다.

하지만 그러기 전에 먼저 나는 남자들에게서 생겨나는 불안 신경증의 성적인 구성 요인들을 논의하고자 한다. 나는 다음과 같은 유형들로 구분할 것을 제안하는데, 모든 유형들이 여자들의 경우와 비슷하다.

(1) 의도적으로 금욕하는 남자들의 불안. 이 불안은 흔히 방어 증상(강박적인 관념이나 히스테리)과 결합된다. 의도적인 금욕의 원인이 되는 동기를 조사해 보면 유전적 소인을 지닌 사람들과 괴벽스러운 사람들 가운데 다수가 이 범주에 해당하는 것을 알 수 있다.

(2) 해소되지 못한 홍분 상태에 있는(예를 들면 결혼 전 약혼 기간 중에) 남자의 불안, 또는 여자를 만지거나 보는 것으로 만족하는(성교의 결과에 대한 두려움 때문에) 사람들의 불안. 이 유형의 결정 요인들은 가장 순수한 신경증 사례들을 제공하는데, 이 요인들은 그대로 다른 성에 적용될 수도 있다(약혼 기간 중이나 성교를 피하는 관계에서).

(3) 성교 중단을 행하는 남자의 불안. 앞서 말했듯이 성교 중단이 여자의 만족을 고려하지 않고 행해진다면 여자에게 해롭지만, 남자가 여자에게 만족을 주기 위해 자발적으로 성교를 조절하고 사정을 연기할 때에는 남자에게 해롭다. 이런 점에서 결혼한 부부가 성교 중단을 할 경우에는 대체로 어느 한쪽만 병에 걸린다는 것을 알 수 있다. 더군다나 남자의 경우에는 성교 중단이 순수한 불안 신경증만을 일으키는 경우는 드물고, 대체로 불안 신경증과 신경 쇠약이 혼합된 증상을 일으킨다.

(4) 노화기에 있는 남자들의 불안. 여자들처럼 갱년기를 겪는 남자들과 성 기능이 감퇴되고 리비도가 증가하는 시기에 불안 신경증을 일으키는 남자들이 있다.[14]

14 프로이트가 출판물에서 〈리비도〉라는 용어를 쓴 것은 이때가 처음으로 보이는데, 아마도 이런 기술적 의미로는 1898년 몰Moll이 그 단어를 사용한 것보다 앞선 것이다.

마지막으로 나는 남성과 여성에게 모두 적용되는 다음 두 가지 경우를 추가하고자 한다.

(1) 자위행위의 결과로 신경 쇠약이 된 사람들은 그런 형태의 성적 만족을 포기하자마자 불안 신경증에 걸린다. 그들은 적절한 금욕을 하는 일이 특히 불가능하도록 자초한 사람들이다.

여기에서 나는 불안 신경증을 이해하는 데 매우 중요한 사실을 한 가지 특기하고자 한다. 그것은 성 기능을 유지하는 남자와 신경 쇠약이 아닌 여자들에게만 그 질환이 분명하게 진전된다는 것이다. 자위로 인해 성 기능이 심각하게 손상된 신경증 환자들의 경우는 금욕에 기인한 불안 신경증 증상이 매우 경미하고 대개는 우울증과 가벼운 만성적 현기증에 국한된다. 사실 여자들은 대부분 〈성적 능력을 갖춘〉 것으로 여겨지지만, 정말로 성 기능이 없는 — 즉 진정한 신경 쇠약인 — 여자는 남자의 경우와 유사하게 여간해서 불안 신경증에 걸리지 않으며, 내가 앞서 설명한 해독들을 놀랄 만큼 잘 견뎌 낸다.

여기에 덧붙여서 나는 우리가 특별한 병인적 요인들과 불안 신경증의 복합 Komplex에서 나타나는 특별한 증상들 사이에 어떤 일정한 관계가 있다고 가정하는 것이 어느 정도나 타당한지에 대해서는 아직 이 논문에서 논의하고 싶지 않다.

(2) 내가 마지막으로 제시하려는 병인적 조건은 겉으로 보기에는 그 본질이 전혀 성적이 아닌 것으로 나타난다. 왜냐하면 불안 신경증은 남성과 여성 모두에게서 과로나 소모적인 노력 — 예를 들면 야간 경비나 간병, 또는 심한 질환을 앓은 뒤 — 의 결과로도 생겨나기 때문이다.

불안 신경증의 병인이 성적인 것이라는 나의 가정에 대한 반박은 주로 다음과 같은 취지에서 이루어질 듯싶다. 즉 내가 설명한 것과 같은 성생활에서의 비정상적인 조건들은 너무도 빈번하게 발견되기 때문에 찾으려고만 한다면 어디에서나 눈에 띄기 마련이고, 따라서 내가 열거한 불안 신경증의 사례들에 그런 조건이 존재한다고 하더라도 우리가 그 사례들에서 신경증의 병인을 밝혀냈다는 증거가 되지는 못한다는 것이다. 또 그 외에도 성교 중단 등을 행하는 사람들의 숫자는 불안 신경증에 걸린 사람들의 숫자보다 훨씬 더 많으며, 성교 중단을 행하는 사람들의 대다수가 그 해독을 아주 잘 견뎌 낸다는 것이다.

그 반박에 대해서 나는 먼저 신경증, 특히 불안 신경증이 일반적으로 인정된 바와 같이 매우 빈번하다는 사실에 비추어, 그런 질환에서 드물게 발견되는 병인을 찾으려고 기대하는 것은 분명히 옳지 못하다고 대답해야 할 것이다. 그리고 두 번째로, 병리학의 선결 조건은 병인을 조사해서 병인적 요인이 그 영향보다 더 빈번하게 존재한다는 것을 보여 줄 수 있다면 사실상 충족된다. 병인의 영향이 생겨나기 위해서는 다른 조건들(소인, 특별한 병인적 요소들의 총화[總和], 또는 다른 요소들에 의한 강화, 평범한 해독 등)이 더 존재해야 할 것이기 때문이다. 더군다나 불안 신경증 사례들을 상세히 분석해 보면 성적인 요인의 중요성이 의심할 바 없이 밝혀진다. 그러나 나는 여기에서 성교 중단이라는 단일한 병인적 요인만을 다루고 그 요인을 확증하는 몇 가지 관찰들을 제시할 것이다.

(1) 결혼한 젊은 여자들에게서 불안 신경증이 확증되지 않고 일시적으로 나타났다가 저절로 다시 사라질 경우, 그와 같은 일시적인 신경증은 모두 만족스럽지 못한 성교에 기인한다는 것을 알 수 있다. 통상적으로는 그런 경험을 한 지 이틀 뒤 ― 또는 저

항이 덜한 사람들의 경우에는 다음 날 — 불안 발작이나 현기증 발작이 신경증의 다른 증상들을 수반하여 나타난다. 이런 증상은 성행위가 비교적 뜸하면 다시 사라지므로 때마침 남편이 집을 떠나 있거나 부부가 어쩔 수 없이 떨어져서 자야 하는 산중에서의 휴일 등이 좋은 영향을 미친다. 첫 번째 예의 경우에서 대체로 의지하게 되는 산부인과 치료도 도움이 된다. 왜냐하면 치료가 계속되는 동안 성교가 일시적으로 중단되기 때문이다. 그런데 참으로 이상하게도 국부적인 치료는 단지 일시적으로만 효과를 보인다. 산에서도 남편이 휴일을 보내기 시작한다거나 하면 곧바로 신경증이 다시 생겨나기 때문이다. 만일 이 병인을 이해하는 의사가 신경증이 아직 확립되지 않은 사례에서 성교 중단을 정상적인 성교로 대체하도록 조정한다면, 내가 단언한 치료학 상의 증거를 얻을 수 있을 것이다. 즉 불안이 제거되고 같은 종류의 불안을 일으키는 원인이 새로 생기지 않는 한 그 증상은 재발하지 않는다.

(2) 불안 신경증 사례들의 병력을 조사해 보면 남성과 여성 모두에게 증상이 발현되는 강도와 전반적인 건강 상태가 현저히 변동하는 것을 관찰할 수 있다. 이를테면 환자가 어느 한 해에는 거의 완벽하게 좋은 상태라고 했다가 다음 해에는 상태가 몹시 좋지 않다고 하거나, 어느 경우에는 특별한 치료 덕분에 증상이 호전되는 것 같았다가 다음번 발작에서는 그 치료가 아무 쓸모도 없는 것으로 밝혀지는 것 등이다. 그러나 만일 우리가 그 환자에게서 태어난 아이들의 숫자와 출생 순서를 조사하여 결혼 생활의 내력을 신경증의 특이한 병력과 비교해 본다면, 건강이 호전되거나 좋았던 시기는 아내가 임신한 시기와 일치한다는 아주 간단한 결론이 도출된다. 그 기간 중에는 임신이 되지 않도록 조심해서 성교를 할 필요가 없었기 때문이다. 한 남편은 아내가 임신한 사실을

안 뒤에 그 치료법 — 그 치료를 크나이프[15]에게서 받았든, 또는 수치료(水治療) 시설에서 받았든 간에 — 으로 도움을 받았다.

(3) 환자들의 병력을 조사해 보면 종종 불안 신경증 증상이 어느 특정한 시기에 다른 신경증 — 아마도 신경 쇠약 — 의 증상을 이어받아 그 자리를 대신했다는 사실이 드러난다. 이런 사례들에서는 상황이 바뀌기 직전에 성적인 해독의 형태에서도 상응하는 변화가 일어난 것을 매우 빈번하게 관찰할 수 있다.

이런 종류의 관찰은 얼마든지 반복할 수 있으며, 몇몇 특정한 사례들에서는 의사에게 성적 요인이 병인이라는 것을 분명히 보여 주기도 한다. 또 병인을 실마리로 이용함으로써 다른 방법으로는 알 수 없는 다른 사례들도 모순 없이 이해되고 분류될 수 있다. 내가 염두에 두고 있는 것은, 사실 앞에서 보았던 모든 것 — 불안 신경증의 조짐과 성교 중단이라는 특수한 요인 — 이 존재하는 수많은 사례들이다. 하지만 그 사례들에는 다른 어떤 요인, 즉 추정(推定)된 병인과 그 영향 사이의 긴 간격, 그리고 어쩌면 성적인 특성을 띠지 않는 병인적 요인들까지 포함된 다른 요인이 끼어들기도 한다. 부친의 사망 소식을 듣자 심장 마비를 일으키고, 이후로 불안 신경증에 걸린 남자의 예를 들어 보기로 하자. 그때까지 이 남자는 신경증 환자가 아니었던 만큼, 그 사례는 잘 이해가 되지 않았다. 자기보다 훨씬 나이가 많은 아버지의 사망이 어떤 특별한 상황에서 일어난 것도 아니고, 또 연로한 아버지의 정상적이고 예상된 사망은 여간해서 건강한 사람을 병들게 하는 경험들 가운데 하나로는 받아들여지지 않을 것이기 때문이다. 그

---

15 독일 남서부 슈바벤 출신인 제바스티안 크나이프(1821~1897)는 냉수 요법과 〈자연 Natur〉 치료로 유명했다. 그의 치료법 중 일부는 맨발로 젖은 풀밭 위를 걷는 것이었다.

러나 내가 이 남자는 아내를 만족시키기 위해 11년 동안 성교 중단을 행해 왔다는 말을 덧붙인다면, 아마도 병인의 분석이 좀 더 명확해질 것이다. 적어도 임상적인 증상들만큼은 다른 사람들이 짧은 기간 동안에 다른 어떤 외상(外傷)도 받은 일이 없이 같은 종류의 성적 해독을 겪은 뒤에 나타나는 증상들과 똑같다. 자식을 잃은 뒤에 불안 신경증을 일으키는 어머니나 마지막 시험에 대비한 공부를 불안 신경증으로 방해받은 학생에 대해서도 비슷한 평가가 내려져야 한다. 나는 이런 사례들에서도 역시 그 영향은 표면상의 병인으로는 설명되지 않는다고 생각한다. 공부를 한다고 해서 반드시 〈과로〉를 하게 되는 것은 아니며,[16] 건강한 어머니는 대체로 자식을 잃었을 때 정상적인 슬픔으로 대처한다. 그러나 무엇보다도 먼저 나는 그 학생이 과로한 결과 정신적인 무력증[17]이 생겼고, 어머니는 자식을 잃은 결과 히스테리가 생겼다는 생각을 하지 않을 수 없었다. 그리고 두 사람 모두 불안 신경증에 걸렸다는 사실 때문에 나는 어머니가 8년 동안 성교 중단 상황에서 살아왔으며, 학생은 3년 동안 〈행실 좋은〉 처녀와 열렬한 사랑을 하면서 그녀가 임신하지 않도록 조심해 왔다는 사실을 중요시하게 되었다.

이러한 고찰들로 우리는 성교 중단의 특수한 해독이 그 자체로서는 환자에게 불안 신경증을 일으킬 수 없더라도 그 증상이 일어나기 쉽게 할 수 있다는 결론에 도달했다. 그 특수한 요인의 잠복적인 영향에 또 다른 요인, 즉 평범한 해독의 영향이 더해지자

---

16 「성욕에 관한 세 편의 에세이」(프로이트 전집 7, 열린책들)에 실린 〈과로〉에 관한 논의 참조.

17 프로이트는 불안 신경증에 관한 이후의 논문(「불안 신경증 비판을 위하여 Zur Kritik der Angstneurose」(1895)에서 〈뇌의 신경 쇠약〉이라는 용어를 써서 이 사례에 대해 다시 언급했다.

마자 불안 신경증이 생겨나는 것이다. 평범한 해독은 특수한 요인의 의미에 양적으로 작용할 수 있지만 질적으로 그 요인을 대체할 수는 없다. 그 특수한 요인은 언제나 신경증이 취하는 형태에서 결정적인 것으로 남아 있기 때문이다. 나는 이 신경증의 병인에 관한 주장도 더 이해하기 쉽게 증명할 수 있으면 한다.

한마디 덧붙이자면, 위에서 본 내용에는 성적 해독이 성교 중단과 마찬가지로 축적을 통해(합쳐져서) 효력을 발생한다는 취지에서 그럴듯한 가정이 한 가지 포함되어 있다. 총화가 가시적인 것이 되기까지는 개인의 소인과 신경계의 다른 어떤 선천적인 약점에 따라 다소 짧거나 긴 시간이 걸린다. 아무런 피해도 입지 않고 성교 중단을 잘 견뎌 내는 것처럼 보이는 사람들은 사실 그로 인해 불안 신경증에 걸리기가 쉬워지는데, 이 질환은 조만간 저절로 또는 평상시에는 질환을 일으키기에 충분하지 않은 평범한 외상을 겪은 뒤에 돌발할 수도 있다. 마치 축적이라는 경로를 거쳐 만성적인 알코올 의존자가 결국에는 간 경화나 다른 질환을 일으키거나 흥분하면 헛소리를 하게 되는 것과 같다.[18]

18 히스테리 사례에서 외상의 〈축적 *Summation*〉은 프로이트가 『히스테리 연구』에서 논의했다.

신경 쇠약증에서 〈불안 신경증〉이라는 특별한 증후군을 분리시키는 근거에 관하여 **31**

3. 불안 신경증 이론으로의 첫걸음

다음의 이론적인 논의는 처음으로 시도된 수박 겉 핥기식 논의에 지나지 않는다. 그러므로 우리는 이 논의가 비판을 받는다는 것 때문에 위에서 제시된 사실들을 받아들이려고 하지 않거나 해서는 안 된다. 더군다나 이 〈불안 신경증 이론〉은 신경증이라는 좀 더 포괄적인 설명의 단편에 불과하기 때문에 평가를 내리기가 더욱 어려워진다.

지금까지 우리가 불안 신경증에 관해서 논의해 온 사항들로 신경증의 메커니즘에 대한 통찰력을 얻는 데 필요한 몇 가지 출발점이 제시되었다. 우선 첫째로는 우리가 흥분의 축적을 해소해야 하느냐는 의문이 있었고, 다음에는 신경증의 임상적 증상 저변에 깔려 있는 불안은 어떤 심리적인 원인으로도 생겨날 수 없다는 지극히 중요한 사실이 있었다. 예를 들어 불안 신경증이 두려워할 만한 이유가 있는 단 한 번의 — 또는 반복된 — 공포에 근거한 것이고, 그 공포로 인해 환자가 이후로 불안감을 느끼기 쉬워졌다면 심리적인 원인이 존재할 것이다. 그러나 사실은 그렇지 않다. 히스테리나 외상성 신경증은 단 한 번의 공포를 경험하면서도 생겨날 수 있지만, 불안 신경증은 절대로 그렇게 생겨나지 않는다. 불안 신경증의 원인들 중에서 성교 중단이 그처럼 현저한 지위를 점하고 있는 만큼, 나는 처음엔 지속적인 불안의 원인이 성행위를 할 때마다 피임법이 잘못되어 임신이 되지나 않을까 하는 두려움 때문일 것으로 생각했다. 그러나 나는 성교 중단을 행하는 동안 그런 감정 상태가 남자에게든 여자에게든 불안 신경증의 유발에 전혀 영향을 미치지 않으며, 임신이 될지도 모른다는 가능성에 근본적으로 무관심한 여자들 역시 임신이 될까 봐 몹시 겁을 내는 여자들과 마찬가지로 신경증에 걸리기 쉽다는 것, 그리고 모든 것은 단지 피임 기법으로 부부 가운데 어느 쪽이 만족감을 박탈당하느냐에 달려 있다는 것을 알게 되었다.

더 나은 출발점은 이제까지 언급되지 않았던 관찰로 제공된다. 그것은 모든 사례에서 불안 신경증이 성적 리비도, 또는 심적인 욕망의 현저한 감퇴를 수반한다는 것인데, 그래서 환자들은 그들의 호소가 〈불충분한 만족〉에 기인한 것이라는 말을 들으면 한결같이 그럴 리가 없다고 대답한다. 이제는 성적인 욕구가 모두 소멸되었다는 것이다. 그러나 우리는 다음과 같은 사항들 — 흥분의 축적은 해소되어야 하며, 축적된 흥분과 일치하는 불안의 원인은 신체적인 것이므로 축적되고 있는 것은 신체적인 흥분이라는 것, 더군다나 이 신체적인 흥분은 성적인 성질을 띠고 있으며, 성적인 과정에서 신체적인 흥분과 함께 심리적인 욕구도 감소한다는 것 — 로부터 불안 신경증의 메커니즘은 심리적인 측면에서 신체적인 성 흥분이 왜곡되고, 그 결과로 흥분이 비정상적으로 이용된 데서 찾아야 한다는 생각을 하게 되었다.

불안 신경증의 메커니즘에 관한 이 개념은 우선 첫째로 남자들에게 적용되는 성적인 과정에 대한 다음의 견해를 받아들인다면 좀 더 분명해질 수 있을 것이다. 성적으로 성숙한 남자의 몸에서는 신체적인 성 흥분이 — 아마도 끊임없이 — 일어나 주기적으로 정신에 자극을 준다. 이 점을 더 분명히 하기 위해서 나는 다음의 설명을 추가하고자 한다. 신체적인 흥분은 신경 말단과 접해 있는 생식정(生殖精)들의 벽에 가해지는 압력으로 나타나는데, 그에 따라 내장(內臟) 흥분은 연속적으로 증가하겠지만 그 흥분이 대뇌 피질로 이르는 개입 유도로의 저항을 극복하고 심리적인 자극으로 표현될 수 있으려면 먼저 어떤 수준에 도달해야 한다.[19]

하지만 그런 일이 생기면 정신에 존재하는 성적 관념들이 에너지를 공급받아 리비도가 심리적으로 긴장하게 되고, 그 긴장 상태가 다시 긴장을 해소하려는 충동을 불러일으킨다. 이와 같은 심리적 긴장 상태의 해소는 이른바 특수한 — 또는 적절한 — 행동이라는 수단을 통해서만 이루어질 수 있다.

남자들의 성 본능에서는 그 적절한 행동이 복잡한 척추 반사 운동으로 이루어지는데, 이 반사 운동은 신경 말단의 긴장을 해소시키고 전체적으로는 그 반사 운동이 일어나기 위해 이루어져야 하는 심리적인 준비 태세를 해소한다. 긴장을 해소하기 위해서는 적절한 행동 이외에 다른 어떤 것도 효과가 없을 것이다. 왜냐하면 신체적인 성 흥분이 역치에 이른 뒤에는 그 흥분이 계속해서 심리적인 흥분으로 바뀌고, 그다음에는 신경 말단에 가해진 압력을 해소시킬 — 따라서 신체적 흥분을 모두 제거하고 피질하의 유도로가 그 저항을 다시 확립할 수 있도록 해줄 — 어떤 일이 분명히 일어나기 때문이다.

나는 성적 과정의 더 복잡한 예들을 지금까지와 유사한 방식으로 설명하지는 않겠다. 나는 단지 본질적으로 그 공식이 여성적

---

19 이 성적 흥분 과정에 대한 이론은 「성욕에 관한 세 편의 에세이」 제2장에서 다시 언급되었지만, 거기에서 프로이트는 어느 정도 반대하는 입장을 취하고 있기도 하다.

인 성 본능의 온갖 인위적인 지연과 발달 저지로 인해 끼어든 혼란스러움에도 불구하고, 여자들에게도 똑같이 적용될 수 있다는 것만 말하고자 한다. 우리는 여자들의 경우에도 신체적인 성 흥분이 일어나고, 그 흥분이 심리적인 자극 — 리비도 — 으로 바뀌어 육욕적인 감정이 수반된 특수한 행동을 하려는 충동을 일으키는 상태가 당연히 존재한다고 가정해야 한다. 그러나 여자들에 관한 한 우리는 어떤 과정이 생식기 소낭의 긴장 해소와 유사한지 말할 수 있는 입장이 되지 못한다.

우리는 성적 과정에 대한 이 설명의 틀 안에 불안 신경증의 병인뿐 아니라 진정한 신경 쇠약의 병인도 포함시킬 수 있다. 신경 쇠약은 적절한 해소(적절한 행동)가 덜 적절한 것으로 대치되었을 때, 즉 가장 바람직한 상황에서 이루어지는 정상적인 성교가 자위나 저절로 이루어지는 사정[20]으로 대체되었을 때는 언제나 생겨난다. 그에 반해서 불안 신경증은 신체적인 성 흥분이 심리적으로 작용하지 못하도록 막는 모든 요인들의 산물이다.[21] 즉 불안 신경증은 정신으로부터 빗나간 신체적 흥분이 대뇌 피질하에서 완전히 부적절한 반응으로 소모될 때 나타난다.

이제 나는 내가 앞서 제시한 불안 신경증의 병인적 조건들이 그 증상에 속하는 공통된 특성을 보이는지 알아보고자 한다. 내가 남자들에게 자명한 것으로 가정한 첫 번째 병인적 요인은 의

20 자위가 신경 쇠약의 원인이라는 언급은 이 논문보다 2, 3년 뒤에 쓰인 다른 논문들에서뿐 아니라 플리스에게 보낸 편지(프로이트, 1950)에서도 여러 번 나온다. 삶의 각기 다른 단계에서 자위의 의미에 대한 프로이트의 견해는 「성욕에 관한 세 편의 에세이」와 「쥐 인간」의 병력(프로이트 전집 9, 열린책들)에 표명되어 있다. 환상과 자위의 관계는 히스테리성 환상에 관한 논문에서 설명되었고, 그 환상에 어째서 죄악감이 따르느냐 하는 문제는 매를 맞는 환상에 관한 논문(「〈어떤 아이가 매를 맞고 있어요〉」, 프로이트 전집 10, 열린책들)에서 논의되었다.
21 프로이트는 이 책에 실린 「억압, 증상 그리고 불안」에서도 그 단어들을 반복해서 사용한다.

도적인 금욕이었다. 금욕은 평소에 리비도를 따르는 특별한 행동의 자제로 이루어지는데, 그런 자제는 두 가지 결과를 일으킬 수 있다. 우선 신체적인 흥분이 축적되는 것이다. 축적된 흥분은 다음에 정신의 경로를 통하는 것보다 더 많은 흥분을 해소시켜 주겠다고 약속하는 다른 길로 벗어난다. 그러므로 결국 리비도는 줄어들 것이고, 흥분은 대뇌 피질에서 불안으로 나타날 것이다. 두 번째로, 만일 리비도가 감소하지 않거나 신체적 흥분이 사정이라는 지름길을 택해 소멸되거나 또는 억제를 당한 결과로 흥분이 사실상 사라진다면 불안 신경증 이외의 다른 모든 증상이 뒤따를 것이다. 그러므로 금욕은 위에서 설명한 것과 같은 불안 신경증으로 이끌린다. 그러나 금욕은 또한 두 번째의 병인 유형, 즉 흥분이 해소되지 않은 유형에서는 작용력이 되기도 한다. 여자를 위해 성교 보류를 하는 세 번째 유형의 병인은 남자가 성적 과정을 진행시키기 위한 심리적인 준비를 하지 못하도록 방해함으로써 작용하는데, 그 점에서 성적인 정서를 극복하는 일과 함께 편향된 종류의 다른 심리적인 일을 도입한다. 이 심리적 편향(偏向)의 결과로 리비도는 한 번 더 차츰차츰 사라지고 다음에는 상황이 좀 더 진전되어 금욕의 경우와 같아진다. 노화기(남자의 갱년기)의 불안에 대해서는 또 다른 설명이 필요하다. 그 경우에 리비도는 감소하지 않지만 여성의 갱년기에서처럼 신체적인 흥분이 훨씬 더 많이 생겨나기 때문에 정신은 상대적으로 그 흥분을 극복할 능력이 부족해진다.

여자들에게 적용되는 병인적 조건 역시 남자들의 경우에서처럼 별 어려움 없이 내가 고안해 낸 체계의 틀 안에 넣을 수 있는데, 그중에서도 처녀의 불안이 특히 분명한 예가 된다. 왜냐하면 이 경우에는 신체적인 성 흥분을 수반하기 마련인 관념들이 아직 충분하게 발달되지 않았기 때문이다. 갓 결혼해서 쾌감을 느끼지 못하는 여자의 경우에는 첫 번째 동침에서 충분한 신체적 흥분이 일어났을 경우에만 불안이 나타난다. 그런 흥분의 국부적인 조짐(자연히 생겨나는 자극적인 느낌, 배뇨를 하고 싶은 욕구 등)이 결여되면 불안도 없다. 조루와 성교 중단의 사례는 남자들의 경우와 같은 식으로, 즉 심리적으로 불만족스러운 행위에 대해 리비도의 욕구가 차츰차츰 사라지는 반면, 행위 중에 생겨난 흥분은 대뇌 피질에서 소모되는 식으로 설명할 수 있다. 성적 흥분이 취하는 과정에서 신체적인 측면과 심리적인 측면의 분리는 남자보다 여자에게 더 쉽게 정착되고, 따라서 제거하기가 더 어렵다. 과부들의 사례와 자발적인 금욕, 그리고 갱년기의 사례들도 남성과 여성 모두에게 똑같이 다루어진다. 그러나 금욕에 관한 한 여자들의 경우에는 성적인 범주에 속하는 관념을 의도적으로 억압하는 또 다른 문제가 있는데, 금욕을 하는 여자들은 유혹에 저항하기 위해 흔히 성적인 관념을 억압하기로 마음을 정하는 것이 분명하다. 늙어 가는 여자가 폐경기에 자기의 리비도가 터무니없이 증가하는 것을 보고 느끼는 두려움도 같은 식으로 작용할 수 있다.

우리의 목록에 있는 마지막 두 가지 병인적 조건들은 별 어려움 없이 잘 들어맞는 것처럼 보인다. 신경 쇠약이 된 자위행위자들이 보이는 불안 경향은 그들이 오랜 세월 동안 아주 적은 양의 신체적 흥분까지도 해소시키는 일에 — 비록 그 해소가 불완전한 것이기는 해도 — 길이 들었다가 쉽사리 〈금욕〉 상태로 접어든다는 사실로 설명된다. 그리고 마지막 사례 — 중병, 과로, 소모적인 간병 등을 통한 불안 신경증의 발병 — 는 성교 중단의 영향과 관련시키면 쉽게 알 수 있는데, 이 경우에는 정신이 편향되어 있기 때문에 신체적인 흥분을 극복할 — 우리가 알기로는 정신이 끊임없이 매달려야 하는 일인 — 능력이 더 이상 없는 것으로 보인다. 우리는 그런 조건에서 리비도가 어느 정도까지 줄어들 수 있는지를 알고 있으며, 성적 병인을 보이지는 않더라도 성적 메커니즘을 보이는 신경증의 훌륭한 예를 알고 있다.

여기에서 전개된 견해는 불안 신경증의 증상들을 어떤 의미에서는 성적 흥분에 따르는 특별한 행동이 생략된 대용물 *Substitut*로 묘사한다. 이 견해를 좀 더 뒷받침하기 위해 나는 정상적인 성교에서도 빨라진 호흡과 맥박, 발한, 충혈 등으로 흥분이 소진된다는 점을 지적할 수 있을 것이다. 신경증의 불안 발작에 해당하는 것으로 우리는 특별히 격렬한 형태의 성교에서 일어나는 호흡 곤란, 가슴이 두근거리는 현상 등을 들 수 있다.[22]

그 외에도 의문이 더 생길 수 있다. 심리적으로 성적 흥분을 극복할 능력이 부족한 상황에서 신경계가 특히 불안한 정서 상태로 빠져드는 것은 어째서일까? 그 대답은 다음과 같이 제시될 수 있다. 밖에서 다가오는 일(위험)에 적절히 대처하기가 불가능하다고 느끼면 정신은 그 자체가 불안한 정서에 빠지게 되며, 내생적으로 일어나는 (성적) 흥분을 가라앉힐 수 없다는 것을 인식하면 불안 신경증에 빠지게 된다. 이 말은 정신이 마치 내생적인 흥분을 밖으로 투사하고 있는 것처럼 행동한다는 뜻이다. 정서와 그에 해당하는 신경증은 서로 밀접하게 관련되어 있는데, 정서는 외인성 흥분에 대한 반응이고, 신경증은 그와 비슷한 내생적 흥분에 대한 반응이다. 또 정서는 신속히 지나가는 상태이고 신경

22 이 이론은 〈도라〉의 병력 연구(「도라의 히스테리 분석」, 프로이트 전집 8, 열린책들) 제2장에서 프로이트에 의해 다시 제기되었다. 나중에 그는 본서 후반부에 실린 「억압, 증상 그리고 불안」 제8장에서 이 불안 증상을 출생에 따르는 불안과 관련시켰다.

증은 만성적인 상태이다. 왜냐하면 외인성 흥분은 단일한 충격으로 작용하는 반면, 내생적 흥분은 지속적인 힘으로 작용하기 때문이다.[23] 신경증에서 신경계는 내적인 흥분의 원인에 반응하는 반면, 그에 해당하는 정서는 그와 유사한 외적인 흥분의 원인에 반응한다.

23   프로이트는 20년 뒤에 〈외인성 흥분〉과 〈내생적 흥분〉 대신 〈자극〉과 〈본능〉이라는 말을 쓴 것만 제외하고는 거의 동일한 말로 이 문제를 재론했다. 「본능과 그 변화」(프로이트 전집 11, 열린책들)라는 초심리학적인 논문의 첫머리 문장 참조.

4. 다른 신경증들과의 관계

불안 신경증의 발병과 그 내면적인 관련성에 관해서는 그 증상과 다른 신경증들의 관계에 대해서 아직 할 말이 좀 남아 있다.

가장 순수한 불안 신경증 사례들은 대체로 눈에 아주 잘 띈다. 그 증상들은 성적 능력이 있고 분리되지 않은 병인을 지닌 젊은 이들에게서 발견되며, 그리 오래 지속되지 않는 질환이다.

그러나 불안 증상은 좀 더 자주 신경 쇠약, 히스테리, 강박증 또는 우울증 증상과 동시에, 그리고 결합되어 생겨난다. 만일 우리가 이와 같은 임상적 혼합으로 인해 불안 신경증을 독립된 실체로 인식하지 않는다면, 논리적으로 당연히 우리는 그처럼 애써 얻어 낸 히스테리와 신경 쇠약 사이의 구분을 다시 포기해야 할 것이다.

〈복합 신경증〉을 분석하기 위해 나는 다음의 중요한 사실을 말하고자 한다. 즉 복합 신경증이 있는 경우에는 언제나 몇 가지 특수한 병인들의 혼합을 발견할 수 있다는 것이다.

복합 신경증을 결정하는 여러 가지 병인적 요인은 순전히 우연하게 생겨날 수도 있다. 예를 들면 새로 생겨난 해독이 이미 존재하는 해독에 추가로 영향을 미칠 수 있다. 그러므로 항상 신경질적인 여자가 결혼 생활의 어느 시점에서 성교 보류를 겪을 수 있고, 그러면 다음에는 히스테리에 겹쳐 불안 신경증이 생기게 될 것이다. 또는 이제까지 자위를 해왔고, 그래서 신경 쇠약이 된 남자가 약혼을 해서 약혼녀 때문에 성적으로 흥분하게 되면 신경 쇠약은 새로 생겨난 불안 신경증과 합쳐질 것이다.

다른 사례들에서는 여러 가지 병인적 요인이 결코 우연한 것이 아니어서, 한 가지 요인으로 인해 다른 요인들이 작용하게 된다. 예를 들면 아내의 만족을 고려하지 않고 성교 중단을 하는 남편을 둔 여자는 성행위에 뒤따르는 괴로운 흥분을 끝내기 위해 자위를 하지 않을 수 없게 될 것이며, 그 결과 순수하고 단순한 불안 신경증뿐 아니라 신경 쇠약 증상을 수반한 불안 신경증도 일으킬 것이다. 또 같은 해독으로 고통받는 다른 여자는 음란한 이미지들로부터 자신을 보호하기 위해 싸워야 할 것이고, 그런 식으로 성교 중단을 통해 불안 신경증뿐 아니라 강박증까지 일으킬 것이다. 마지막으로 세 번째 여자는 성교 중단의 결과로 남편에 대한 애정을 상실하고 다른 남자에게 매력을 느낄 수도 있는데, 그런 관념을 조심스럽게 비밀로 지킬 것이고, 그 결과 불안 신경증과 히스테리의 복합 증상을 보일 것이다.

복합 신경증의 세 번째 범주에서는 동일한 병인적 결정 요인이 통상적으로, 그리고 동시에 두 가지 신경증을 모두 유발시킨다는 점에서 증상들 사이의 상호 관계가 더욱 밀접하다. 그러므로 예를 들면 처녀의 불안에서와 같이 갑작스럽게 성적으로 일깨워지면 언제나 불안 신경증뿐 아니라 히스테리도 같이 생겨난다. 의도적으로 금욕을 한 사례들에서는 거의 대부분이 맨 처음부터 진정한 강박적 관념과 연결된다. 내가 보기에 남자들의 성교 중단은 언제나 순수한 불안 신경증이 아니라 신경 쇠약과 혼합된 증상을 일으키는 것으로 보인다.

이러한 고찰로부터 우리는 신경증이 생겨나기 위한 병인적 조건들과 그 조건들의 특수한 병인적 요인들을 더 구분해야 할 것으로 보인다. 병인적 조건들 — 예를 들면 성교 중단, 자위, 또는 금욕 — 은 아직 모호하며, 그것들 하나하나가 다른 신경증을 일으킬 수도 있다. 그 조건들에서 선택될 수 있는 부적절한 해소, 심리적인 불만족, 또는 그 대체물에 수반된 방어 등의 병인적 요인들만이 개개인의 주된 신경증의 병인과 명확하고 특별한 관계를 가진다.

불안 신경증은 그 개인적인 속성과 관련하여 다른 중요한 신경증들, 특히 신경 쇠약 및 히스테리와 매우 흥미로운 일치점과 상이점을 보인다. 불안 신경증은 신경 쇠약과 한 가지 중요한 특성을 공유하는데, 그것은 흥분의 원인과 장애를 촉진하는 요인이 히스테리와 강박 신경증의 경우에서처럼 심리적인 데 있는 것이 아니라 신체적인 데 있다는 것이다. 그러나 다른 관점에서는 오히려 불안 신경증과 신경 쇠약 사이에 뚜렷한 차이점이 발견되며, 우리는 그것을 〈흥분의 축적〉과 〈흥분의 감퇴〉라는 말로 표현할 수 있을 것이다. 이 차이점은 두 신경증이 서로 혼합되는 것을 방해하지는 않지만 그렇더라도 두 경우 모두에서 각 증상의 가장 극단적인 형태는 또한 가장 순수한 형태로도 나타난다.

히스테리와 불안 신경증의 종합 증상은 많은 공통점을 보이지만, 지금까지는 그 점이 충분히 고려되지 않았다. 두 질환에서 공통적으로 나타나는 특징들 — 만성적인 형태로 또는 발작으로 나타나는 증상들, 전조*Aura*처럼 분류된 착감각증, 불안 발작의 특정한 대체 증상(호흡 곤란과 심장 마비)에서 발견되는 촉각 과민과 압통점, 기질적으로 그럴 만한 이유가 있을지도 모르는 고통이 전환을 통해 심화되는 현상 등 — 을 보면 히스테리에 속하는 것으로 알려진 증상들 가운데 적지 않은 부분이 불안 신경증을 설명하는 데로 돌려져야 더 옳지 않을까 하는 의심이 들기까지 한다. 이 두 신경증의 메커니즘을 깊이 파고들어 가 지금까지 발견할 수 있었던 것을 모두 조사해 보면 불안 신경증과 히스테리는 사실상 신체적인 증상과 정신적인 증상으로 쌍을 이루는 것처럼 보인다. 또 히스테리에서도 불안 신경증과 마찬가지로 흥분이 축적되는데, 이것은 아마도 그 두 증상이 서로 비슷하다는 사실을 보여 주는 근거가 될 것이다. 우리는 불안 신경증에서와 마찬가지로 히스테리에서도 심리적인 불만족과 그 결과로 비정상적인 신체적 과정이 생겨나는 것을 발견할 수 있다. 그리고 두 경우에서 모두 흥분을 심리적인 것으로 바꾸는 대신 신체적인 영역에서 그에 대한 편향이 생겨나는데, 그 차이점은 단지 불안 신경증에서는 흥분이 순전히 신체적인 것인 반면(신체적인 성적 흥분), 히스테리에서는 그것이 심리적(갈등으로 인해 유발된)이라는 것뿐이다. 그러므로 히스테리와 불안 신경증은 〈처녀의 불안〉이나 〈성적 히스테리〉에서 보았듯이 서로 결합되는 것이 보통이며, 히스테리는 단지 불안 신경증 등으로부터 여러 가지 증상을 차용할 뿐이다. 더군다나 불안 신경증이 히스테리와 밀접한 관련을 맺고 있다는 사실은 불안 신경증을 신경 쇠약으로부터 분리해야 한다는 주장에 새로운 논거를 제공한다. 이 분리를 인정하지 않는다면 우리가 그처럼 많은 노력을 들여서 얻어 낸 신경 쇠약과 히스테리 사이에서 신경증들의 이론에 반드시 필요한 구분을 더 이상 유지하는 일 또한 불가능해질 것이다.

1894년 12월
빈에서

신경증의 병인에서 성욕이 작용하는 부분에 대한 나의 견해

Meine Ansichiten über die Rolle der Sexualität in der Ätiologie der Neurosen(1906[1905])

뢰벤펠트가 전에 편집한 『성생활과 신경병Sexualleben und Nervenleiden』의 다른 판본들에는 프로이트의 견해에 대한 토론만 실려 있었다. 그러나 네 번째 판에서 뢰벤펠트는 프로이트를 설득하여 이 논문을 쓰게 했다. 제5판에서 프로이트는 수정에 동의했지만, 실제로는 사소한 수정이 한 가지 이루어졌을 뿐이다.

이 논문의 가장 두드러진 특징은 프로이트가 처음으로 히스테리의 외상성 병인에 대한 믿음을 철회하고 환상의 중요성(그가 여러 해 전부터 사적으로 플리스와 의견을 교환해 왔던 견해들)을 주장했다는 점이다. 또 이 논문은 그때까지 프로이트의 견해가 어떻게 발전해 왔는지를 아주 훌륭하게 요약해서 보여 주기도 한다.

이 논문은 1906년 뢰벤펠트의 『성생활과 신경병』 제4판에 처음 실렸으며, 『저작집』 제5권(1924), 『전집』 제5권(1942)에도 실렸다. 영어 번역본은 1909년 『히스테리와 그 밖의 정신 신경증에 대한 논문집』에 브릴이 번역하여 "My Views on the Role of Sexuality in the Etiology of the Neuroses"라는 제목으로 처음 실렸으며, 버나이스J. Bernays가 번역한 "My Views on the Part Played by Sexuality in the Aetiology of the Neuroses"가 『논문집』 제1권(1924), 『표준판 전집』 제7권(1953)에 실렸다.

신경증의 병인에서 성욕이 작용하는 부분에 대한 나의 견해

신경증에서 성적 요인이 차지하는 인과론적 중요성에 관한 나의 이론은 그 이론이 발전해 온 과정을 더듬어 올라감으로써 가장 잘 인식될 수 있을 것이다. 왜냐하면 나는 그 이론이 진화 과정을 거쳤으며, 그러는 과정에서 변경되었다는 사실을 부정할 생각이 추호도 없기 때문이다. 나와 같은 직업에 종사하는 동료들은 이론이란 계속적이고 점점 더 깊어지는 경험의 산물일 뿐이라는 나의 이 고백에 아마도 공감할 것이다. 그러나 사색으로부터 생겨난 것은 쉽사리 완성된 존재로 비약하며, 그 이후로는 변화가 불가능한 것으로 남을 수 있다.

원래 나의 이론은 〈신경 쇠약증〉이라는 용어로 다루어지는 증상들의 임상적 상황에만 관련된 것이었는데, 그중에서도 나는 특히 두 가지 증상에 깊은 인상을 받았다. 이따금씩 순수한 형태로 나타나 내가 〈진정한 신경 쇠약증〉이라고 한 것과 〈불안 신경증〉이 그것이다. 이러한 질환들의 인과 관계에서 성적 요인이 어떤 역할을 할 수도 있다는 것은 물론 상식에 속하는 문제였지만, 그런 요인들이 예외 없이 작용하는 것으로는 여겨지지 않았고, 또 다른 병인적 영향들보다 더 중요시하려는 생각도 없었다. 나는 우선 신경성 환자들이 성행위에서 심한 장애를 받은 빈도가 높은 것에 놀랐다. 하지만 그런 장애를 탐구하면 탐구할수록 — 사람들은 누구나 성적인 문제에서는 진실을 숨긴다는 사실을 염두에 두고 — 그리고 미리 부인을 하겠다고 마음먹은 환자를 상대로 질문을 해나가는 데 더 능숙해질수록 나는 점점 더 통상적으로 성생활에서 발병 요인들을 찾아낼 수 있었고, 마침내는 그런 증상이 보편적으로 생겨난다는 내 생각에 방해가 될 것은 거의 없는 것처럼 보였다.

그러나 성적으로 난잡한 행위는 사회적 조건의 압력을 받는 정상적인 사회에서도 비슷한 빈도로 발생하며, 정상적인 성 기능으로부터 병적인 것으로 간주되어야 할 일탈의 정도에 대해 의문이 남을 수 있다는 것을 처음부터 전제해야 할 필요가 있었다. 그러므로 나는 성적 해독의 변함없는 증거들보다 내가 보기에는 덜 모호한 두 번째 발견에 더 많은 중요성을 둘 수밖에 없었다. 신경 쇠약이나 불안 신경증 같은 질환이 취한 형태는 관련된 성적 해독의 본질과 일정한 관계가 있는 것으로 드러났다. 신경 쇠약의 전형적인 사례들에서는 정기적으로 자위를 하거나 끊임없이 정액을 방출한 이력을 찾아낼 수 있었고, 불안 신경증에서는 성교 중단, 〈해소되지 못한 흥분〉 같은 요인들과 다른 조건들이 발견되었다. 그러므로 어느 경우에나 생성된 리비도를 제대로 해소하지 못했다는 공통적인 요인이 있는 것으로 보였다. 내가 신경증의 병인에서 성적 요인이 특히 중요하다고 주장할 용기를 얻게 된 것은 위에서 본 것들을 발견한 뒤였다. 그것들은 발견하기가 매우 쉬웠고 얼마든지 확증할 수도 있었다. 그리고 또 매우 빈번히 나타나는 증상인 신경 쇠약증과 불안 신경증이 복합된 형태에서는, 내가 그 두 가지의 순수한 형태에서 가정했던 병인들의 조합을 추적할 수도 있었다. 더군다나 신경증이 취하는 이 양면적 형태는 성의 극성적인(즉 남성적인 것과 여성적인 것) 특징과 부합하는 것으로 보였다.

내가 단순한 신경증이 생겨나는 중요한 원인을 성욕 탓으로 돌렸을 당시,[1] 나는 아직도 정신 신경증(히스테리와 강박증)의 관점에서 순전히 심리적인 이론 — 성적 요인이 다른 어떤 정서적인 느낌보다 더 중요시되지 않는 이론 — 을 믿고 있었다. 나는 요제프 브로이어가 10년 전 어떤 히스테리 환자를 대상으로 관찰했던 몇 가지 사실을 근거로 최면 상태에서 환자의 기억을 일깨우는 방법을 이용하여 그와 함께 히스테리 증상의 발병 메커니즘을 연구했고, 그 결과 우리는 샤르코의 외상성 히스테리와 보통의 비외상성 히스테리 사이의 공백을 메울 수 있었다.[2]

또 우리는 히스테리 증상이 신체적인 외상의 영구적인 결과이며, 그 외상에 수반된 모든 정서가 몇 가지 특별한 이유로 의식에서 작용하지 못하게 되어 신체적인 신경 감응으로 이르는 비정상적인 통로를 찾아냈다고 가정하게 되었다. 〈괄약 효과〉, 〈전환〉그리고 〈해제 반응〉이라는 용어가 이 히스테리의 특징적인 모습을 설명해 준다.

그러나 정신 신경증과 단순한 신경증 — 이제까지는 경험 없는 관찰자들이 구분해서 진단하기가 항상 쉽지만은 않았던 — 사이에 밀접한 관련이 있다는 사실에 비추어, 오래지 않아 한 분야에서 쌓은 지식이 다른 분야로 확장될 것이다. 그 외에도 히스테리 증상의 심리적인 메커니즘을 더 깊이 고찰한 연구 역시 같은 결론에 이르렀다. 히스테리 증상의 원인이 된 심리적 외상을 브

1 불안 신경증에 관한 나의 첫 번째 논문(「신경 쇠약증에서 〈불안 신경증〉이라는 특별한 증후군을 분리시키는 근거에 관하여」) 참조 — 원주.
2 『히스테리 연구』 참조.

로이어와 내가 도입한 〈카타르시스*Katharsis*〉 과정이라는 수단을 이용해서 점점 더 깊이 파고든 결과, 경험들은 결국 환자의 어린 시절에 속하고 성적 생활과 관련된 것이었다. 심지어는 성적인 것이 아닌 어떤 일상적인 감정으로 인해 발병이 된 사례들도 마찬가지였다. 어린 시절에 받은 성적 외상을 고려하지 않는다면 그 증상을 밝혀내기가(그 증상들이 결정된 방법을 이해하기가) 불가능할 것이며, 재발을 막지도 못할 것이다. 그러므로 정신 신경증의 병인에서 성적 경험의 독특한 중요성은 의심할 바 없이 확립된 것으로 보였고, 이 사실은 오늘까지도 내 이론의 초석들 가운데 하나로 남아 있다.

내 이론은 평생에 걸친 히스테리성 신경증의 원인이 본질적으로는 대부분 어린 시절의 사소한 성적 경험에 있다는 말로 표현될 수 있는데, 그런 식으로 표현된다면 아마도 틀림없이 이상하게 들릴 것이다. 그러나 만일 우리가 그 이론이 발달해 온 과정을 고려한다면, 그리고 히스테리는 개개인의 성 기능이 특별한 행동으로 표현된 것이며 그 행동은 분명히 아동기에 생겨난 초기의 영향과 경험으로 결정된다는 제안을 그 이론의 본질로 본다면, 우리는 더 중요한 것(비록 지금까지는 대체로 소홀히 다루어져 왔지만), 즉 어린 시절에 받은 느낌의 여파로 관심을 돌리게 될 것이다.

나는 우리가 어린 시절의 성적인 경험을 히스테리와 강박 신경증의 원인으로 보아야 할 것이냐 하는 문제를 좀 더 철저히 논의하는 일은 뒤로 미루고, 이 논문에서는 1895년과 1896년 사이에 출판된 좀 더 짧은 몇 편의 예비적인 논문들에 실린 이론이 취했던 형태로 돌아가고자 한다. 그 당시에 나는 가정된 병인적 요인에 중점을 둠으로써 일시적인 병인을 지닌 장애로서의 일반적인 신경증과, 그 병인을 주로 오래전의 성적인 경험에서 찾을 수 있는 정신 신경증을 뚜렷하게 대비시켜 보여 줄 수 있었다. 그 이론은 만일 성생활이 정상이라면 신경증이 있을 수 없다는 명제로 절정을 이루었다.

지금도 나는 그 주장이 잘못되었다고 생각하지는 않는다. 그러나 신경증에서의 성욕 현상을 이해하기 위해 10년 동안 꾸준히 노력해 오는 과정에서 나는 그 당시 내가 고수했던 견해로부터 상당한 진전을 보았고, 이제는 좀 더 깊은 경험에 근거하여 내가 그때 취했던 이론의 불충분한 점과, 잘못 적용된 부분과, 잘못 이해한 것들을 바로잡을 위치에 있다고 믿는다. 그 당시에 내가 활용할 수 있었던 자료는 아주 빈약했고, 그러다 보니 우연치 않게도 나는 환자의 어린 시절에서 성인이나 좀 더 나이가 든 아동들에 의한 성적 유혹이 주된 역할을 한 사례들을 지나치게 많이 포함시켰다. 그렇게 해서 나는 그런 사건들의 빈도를(비록 다른 관점에서는 의문이 제기되지 않았다 하더라도) 과대평가했다. 더군다나 당시 나는 히스테리 환자들이 왜곡되게 진술한 어린 시절의 기억과 실제로 일어났던 사건의 흔적을 명확히 구분할 수 없었다.

하지만 그 이후로 나는 많은 유혹 환상을 환자 자신의 성적 행동(유년기 자위)에 대한 기억을 떨치려는 시도라고 설명할 수 있게 되었다. 일단 그 점이 명확해지자 어린 시절의 성적 경험에서 〈외상성〉 요소는 그 중요성을 상실했고, 이제 남은 일은 유년기의 성적 행동(자발적인 것이건 부추겨진 것이건)이 성년기 이후의 성생활이 취하게 될 방향을 정한다는 사실을 인식하는 것이었다. 또 유혹 환상의 성격이 명확해짐으로써(그 덕분에 나는 내가 초기에 범했던 대부분의 중요한 오류를 바로잡을 수 있었다) 히스테리 증상의 메커니즘에 대한 내 견해를 수정하는 일도 필요해졌다. 그 증상들은 이제 더 이상 어린 시절에 겪었던 경험의 억압된 기억으로부터 직접적으로 끌어내어진 것이라고 여겨지지 않으며, 증상과 어린 시절에 받은 느낌 사이에 환자의 환상(또는 상상적인 기억)이 개입된다고 여겨진다. 그 환상들은 대체로 사춘기의 몇 년 동안에 일어나는데, 한편으로는 어린 시절의 기억으로부터 생겨나 그 기억 위로 쌓아 올려지고, 다른 한편으로는 곧장 증상으로 바뀐다.

신경증의 성격과 환자의 삶에 대한 그 증상의 관계는 히스테리성 환상이라는 요소를 도입한 뒤에야 분명해지는데, 이 무의식적인 히스테리성 환상과 망상으로 의식화되는 편집증 환자들의 상상적인 창작 사이에서도 놀랄 만한 유사성이 드러났다.[3]

내가 견해를 수정한 뒤로 〈유아기의 성적 외상〉은 어떤 의미에서는 〈성욕의 유치증(幼稚症)〉으로 바뀌었다. 그로부터 얼마 후 나는 원래의 이론을 두 번째로 수정했고, 아동기에 유혹을 받는 일이 많다는 가정을 포기하는 동시에 우연한 성적 영향을 지나치게 강조하는 것도 그만두었다. 그때까지 나는 우연한 성적 영향이 신경증 질환을 일으키는 데 주된 책임이 있는 것으로 — 그런 이유에서 내가 기질적 유전적인 요인들을 부정하지는 않았더라도 — 꿰어 맞추려고 했었다. 그리고 심지어는 어린 시절의 성적

---

3   이 단락은 프로이트가 「성욕에 관한 세 편의 에세이」에서 짤막하게 암시했던 것을 제외하고는 어린 시절의 외상성 경험과 무의식적인 환상의 상대적 중요성에 대한 자신의 견해가 바뀌었음을 출판물로 명백히 공표한 첫 번째 예이다. 그러나 사실상 그는 여러 해 전부터 자기의 실수를 알고 있었다. 왜냐하면 그는 1897년 9월 21일 플리스에게 보낸 편지(프로이트, 1950. 69번째 편지)에서 그 점을 밝혔기 때문이다. 자신의 잘못을 알게 된 것이 프로이트의 정신에 어떤 영향을 미쳤는지에 관해서는 「정신분석 운동의 역사」(프로이트 전집 15, 열린책들)의 첫 번째 장과 「나의 이력서」(프로이트 전집 15, 열린책들)의 세 번째 절에서 그가 직접 거론했다. 환상에 관한 프로이트의 견해가 그 후로 발전한 과정을 알아보려면 「여자의 성욕」(프로이트 전집 7, 열린책들)과 『새로운 정신분석 강의』(프로이트 전집 2, 열린책들)를 참조할 것.

경험들을 상세히 거론함으로써 신경증의 선택 문제(환자가 어떤 형태의 정신 신경증에 걸리느냐를 결정하는 문제)를 풀려고까지 기대했다.

당시 나는, 비록 단서를 붙이기는 했지만, 어린 시절에 성적 경험을 하는 상황에서 수동적인 태도는 히스테리에 걸리기 쉬운 소질을 형성하고, 다른 한편으로 능동적인 태도는 강박 신경증에 걸리기 쉬운 소질을 형성한다고 믿었다. 그러나 나중에 가서는, 비록 몇몇 사례들에서 이런저런 방식으로 수동성과 히스테리 그리고 능동성과 강박 신경증 사이에 가정된 상호 관계를 지속시킬 필요성이 있었다고는 해도, 그 견해를 완전히 포기하지 않을 수 없었다.[4]

그러므로 경험에서 기인한 간접적인 영향들은 뒤로 물러나게 되었고, 필연적으로 기질적, 유전적 요인들이 다시 한번 우위를 점했다. 그러나 나의 견해와 다른 학자들에게 널리 퍼진 견해 사이에는 다음과 같은 차이가 있었다. 즉 내 이론에서는 〈성적 기질〉이 〈일반적인 신경증적 기질〉을 대신했다. 내가 최근에 출판한 「성욕에 관한 세 편의 에세이」에서 나는 전반적인 성 본능의 복합적인 특성과 몸의 다른 부분들로부터 오는 원인에서 파생한 특성뿐 아니라 성적 기질의 변화무쌍한 성질도 묘사하려고 했다.

〈어린 시절의 성적 외상〉에 관한 수정된 견해의 당연한 결과로서, 나의 이론은 내가 1894년과 1896년 사이에 출판한 논문들에서 이미 암시했던 방향으로 더 많이 진전되었다. 그 당시에, 그리고 심지어는 성욕에 병인적 요인으로서의 정당한 지위를 부여하

---

4 〈신경증의 선택〉이라는 일반적인 문제에서 프로이트의 관심은 적어도 1896년 초반으로까지 거슬러 올라간다. 그는 몇 년 뒤 「강박 신경증에 잘 걸리는 기질」(프로이트 전집 10, 열린책들)에서 그 주제로 다시 돌아와 특별히 언급했는데, 그 문제는 실로 그의 생각에서 떠난 적이 없었다.

기 전부터도, 나는 어떤 경험이건 간에 환자의 자아가 그 경험을 견딜 수 없게 되어 방어를 하려고 시도하기 전에는 발병 효과를 미칠 수 없다고 주장해 왔다.[5]

내가 히스테리에서 생겨나는 정신(또는 그 당시에 우리가 불렀던 대로라면 의식)에서 균열을 더듬어 올라간 것은 이 방어를 찾기 위해서였다. 만일 방어가 성공적이면 견딜 수 없는 경험은 그 정서적인 결과와 함께 의식과 자아의 기억으로부터 추방된다. 그러나 특정한 상황에서는 추방된 경험이 이제는 무의식으로 바뀐 상태에서 활동을 계속하며 증상과 그에 수반된 정서라는 수단을 이용해 의식으로 되돌아올 길을 찾는다. 그러므로 질환은 방어의 실패에 해당한다. 이 견해는 정신적인 힘들의 상호 작용을 다룸으로써 히스테리에서의 정신 과정을 정상적인 정신 과정에 근접시키는 — 신경증을 더 이상 분석할 수 없는 수수께끼 같은 장애에 지나지 않는 것으로 특징짓는 대신 — 장점을 지니고 있다.

이제는 정상적으로 성장한 사람들에 관한 정보를 더 많이 이용할 수 있게 되었고, 그 덕분에 우리는 정상적인 사람들이 어린 시절에 겪은 성적인 내력이 본질적으로는 신경증 환자들과 꼭 다르지만은 않다는 것, 그리고 특히 두 경우 모두에서 유혹에 의해 이루어진 부분이 동일하다는 뜻밖의 발견을 할 수 있었다. 그리고 그 결과로, 우연한 영향들은 〈억압〉(이제부터 내가 〈방어〉라는 말 대신 쓰기 시작하려는 용어)에 비해 더욱더 눈에 띄지 않는 곳으로 물러났다.[6]

5 「방어 신경 정신증(후천적인 히스테리, 여러 가지 공포증과 강박증, 그리고 특정한 환각성 정신병에 대한 심리적 이론의 시도)」참조 — 원주.
6 사실상 〈억압〉이라는 용어는 『히스테리 연구』에 실린 브로이어와 프로이트의 「예비적 고찰」에서 이미 출판된 형태로 나타났으며, 방어와 억압이라는 두 가지 용어

그러므로 한 특정한 개인이 어린 시절에 어떤 성적 경험을 했느냐 하는 것은 더 이상 문제가 되지 않았다. 그보다는 오히려 그런 경험들에 대한 그의 반응, 즉 그가 경험들에 〈억압〉으로 반응했느냐 아니냐 하는 것이 문제가 된다. 우리는 성장 과정에서 유아기에 저절로 생겨난 성적 행동이 억압의 작용으로 인해 얼마나 자주 중단되는지를 관찰할 수 있었다. 그러므로 신경증 환자인 성인에게는 예외 없이 어린 시절에 받은 성적 억압의 흔적이 어느 정도는 존재한다. 이 억압은 그가 실생활의 요구에 직면했을 때 표출되는데, 히스테리 환자들을 정신분석해 보면 그들은 리비도와 성적 억압 사이에서 생겨난 갈등 때문에 병이 들었으며, 그들의 증상은 본질적으로 두 정신적 흐름 사이의 타협이라는 것을 알 수 있다.

억압에 관한 이론을 상세히 논의하지 않고는 나의 이론 가운데서 이 부분을 더 명확하게 설명할 수 없다. 그러나 여기에서는 「성욕에 관한 세 편의 에세이」를 언급하는 것으로 족할 것이다. 그 논문에서 나는 성욕의 본질을 찾을 수 있을 것으로 기대된 신체적인 과정을 희미하게나마 조명하려고 시도했었다. 그 결과 나는 아이들의 성적 소인(素因)이 우리가 예상했던 것과는 비교도 할 수 없을 만큼 변화무쌍해서 〈가지각색으로 성도착적〉이라고 기술할 만하다는 것, 그리고 성 기능에서 정상적이라고 여겨지는 행동은 이 소인 가운데 어떤 구성 요소들이 억압을 받은 뒤에 생겨난다는 것을 보여 줄 수 있었다. 성욕에서의 유아기적 요소들

가 모두 『히스테리 연구』에 매우 자주 나타난다. 그 단계에서 두 학자는 두 가지 개념을 동일시했던 것으로 보인다(『히스테리 연구』의 초판에 실린 공동 서문 참조). 그로부터 여러 해 뒤 프로이트는 「억압, 증상 그리고 불안」의 제6장에서 좀 더 포괄적인 개념을 의미하는 것으로 〈방어〉라는 용어를 다시 사용했는데, 거기에서 〈억압〉이라는 용어는 단일한 형태만을 의미했다.

을 지적함으로써 나는 건강한 사람과 성도착자, 그리고 신경증 환자들 사이에 간단한 상호 관계를 확립할 수 있었고, 정상적인 상태는 유아기적 소인의 어떤 구성 본능과 구성 요소가 억압을 받은 뒤에 남은 구성 요소들이 생식 기능에 도움이 되도록 우세한 성기대(性器帶)에 종속된 결과라는 것을 보여 줄 수도 있었다. 또 그 외에도 성도착은 어떤 특정한 구성 본능이 너무 강력하게 충동적으로 발달한 데서 기인한 유착의 장애에 해당하는 반면, 신경증은 리비도적인 경향을 지나치게 억제한 데서 생겨날 수 있다는 것을 보여 주었다. 유아기적 소인의 성도착적 본능 가운데 거의 모든 것이 신경증의 증상을 형성하는 데 관여하는 힘들로 인식될 수 있는 만큼, 나는 신경증을 성도착의 〈부정〉으로 설명할 수 있었다.

나는 정신 신경증의 병인에 관한 내 견해가 어떤 변화를 겪었든 간에 내가 결코 부인하거나 포기한 적이 없는 관점 — 성욕과 유치증의 중요성 — 이 있다는 사실은 강조할 만하다고 생각한다. 그 외에 우연한 영향은 기질적인 요소로 바뀌었고, 순수하게 심리적인 의미에서의 〈방어〉는 조직적인 〈성적 억압〉으로 바뀌었다. 그러나 정신 신경증에서 성적 요인들이 병인적으로 중요하다는 주장을 지지해 줄 만한 증거들을 어디에서 찾아볼 수 있느냐 하는 의문이 제기될 수 있다. 왜냐하면 그 질환은 아주 일상적인 감정이나 심지어는 신체적으로 발병을 촉진시키는 원인들에 대한 반응으로도 생겨날 수 있고, 또 나는 어린 시절에 겪은 특별한 성적 경험에 의존하는 특수한 병인들을 포기해야 했기 때문이다. 그 질문에 대해서 나는 신경증 환자들을 대상으로 한 정신분석 조사 덕분에 이처럼 확신을 가지고 주장할 수 있게 되었다고 대답할 것이다.

만일 우리가 그 독보적인 연구 방법을 이용한다면, 우리는 환자의 증상이 성욕의 정상적 구성 본능 또는 도착적인 구성 본능으로부터 생겨나는 성적 행동으로 구성된다는(전적으로건 또는 부분적으로건) 사실을 알게 될 것이다. 히스테리 증상의 대부분은 성적 흥분의 표현장에서 곧장 끌어낼 수 있고, 신경증을 일으키는 동안 유아기적 특성이 강화되기 때문에 다수의 성감대가 성기의 중요성을 획득하게 된다. 또 그뿐만 아니라 가장 복잡한 증상들은 〈전환〉이라는 수단에 의해서 성적 상황을 그 내용으로 하는 환상이 표현된 것으로 나타난다. 히스테리의 언어를 해석할 줄 아는 사람이라면 누구나 신경증은 환자의 억압된 성욕하고만 관련된다는 것을 알 수 있을 것이다. 그러나 성 기능은 유아기의 소인에 따라 정해진 대로 그 진정한 범위 내에서 이해되어야 한다. 정신 신경증을 일으키는 결정 요인들 가운데 일상적인 정서가 포함되어 있는 것이 분명한 경우, 정신분석은 언제나 병적인 결과를 낳은 것은 예외 없이 외상성 경험 — 절대로 부족하지 않은 구성 요소 — 의 성적 구성 요소라는 것을 보여 준다.

우리는 어느 사이엔가 모르게 정신 신경증의 원인이라는 문제로부터 그 질환의 본질적 성질이라는 문제로 옮아왔다. 만일 우리가 정신분석에서 배운 것들을 고려할 준비가 되어 있다면 우리는 그런 질환의 본질이 순전히 성적인 과정, 즉 성적 리비도의 형성과 이용을 결정하는 과정에서 생겨난 장애에 있다고 할 수 있을 것이다. 우리는 최후의 수단으로서 그 성적 과정들이 화학적인 성질을 띤 것으로 설명하지 않을 수 없지만, 그렇게 함으로써 소위 〈실제적〉 신경증Aktualneurose[7]에서는 성적 대사가 일으킨 장

7 순전히 일시적이고 신체적인 병인을 지닌 신경증(신경 쇠약과 불안 신경증). 이 질환들은 이 책의 시각 장애에 관한 논문에서 다시 논의된다. 훨씬 뒤에 프로이트

애의 신체적 영향을 알아낼 수 있고, 정신 신경증에서는 그 장애의 심리적 영향을 알아낼 수 있다. 또 신경증이 그레이브스Graves 씨 병과 애디슨Addison 씨 병뿐 아니라 특정한 알칼로이드를 이용한 뒤에 나타나는 중독이나 금단 현상과 유사하다는 사실도 임상적으로 우리의 주의를 끌지 않을 수 없었다. 그런데 바로 위에서 본 두 가지 질환을 더 이상 〈신경 질환〉으로 설명해서는 안 되는 것과 마찬가지로, 진정한 〈신경증〉 역시 그 이름에도 불구하고 얼마 안 가서 곧 신경증의 범주에서 제외해야 할 것이다.

따라서 신경증의 병인에는 성 기능을 만족시키는 과정에 결정적으로 작용할 수 있는 모든 것이 포함된다. 맨 먼저 고려되어야 할 것은 성 기능 자체에 영향을 미치는 해독 — 비록 그것이 문화와 교육 수준에 따라 달라지더라도 성적 기질 때문에 해롭다고 여겨지는 한에서는 — 이다. 그리고 다음에 고려되어야 할 것은 그 밖의 모든 해독과 외상인데, 이것은 유기체에 전반적인 손상을 입힘으로써 성적 과정에 이차적인 피해를 끼칠 수 있다. 그러나 신경증 사례의 병인적 문제는 적어도 다른 질환의 발병 요인들과 마찬가지로 복합적이라는 것을 잊어서는 안 된다. 단 한 가지 병리적 영향만으로 정신 질환이 생기는 경우는 거의 없으며, 대부분의 사례들은 다수의 병인적 요인을 필요로 한다. 이 병인들은 상호 보완적이며, 따라서 서로 대립되는 것으로 여겨져서는 안 된다. 그런 이유로 신경증 질환 상태는 건강한 상태와 분명하게 구분될 수 없다. 신경증 질환은 여러 가지 원인이 합쳐져서 생겨나며, 필요한 구성 요인들의 총계는 어느 방향에서라도 완성될 수 있다. 신경증의 병인을 유전이나 기질에서만 찾는 것은 마치 그 병인을 순전히 환자가 살아오는 동안 성욕을 일으키도록 한

는 본서 후반부에 실린 「억압, 증상 그리고 불안」에서 그 주제를 다시 고찰했다.

58

우발적인 영향에 돌리는 것과 마찬가지로 일방적인 것일 뿐이다. 반면에 그런 질환의 본질이 순전히 성적 과정에서 생겨난 장애에 있다고 보는 견해는 좀 더 나은 통찰력을 보여 준다.

1905년 6월

빈에서

히스테리성 환상과 양성 소질의 관계

Hysterische Phantasien und ihre Beziehung zur Bisexual-
ität(1908)

이 논문은 마그누스 히르슈펠트Magnus Hirschfeld가 새로 창간
한 정기 간행물에 실렸던 것이다. 환상이 히스테리 증상의 근거
로 중요하다는 사실은 1897년경 프로이트가 자기 분석과 관련하
여 처음으로 인식했다. 하지만 그는 당시에 자기가 발견한 사실
들을 플리스와 사적으로 교환하면서도 신경증에서의 성욕을 다
룬 논문(「신경증의 병인에서 성욕이 작용하는 부분에 대한 나의
견해」, 프로이트 전집 10, 열린책들)이 쓰이기 2년 전에야 그것들
을 출간했다. 이 논문의 중심은 환상과 증상들 사이의 관계를 더
심도 있게 논의한 부분이며, 제목에서 함께 나온 양성 소질이라
는 주제는 마치 보충적으로 추가된 것처럼 나타난다. 그런데 한
마디 덧붙이자면 이 논문이 쓰였을 무렵에는 환상이라는 주제가
프로이트의 마음을 크게 사로잡고 있었던 것으로 보인다. 왜냐하
면 그 주제가 「어린아이의 성 이론에 관하여」(프로이트 전집 7,
열린책들), 「작가와 몽상」(프로이트 전집 14, 열린책들), 「신경증
환자의 가족 소설」(프로이트 전집 7, 열린책들) 그리고 「히스테리

발작에 관하여」(프로이트 전집 10, 열린책들) 등에서는 물론 「빌헬름 옌젠의 『그라디바』에 나타난 망상과 꿈」(프로이트 전집 14, 열린책들)에서도 여러 번 논의되었기 때문이다. 이 논문의 자료 가운데 많은 부분은 물론 예견되었던 것이다. 〈도라〉의 분석과 「성욕에 관한 세 편의 에세이」를 참조하라.

이 논문은 1908년 『성과학』 제1호에 처음 발표되었으며, 『저작집』 제5권(1924), 『전집』 제7권(1941)에도 실렸다. 영어 번역본은 1909년 브릴이 번역하여 "Hysterical Fancies and their Relation to Bisexuality"라는 제목으로 『히스테리와 그 밖의 정신 신경증에 대한 논문집』에 처음 실렸고, 브라이언 D. Bryan이 번역한 "Hysterical Phantasies and their Relation to Bisexuality"가 『논문집』 제2권(1924), 『표준판 전집』 제9권(1959)에 실렸다.

히스테리성 환상과 양성 소질의 관계

우리는 편집증 환자의 망상적인 상상을 잘 알고 있다. 그 망상은 환자가 자기는 위대하지만 고통을 받고 있다는 것인데, 너무도 전형적이어서 거의 단조롭기까지 한 형태로 나타난다. 우리는 또 수많은 사례들을 통해 성도착자들이 생각만으로건 실제로건 이상한 방식으로 성적 만족을 추구하는 것에 대해서도 알게 되었다. 그럼에도 불구하고 어떤 독자들에게는 모든 정신 신경증, 특히 히스테리에는 통상적으로 매우 유사한 심리 구조가 존재하며, 히스테리성 환상이라고 알려진 것이 신경증 증상의 원인과 밀접한 관련이 있는 것처럼 보인다는 말이 어쩌면 생소하게 들릴지도 모른다.

모든 환상에 공통되는 원인과 전형적인 형태는 젊은이들의 백일몽*Tagträume*에서 찾아볼 수 있다. 백일몽은 그 주제를 다룬 문헌들에서, 비록 아직 불충분하기는 해도, 이미 어느 정도 주목을 받았다.[1]

---

[1] 프로이트와 브로이어의 『히스테리 연구』, 자네P. Janet의 『신경증과 고정 관념 *Névroses et idées fixes*』(1898), 엘리스H. Ellis의 『성 심리학 연구*Studies in the Psychology of Sex*』 제1권 『겸허함의 발전: 성적 주기성의 현상과 자가 성애*The Evolution of Modesty; the Phenomena of Sexual Periodicity; and Auto-eroticism*』(1899), 프로이트의 『꿈의 해석』, 픽A. Pick의 「히스테리에서 나타나는 병리학적인 몽상과 그 관계 Über pathologische Träumerei und ihre Beziehung zur Hysterie」(1896) 참조 — 원주.

환상은 남성과 여성 모두에게 거의 같은 빈도로 일어나지만, 여자들의 경우는 변함없이 에로틱한 성질을 띠는 반면 남자들의 경우는 에로틱하거나 야심에 찬 것일 수도 있다. 그러나 남자들의 경우에도 에로틱한 요인의 중요성을 이차적인 것으로 간주해서는 안 된다. 남자들의 백일몽을 면밀히 조사해 보면 영웅적인 업적을 이루고 출세를 하는 것은 모두 여자에게 즐거움을 주고 다른 남자들보다 더 잘 보이기 위해서임을 알 수 있다.[2]

그런 환상들은 박탈과 갈망에서 생겨나는 소망의 만족인데, 그 환상들이 〈백일몽〉이라고 불리는 것은 당연한 일이다. 왜냐하면 그 환상들은 우리가 밤에 꾸는 꿈을 이해하는 데 필요한 열쇠를 제공하기 때문이다. 밤의 꿈에서 꿈을 형성하는 핵심은 낮 동안에 했던 환상이 의식적, 심리적 매체를 통해 왜곡되고 오해되어 복잡하게 뒤얽힌 것에 지나지 않는다.[3] 이 백일몽에는 상당히 많은 관심과 특별한 가치를 두게 되며, 환자는 그것이 자기의 가장 비밀스러운 소유물이라도 되는 것처럼 조심스럽게 간직하고 대개는 아주 민감하게 숨긴다. 그러나 우리는 길거리에서 누군가가 정신이 멍해진 것처럼 갑자기 미소를 짓거나, 혼잣말을 하거나, 또는 상상적인 상황의 절정으로 치달으면서 걸음이 빨라지는 것을 보게 되면 그가 백일몽에 빠져 있다는 것을 쉽게 알 수 있다. 내가 지금까지 조사해 볼 수 있었던 모든 히스테리 발작은 타의에 의해서 중단된 백일몽이었음이 밝혀졌다. 왜냐하면 우리가 관찰해 온 바로는 그런 환상이 의식적일 뿐 아니라 무의식적일 수도 있으며, 의식이 무의식으로 바뀌자마자 병적인 것이 될 수 있

2 엘리스도 『겸허함의 발전: 성적 주기성의 현상과 자가 성애』에서 같은 의견을 밝혔다.
3 『꿈의 해석』(프로이트 전집 4, 열린책들) 참조 — 원주. 이 단락의 내용은 프로이트가 거의 같은 시기에 쓴 「작가와 몽상」에서 더 상세히 거론되었다.

다는, 다시 말해서 증상과 발작으로 표현될 수 있다는 데 더 이상 의심의 여지가 없기 때문이다. 그러나 순조로운 상황에서라면 환자는 무의식적인 환상을 의식에 그대로 보존할 수도 있다. 나는 한 여자 환자의 관심을 환상으로 돌린 뒤 그녀에게서 이런 이야기를 들은 적이 있었다. 언젠가 그녀는 자기가 느닷없이 길거리에서 울고 있음을 깨달았는데, 무엇 때문에 울고 있는지를 재빨리 생각해 보고 나서 자기의 환상을 다음과 같이 파악했다는 것이었다. 상상 속에서 그녀는 자기가 살고 있는 도시의 유명한 피아니스트를 사모했고(비록 그녀가 개인적으로 그를 알지는 못했더라도) 그의 아이를 낳았지만(그녀에게는 사실 아이가 없었다), 그 피아니스트가 그녀와 아기를 버리고 떠나서 두 사람을 궁지에 빠뜨렸다는 생각을 하고 있었다. 그녀가 공상을 하다가 울음을 터뜨린 것은 바로 그때였다.

무의식적인 환상은 내내 무의식적이어서 무의식에 형성되었거나, 아니면 그보다 좀 더 흔하게는 한때 의식적인 환상, 즉 백일몽이었지만 그 뒤로는 의식적으로 잊히고 〈억압〉을 통해 무의식적인 것이 되었다. 그 이후로 환상의 내용은 변하지 않고 그대로 남을 수도 있고, 변화를 겪을 수도 있다. 그러므로 현재의 무의식적인 환상은 한때 의식적이었던 것에서 생겨난 파생물이다. 무의식적인 환상은 환자의 성생활과 매우 중요한 관계를 가지고 있다. 왜냐하면 그 환상은 환자가 자위행위에 빠져 있던 기간 동안 그에게 성적 만족감을 안겨 주었던 환상과 동일한 것이기 때문이다. 그 시기에 자위행위는 (가장 넓은 의미에서 보자면)[4] 두 부분으로 이루어져 있었다. 그 하나는 환상을 불러내는 일이었고, 다른 하나는 환상의 절정에서 자기만족을 얻기 위한 다른 어떤 적극적인

4 즉 손으로 마찰을 가한다는 의미에 국한되지 않는다면.

행동이었다. 이 복합된 행위는 우리가 알기로 단지 서로 접합되어 있을 뿐이었다.[5]

자위행위는 원래 성적 흥분을 일으킬 수 있는 신체의 어느 특정한 부분에서 쾌감을 얻기 위한 순전히 자가 성애적인 과정이었다. 그러나 나중에는 이 행위가 대상애*Objektliebe*의 영역에서 생겨난 소망과 섞이게 되고, 환상이 절정에 이르는 상황을 부분적으로 인식하는 데 이용되었다. 그리고 다음에는 환자가 자위와 환상으로 이루어진 형태의 만족을 포기하면서 행동은 사라지고 환상은 의식에서 무의식으로 바뀐다. 이때 만일 다른 형태의 성적 만족이 뒤따라 생겨나지 않으면 당사자는 금욕적으로 남게 된다. 그리고 만일 환자가 리비도를 승화시킬 수 없다면 — 즉 성적 흥분을 좀 더 높은 목적으로 돌릴 수 없다면 — 무의식적인 환상이 되살아나 급격히 증가할 조건이 충족되며, 환상의 내용 가운데 적어도 일부는 사랑을 받으려는 강력한 욕구와 함께 병적인 증상의 형태로 나타난다.

그런 식으로 무의식적인 환상은 모든 히스테리성 증상의 직접적이고 심리적인 전조가 된다. 히스테리성 증상은 무의식적인 환상이 〈전환〉을 통해 나타난 것에 지나지 않으며, 그 증상이 신체적인 것인 한 원래는 환상이 아직 의식적이었을 때 거기에 수반되었던 것과 같은 성적 느낌과 운동 신경 감응의 범주로부터 생겨나는 일이 매우 흔하다. 이런 식으로 자위를 하는 습관은 사실상 포기되지 않고 모든 병적인 과정의 목적이 달성되는데 — 비록 완전한 것은 결코 아니며 언제나 근사치인 것이 사실이라고는 하더라도 — 그 과정은 원초적인 성적 만족으로의 복귀이다.

그러므로 히스테리를 연구하는 사람이라면 누구나 곧 히스테

5 「성욕에 관한 세 편의 에세이」 참조.

리 증상으로부터 그 증상이 생겨난 환상으로 관심을 돌리게 된다. 우리는 정신분석 기법을 이용함으로써 먼저 증상들로부터 그 무의식적인 환상들이 무엇인지를 추론하고, 다음에는 그것들을 의식적인 것으로 바꿀 수 있었다. 그 방법을 통해 히스테리 환자들의 무의식적인 환상의 내용은 성도착자들이 의식적으로 만족을 얻는 상황과 완전히 일치한다는 사실이 알려졌다. 그런 상황의 예를 어디에서 찾아야 할지 모르는 사람이라면 로마 황제들의 유명한 광기를 떠올리기만 하면 된다. 그 엄청난 광기는 물론 환상의 창조자들이 소유한 거대하고 무제한적인 권력으로만 결정된 것이었다. 편집증 환자들의 망상 역시 — 비록 그것들이 곧장 의식적인 것으로 바뀌기는 하지만 — 같은 성질일 것이다. 그런 환상은 성 본능의 가학적, 피학적 구성 요인에 달려 있고, 히스테리 환자들의 어떤 무의식적 환상에서 그 완전한 짝을 찾을 수도 있다. 우리는 또한 히스테리 환자들이 자기들의 환상을 증상의 형태로가 아니라 의식적인 인식으로 표현함으로써 강간, 폭행, 또는 성적 공격 행위를 고안하고 상연하는 사례들 — 그 나름대로 실제적인 중요성이 있는 사례들 — 도 알고 있다.

이 정신분석 조사 방법은 의심스러운 증상으로부터 숨겨진 무의식적 환상을 밝혀냄으로써 우리가 정신 신경증 환자들의 성욕에 대해 알아낼 수 있는 모든 것을 알려 주는데, 거기에는 이 짧막한 논문의 주제가 되는 사실도 포함되어 있다.

아마도 무의식적 환상이 표현을 하려는 노력에서 마주치는 어려움 때문에 증상에 대한 환상의 관계는 단순한 것이 아니라 그와는 반대로 여러 가지 면에서 복잡하다.[6]

6 이것은 〈잠재적〉 꿈-사고와 〈외현적〉 꿈-내용이라는 요소들의 관계에도 해당된다. 〈꿈-작업 Traumarbeit〉을 다룬 『꿈의 해석』 제6장 참조 — 원주.

신경증이 충분히 진전되어 한동안 지속되었을 때에는 대체로 특별한 증상이 단 한 가지의 무의식적 환상이 아니라 서너 가지의 환상에 해당한다. 또 그 방식도 제멋대로인 것이 아니라 특정한 패턴을 따른다. 그러나 질환이 시작될 때에는 그런 혼화(混化, Komplikationen)가 충분히 발달되지 않는다.

일반인의 이해를 돕기 위해 나는 여기에서 이 논문의 틀 밖으로 나가서 히스테리 증상의 본질을 점진적으로 더 충실하게 설명해 줄 공식들을 몇 가지 삽입하고자 한다. 이 공식들은 서로 상반되는 것이 아니라 어떤 것들은 사실에 점점 더 완벽하고 정확하게 접근하는 것이고, 다른 것들은 다른 견지에서 적용되는 것들이다.

(1) 히스테리 증상은 어떤 활동적인(외상성인) 느낌과 경험의 기억 상징Erinnerungssymbol이다.[7]

(2) 히스테리 증상은 이러한 외상성 경험들이 연상적으로 되돌아와 〈전환〉에 의해서 대치된 것이다.

(3) 히스테리 증상은 다른 심리적인 구조들과 마찬가지로 소망을 이루려는 한 표현이다.

(4) 히스테리 증상은 소망을 이루는 데 도움이 되는 무의식적인 환상의 실현이다.

(5) 히스테리 증상은 성적 만족이라는 목적에 이바지하며 환자의 성생활 가운데 일부(성 본능의 구성 요인들 중 하나에 해당하는)를 드러낸다.

(6) 히스테리 증상은 유년기에 실행되었다가 그 뒤로 억제된

---

7 이 용어는 프로이트가 『히스테리 연구』에서 넓은 의미로 사용한 것이다. 「정신분석에 대하여Über Psychoanalyse」(1910)의 첫 번째 강의에서 프로이트는 이 상징들을 대도시의 기념물과 기념비에 비유했는데, 그것은 보는 사람들이 더 이상 강렬한 감정을 불러일으키지 않는 물질적인 〈기억 상징〉이다. 그와는 반대로 히스테리 환자는 마치 과거의 고통스러운 경험이 아직까지도 생생한 것처럼 그 경험에 계속 반응한다.

성적 만족의 형태가 되돌아온 것에 해당한다.

(7) 히스테리 증상은 서로 반대되는 정서적인 충동과 본능적인 충동 사이의 타협으로 생겨나는데, 이때 정서적인 충동은 구성 본능이나 또는 성적 기질의 구성 요소를 표현하려 하고 다른 하나는 그것을 억누르려 한다.

(8) 히스테리 증상은 성적이 아닌 여러 가지 무의식적 충동을 표현할 수 있지만, 그렇더라도 성적 중요성이 배제되어서는 절대로 안 된다.

이상의 여러 가지 공식 가운데서 제7항이 무의식적인 환상을 실현한 히스테리의 본질을 가장 완벽하게 보여 주며, 제8항은 성적 요인의 독특한 중요성을 인정한다. 또 위에서 본 공식들 중 몇 가지는 결국 이 두 가지와 같은 내용이 되어 거기에 포함된다.

내가 「성욕에 관한 세 편의 에세이」에서 보여 주었듯이, 증상과 환상 사이의 관련성 덕분에 증상을 정신분석해 보면 개개인을 지배하는 성 본능의 구성 요소들을 좀 더 쉽게 이해할 수 있다. 그러나 몇몇 사례들에서는 이 방법에 의한 조사에서 예기치 않은 결과가 나오기도 한다. 이것은 성적 환상(그 가운데서 가장 중요하고 제1차적인 것이 성적인 성질을 띤 것이다)을 밝혀내는 것만으로는 문제를 해결하기에 충분치 못한 증상들이 많다는 것을 보여 준다. 이 문제를 풀기 위해서는 하나는 남성적이고 다른 하나는 여성적인 특성을 띤 두 가지의 성적 환상이 있어야 한다. 그러므로 이 환상들 가운데 하나는 동성애적인 충동으로부터 생겨난다. 그러나 이 새로운 사실의 발견으로 인해 우리의 7번째 공식이 변경되지는 않는다. 히스테리 증상이 반드시 리비도의 충동과 억압 충동 사이에서 타협을 한다는 것은 여전히 사실이지만, 그 증상은 또한 반대되는 성적 특성을 띤 두 리비도의 환상을 결합시키기도 한다.

나는 이 명제를 뒷받침하는 예들을 제시하지는 않겠다. 경험을 통해 나는 축약된 형태의 짧은 정신분석으로는 그 방법을 이용해서 얻게끔 되어 있는 납득할 만한 효과를 절대로 얻지 못한다는 것을 알았다. 그리고 다른 한편으로 충분히 분석된 사례들에 대한 설명은 또 다른 경우를 위해 남겨져야 한다.

그러므로 나는 다음의 공식을 제시하고 그 중요성을 설명하는 것으로 만족하고자 한다.

(9) 히스테리 증상은 한편으로는 남성의 무의식적인 성적 환상이고, 다른 한편으로는 여성의 무의식적인 성적 환상이다.

이 아홉 번째 공식에 대해서는 다른 공식들에서처럼 일반적인 타당성이 있다고 주장할 수 없다는 점을 밝히고자 한다. 내가 알 수 있는 한 이 공식은 어떤 주어진 사례의 모든 증상에 적용되지도 않고, 또 모든 사례에 적용되지도 않는다. 그와는 반대로 많은 사례에서 반대되는 성에 속한 충동들이 독자적인 증상 표현을 하는 것으로 관찰되며, 따라서 양성애적 증상과 동성애적 증상이 그 뒤에 숨겨진 환상들로서 분명하게 구분될 수 있다. 그럼에도 불구하고 아홉 번째 공식에서 언급된 상황은 매우 흔하며, 그런 일이 일어날 때는 특별히 강조할 만큼 중요하다. 내가 보기에 이 것은 히스테리 증상의 결정이 취할 수 있는 가장 복잡한 상황이며, 따라서 우리는 오랫동안 지속되어 왔고 그 과정에서 상당한 조직이 생겨난 신경증에서만 그것을 관찰할 수 있을 것이다.[8]

많은 신경증 사례에서 어느 경우에건 나타날 수 있는 히스테리

---

8 자드거 I. Sadger는 최근에 그 자신의 정신분석에서 이 공식을 독자적으로 발견했다(「프로이트에 의한 정신분석학적 방법의 의의Die Bedeutung der psycho-analytischen Methode nach Freud」, 1907). 하지만 그는 이 공식이 일반적인 타당성을 지녔다고 주장한다 — 원주.

증상의 양성적 성질은 남자들에게 선천적으로 양성적 소인이 존재한다는 가정이 정신 신경증 환자들의 정신분석에서 특히 분명하게 눈에 띤다는 나의 견해를 확증해 준다.[9] 이와 매우 유사한 상황은 자위를 하고 있는 사람이 무의식적인 환상을 통해 자기가 그리고 있는 환상에서 남자의 감정과 여자의 감정을 동시에 느끼려고 할 때 생겨난다. 또 환자가 잠재적인 성적 환상에서 남자와 여자의 역할을 동시에 수행하는 특별한 히스테리 발작에서도 그와 유사한 상태가 관찰된다. 예를 들면 내가 관찰했던 한 사례에서 환자는 한 손으로 옷을 몸에 밀착시키는 한편(여자로서), 다른 손으로는 그 옷을 찢으려고 했다(남자로서). 이 동시적이고 상반되는 행동으로 인해 상황이 매우 모호해진다. 이 상황은 그렇지 않았더라면 발작에서 매우 자유롭게 묘사되었을 것이므로 작용하는 무의식적 환상을 숨기는 데 아주 적절하다.

정신분석 치료에서는 증상이 양성적인 의미를 지니고 있다는 사실에 대비해 두는 것이 매우 중요하다. 그러므로 우리는 만일 어떤 증상이 우리가 그 성적 의미들 가운데 하나를 이미 해결했는데도 줄어들지 않고 지속되는 것에 놀라거나 잘못 이끌릴 필요가 없다. 왜냐하면 그 증상은 아마도 틀림없이 반대되는 성에 속하는 성적 의미로 유지되고 있을 것이기 때문이다. 더군다나 그런 사례를 치료할 때 우리는 어떤 성적 의미를 분석할 동안 환자가 마치 인접한 트랙에서 의미가 상반되는 분야로 들어가듯, 자기의 연상을 끊임없이 바꾸는 편리한 가능성을 어떻게 이용하는지 관찰할 수도 있다.

---

9 「성욕에 관한 세 편의 에세이」 참조 — 원주.

히스테리 발작에 관하여

Allgemeines über den hysterischen Anfall(1909[1908])

이 논문은 프로이트가 알베르트 몰의 권유로 그가 새로 창간한 정기 간행물 제1호에 기고한 것이다. 그는 전에도 『히스테리 연구』에 실린 브로이어와 프로이트의 「예비적 고찰」에서 이 주제를 논의한 바 있었다. 이 논문은 고도로 요약되어 있어 개요에 가까우며, 나중에 발전된 사항들의 근원을 찾아볼 수 있는 저술이다. 그러나 프로이트는 20년 뒤 도스토옙스키의 〈간질〉 발작을 논의할 때까지는 히스테리 발작이라는 주제로 돌아가지 않았다(「도스토옙스키와 아버지 살해」, 프로이트 전집 14, 열린책들).

이 논문은 1909년 『심리 치료와 임상 심리학지』 제1호에 처음 발표되었으며, 『저작집』 제5권, 『전집』 제7권에도 실렸다. 영어 번역본은 브라이언이 번역한 "General Remarks on Hysterical Attacks"가 『논문집』 제2권(1924), 『표준판 전집』 제9권(1959)에 실렸다.

히스테리 발작에 관하여

1

　명백하게 발작을 호소하는 여성 히스테리 환자를 정신분석해 보면, 곧 그러한 발작이 운동 신경 영역으로 옮겨 가 운동성에 투사되고 팬터마임으로 표현된 환상에 지나지 않다는 것을 알게 된다. 이 환상들이 무의식적인 것은 사실이지만, 그 외에도 백일몽에서 직접 관찰될 수 있는 환상이나 밤에 꾸는 꿈을 해석함으로써 도출할 수 있는 환상들과 같은 성질의 것이다. 꿈은 종종 발작을 대신하며 그보다 훨씬 더 자주 발작을 설명해 준다. 꿈과 발작에서는 같은 환상이 다른 표현법을 찾아내기 때문이다. 그런 이유로 우리는 발작을 관찰함으로써 그 발작으로 표현된 환상을 알수 있어야 하지만, 사실은 거의 그렇지가 못하다. 팬터마임으로 표현된 환상은 대체로 잠재의식에 대한 억압력의 영향을 받기 때문에 꿈의 환각적인 왜곡과 아주 비슷한 왜곡을 겪으며, 그래서 두 가지 모두 환자 자신이 의식적으로 알 수 없게 되는 것은 물론이고 관찰자도 이해할 수 없게 된다. 따라서 히스테리 발작은 우리가 밤의 꿈에 적용하는 것과 같은 해석상의 수정을 거칠 필요가 있다. 그러나 히스테리 발작의 경우에는 우리가 꿈의 해석을 통해서 알게 된 왜곡을 일으키는 힘들과 왜곡의 목적뿐 아니라 왜곡에 이용된 기법도 수정을 받아야 한다.

(1) 발작은 같은 자료로 몇 가지 환상을 동시에 표현한다 — 말하자면 응축Verdichtung을 통하여 — 는 사실 때문에 난해해진다. 두 가지(또는 그 이상)의 환상에 공통된 요인들은 꿈에서처럼 표현의 핵심을 이룬다. 그런 식으로 일치하게 된 환상들은 종종 아주 다른 특성을 띠는데, 예를 들면 그것들이 최근의 소망과 어린 시절에 받은 느낌을 재활성화한 것일 수도 있다. 그런 경우에는 같은 신경 감응이 때로는 아주 교묘한 방식으로 두 가지 목적 모두에 도움이 된다. 응축을 매우 광범위하게 이용하는 히스테리 환자들은 단일한 형태의 발작으로 충분할 수도 있지만, 다른 환자들은 발작 형태의 증가로 인해 병적인 다수의 환상을 표현한다.

(2) 발작은 환자가 환상에서 나타나는 두 인물의 행동을 모두 수행하려고 한다는 사실, 즉 이중 동일시die mehrfache Identifizierung로 인해 불명료해진다. 내가 「히스테리성 환상과 양성 소질의 관계」에서 언급한 예들을 비교해 보자. 거기에서 여성 환자는 한 손으로 자신의 옷을 찢은 반면(남자로서), 다른 손으로는 그 옷을 몸에 밀착시켰다(여자로서).

(3) 특히 광범위한 왜곡은 신경 감응의 상반되는 성 대상 도착으로 이루어진다. 이것은 꿈-작업에서 흔히 일어나는, 한 요인을 정반대되는 요인으로 바꾸는 것과 유사하다.[1]

예를 들면 발작에서 포옹은 양손이 척추 뒤에서 맞닿을 때까지 팔을 뒤로 젖히는 행동으로 표현된다. 대다수의 병력에서 발작 기간 동안에 일어나는, 잘 알려진 반궁긴장(反弓緊張)은 이처럼 상반되는 신경 감응을 통해서 성교에 적합한 자세를 적극적으로

1 『꿈의 해석』 참조.

부정한 것에 지나지 않을 수도 있다.

(4) 그 못지않게 당황스럽고 혼란스러운 것은 언어로 표현된 환상에서 보이는 시간적 순서의 역전인데, 이것 또한 어떤 행동의 결말로 시작되고 그 행동의 시작으로 끝나는 다수의 꿈들과 완전히 부합한다. 예를 들어 어떤 여자 히스테리 환자가 품은 유혹 환상을 가정해 보자. 그녀는 발이 보이도록 치마를 살짝 들어 올린 채 어느 공원에 앉아 책을 읽고 있는데, 어떤 남자가 다가와 그녀에게 말을 걸고, 그들은 어디론가로 옮겨 가서 정사를 벌인다. 그러나 발작에서는 이 환상이 성교에 해당하는 경련 단계로 시작되고, 다음에는 그녀가 일어나서 다른 방으로 들어가 자리에 앉아서 책을 읽고 그녀에게 건네진 상상적인 말에 대답하는 것으로 연출된다.[2]

제3항과 제4항에서 본 왜곡의 저항이 강하다는 것과 관련해서 우리는 어떤 생각을 하게 된다. 즉 억압된 인격적 요소는 그것이 히스테리 발작으로 나타날 때에도 고려되어야 한다는 것이다.

2

히스테리 발작은 쉽게 이해될 수 있는 법칙들을 따라 일어난다. 억압된 콤플렉스는 리비도 집중*Libidobesetzung*[3]과 관념 작용의 내용(환상)으로 이루어져 있기 때문에[4] 발작은 다음과 같은 경우

---

2 이 예에 대한 좀 더 충실하고 약간 다른 설명이 1909년에 간행된 『꿈의 해석』에 각주로 추가되어 있었다.

3 영어 번역어는 *cathexis*이다. 초기에는 독일어로 *Libidobesetzung*이라고 표기했으나 프로이트의 이론이 정리되면서 *Besetzung* 자체에 〈리비도 집중〉이라는 의미를 모두 담게 된 것으로 보인다.

4 여기에서 지적된 관념 작용의 내용과 정서적인 에너지 사이의 구분은 억압에 관한 프로이트의 초심리학적 설명에서 중요한 역할을 하게 되었다. 「억압에 관하여」

에 일어난다.

(1) 콤플렉스(충분히 리비도가 집중되었다면)의 내용이 의식적인 삶에서 그와 관련이 있는 어떤 것과 접했을 때 연상적으로.

(2) 내면의 신체적 이유와 외부의 심리적 영향의 결과로 리비도 집중이 어느 정도 이상 일어났을 때 조직적으로.

(3) 1차적인 목적에 도움이 되도록 — 현실이 괴롭거나 무서울 때 〈질환으로의 도피〉라는 표현으로서 — 즉 위안으로서.

(4) 2차적인 목적에 도움이 되도록 발작을 일으킴으로써 환자가 자기에게 도움이 되는 목적을 달성할 수 있게 되자마자 질환이 그 자체와 결합하는 경우.5 마지막 경우에는 발작이 특별한 개인들에게로 향하며 그것이 나타날 때까지 미루어질 수 있고, 따라서 의식적으로 가장되었다는 느낌을 준다.

3

히스테리 환자들의 어린 시절을 조사해 보면 히스테리 발작은 전에 실행되었고, 그 이후로 포기된 자가 성애적 만족을 대신하기 위해서 생겨난다는 것을 알 수 있다. 그러므로 이 만족감(접촉이나 허벅지의 밀착에 의한 자위, 또는 혀의 움직임에 의한 자위 등)은 환자의 의식이 빗나간 발작 기간 동안에 다시 나타나는 경

(프로이트 전집 11, 열린책들)와 「무의식에 관하여」(프로이트 전집 11, 열린책들) 참조.

5 〈질환으로의 도피〉라는 용어는 프로이트가 전부터 염두에 두고 있었지만, 실제로 여기서 처음 나타난 것으로 보인다. 〈질환에서 생기는 이익〉이라는 생각은 병인적 요인으로서 역시 전부터 있던 것이지만, 〈1차적인〉 이익과 〈2차적인〉 이익 사이의 구분은 위의 단락에서 처음으로 분명해졌다. 이 모든 문제는 『정신분석 강의』(프로이트 전집 1, 열린책들)의 스물네 번째 강의에서 상세히 논의되고, 〈도라〉의 병력 연구에 1923년 추가된 각주에서 다시 논의되는데, 거기에서 프로이트는 그 주제에 관한 이전의 견해들을 수정하고 명확히 했다.

우가 매우 많다. 더군다나 리비도의 증가에 기인하고 1차적인 목적에 도움이 되는 — 위안으로서 — 발작의 시작은 더 이른 시기에 환자가 의도적으로 자가 성애적 만족을 추구했던 상황을 정확하게 재현한다. 환자의 병력은 다음의 단계를 보인다. (a) 관념 작용의 내용이 없는 자가 성애적 만족. (b) 만족 행위로 이르는 환상과 관련된 만족. (c) 환상의 보류를 수반한 행위의 포기. (d) 환상의 억압. 이것은 다음에 변하지 않은 형태나 또는 변경되어 새로운 환경적 느낌에 적응한 히스테리 발작으로 나타난다. 더군다나 (e) 환상은 심지어 겉보기로는 포기된 만족 행위를 재개하기까지 한다. 이것은 유아기 성적 활동의 전형적인 순환, 즉 억압, 억압의 실패, 그리고 억압당한 것으로의 복귀이다.

무의식적인 방뇨는 분명히 히스테리 발작의 진단과 모순되는 것으로 간주되어서는 안 된다. 그것은 단지 어린 시절에 있었던 몽정의 극단적인 재현일 뿐이다. 더군다나 명백한 히스테리 사례들에서는 혀를 깨무는 행위도 관찰되는데, 그 행위 역시 성교와 마찬가지로 더 이상 히스테리와 모순되지 않는다. 만일 환자의 주의가 의사의 질문에 의해 차별적인 진단을 하기가 어렵다는 데로 끌리면 발작에서 그 행위가 더 쉽게 일어난다. 어린 시절에 있었던 사고 — 예를 들면 장난을 치며 놀다가 생긴 — 를 재현하는 히스테리 발작에서는 자해(남자들의 경우 더 빈번하게)도 일어날 수 있다.

히스테리 발작에서 의식을 잃는 〈소발작Absence〉[6]은 자가 성애적 만족을 포함한 모든 강렬한 성적 만족이 절정에 이르렀을 때 관찰될 수 있는 것과 같은, 일시적이지만 분명한 의식의 상실 때문에 생겨난다. 이 〈소발작〉의 전개 과정은 히스테리성 〈소발작〉

6 프랑스어에서 차용한 용어.

이 몽정Pollution의 시작으로부터 생겨나는 젊은 여자들에게서 가장 분명하게 밝혀질 수 있다. 히스테리 환자들에게 그렇게도 흔한 이른바 〈최면 상태〉[7] — 백일몽을 꾸는 동안의 소발작 — 도 그 원인이 같다는 것을 보여 준다. 이 소발작의 메커니즘은 비교적 간단하다. 환자의 모든 관심은 먼저 만족의 과정에 쏠리고, 만족을 얻게 되면 그 관심의 모든 리비도 집중이 갑자기 제거되어 의식에 일시적인 공백 상태가 뒤따르는 것이다. 생리적인 것이라고도 할 수 있는 이 의식의 공백 상태는 억압력이 거부하는 모든 것을 다 없앨 수 있을 때까지 억압에 도움이 되도록 확장된다.

4

히스테리 발작에서 억압된 리비도의 운동 신경 해소 방법을 제시하는 것은 성행위의 반사 메커니즘이다. 이 메커니즘은 여자들을 포함한 모든 사람들에게 생겨날 수 있는데, 성행위에 무제한으로 탐닉할 때 분명히 눈에 띄는 작용을 하는 것으로 보인다. 고대에서부터도 이미 성교는 〈작은 간질 발작〉이라는 말이 있었다. 우리는 그 말을 바꾸어 경련성 히스테리 발작이 성교와 대등하다고 할 수 있을 것이다. 간질 발작에 유추한 설명은 별 도움이 되지 않는다. 왜냐하면 그 발작의 원인은 히스테리 발작의 원인만큼도 알려져 있지 않기 때문이다.[8]

대체로 말해서 히스테리 발작은 일반적인 히스테리와 마찬가지로 여자들에게서 어린 시절에 존재했던, 그리고 당시에는 본질

---

7 브로이어가 도입한 용어. 『히스테리 연구』를 참조할 것.
8 도스토옙스키에 관한 논문(「도스토옙스키와 아버지 살해」)에 실린 〈간질 반응〉 및 간질과 히스테리 발작 사이의 관계에 대한 프로이트의 긴 논의 참조.

적으로 남성적인 특성을 보였던 성적인 행동의 일부를 되살린다. 또 사춘기에 이를 때까지 몇 년 동안 사내아이 같은 성질과 경향을 보였던 여자들이 바로 사춘기 이후에 히스테리 환자가 된 사람들이라는 것도 종종 관찰될 수 있다. 모든 사례에서 히스테리성 신경증은 여자다운 태도가 생겨날 수 있도록 하는 — 남성적인 성욕을 포기함으로써 — 전형적인 억압 과정이 지나치게 강조되었다는 사실을 나타낼 뿐이다.[9]

9 「성욕에 대한 세 편의 에세이」 참조.

심인성 시각 장애에 관한 정신분석적 견해

Die psychogene Sehstörung in psychoanalytischer Auffassung(1910)

이 논문은 빈의 저명한 안과 의사이자 프로이트의 가장 오랜 친구 가운데 하나인 레오폴트 쾨니히슈타인의 학술 기념 논문집에 기고할 목적으로 쓰인 것이다. 프로이트는 1910년 4월 12일 페렌치에게 보낸 편지에서 이 글이 단지 그 행사에 때맞춰 쓴 글일 뿐 아무런 가치도 없다고 한 바 있지만(존스E. Jones, 『프로이트의 삶과 업적*Sigmund Freud: Life and Work*』, 1955), 이 논문에는 매우 특별하게 흥미를 끄는 내용이 포함되어 있다. 왜냐하면 그가 처음으로 〈자아 본능〉이라는 용어를 사용하여 그 본능을 자기 보존 본능과 동일시하고 억압 기능의 가장 중요한 부분을 그 본능에 귀속시킨 것은 바로 이 글에서이기 때문이다. 또 이 논문의 마지막 단락에서 프로이트가 정신 현상은 궁극적으로 신체 현상에 근거를 두었다는 믿음을 특별히 분명하게 표현한 대목도 주목할 만하다.

이 논문은 1910년 『의술 보고*Ärztliche Standeszeitung*』 제9권 9호

에 부록인 『의술 교육Ärztliche Fortbildung』에 처음 실렸으며, 『신경 증에 관한 논문집』제3권(1913), 『저작집』제5권, 『전집』제8권에 실렸다. 영어 번역본은 1924년 콜번 메인 E. Colburn Mayne이 번역 하여 "Psychogenic Visual Disturbance according to Psycho-An-alytical Conceptions"라는 제목으로 『논문집』제2권과 『표준판 전집』제11권에 실렸다.

심인성 시각 장애에 관한 정신분석적 견해

신사 여러분, 나는 여러분에게 심인성 시각 장애의 예를 제시하고자 합니다. 이러한 장애의 원인에 관한 우리의 견해가 정신분석적 탐구 방법의 영향하에서 어떤 변화를 겪었는지 보여 주기 위해서입니다. 여러분도 아시다시피, 히스테리성 실명은 심인성 시각 장애의 한 유형으로 여겨지고 있습니다. 그리고 샤르코, 자네, 비네 등을 포함한 프랑스 학자들의 연구에 힘입어 그러한 사례들의 원인도 일반적으로 알려져 있다고 생각됩니다. 왜냐하면 우리는 이제 몽유병으로 의심되는 사람을 우리 마음대로 할 수 있을 경우, 실험적으로 그에게 심인성 실명을 일으킬 수 있기 때문입니다. 만일 우리가 그를 깊은 최면으로 유도하여 한쪽 눈에는 아무것도 보이지 않을 것이라는 암시를 주면, 그는 실제로 자발적인 시각 장애를 일으킨 히스테리 환자처럼 그 눈이 보이지 않게 된 듯 행동할 것입니다. 그러므로 우리는 최면 암시의 시각 장애를 모델로 해서 자발적으로 생겨나는 히스테리성 시각 장애의 메커니즘을 구성할 수 있습니다. 히스테리 환자에게는 눈이 먼다는 관념이 최면 치료사의 암시에 의해서뿐 아니라 자발적으로도 — 사람들이 말하는 대로라면 자기 암시에 의해서 — 생겨나며, 두 경우 모두에서 그 관념은 너무도 강력하기 때문에 암시된 환각이나 마비 등에서와 똑같이 현실로 바뀝니다.

이 사실은 논리적으로 완전히 옳게 보이며 최면, 암시, 그리고 자기 암시라는 개념의 이면에 숨어 있는 여러 가지 수수께끼를 무시할 수도 있는 사람들을 만족시켜 줄 것입니다. 특히 자기 암시는 더 많은 문제를 제기합니다. 언제, 어떤 상황하에서 관념이 그처럼 강력해져서 더 이상의 노력을 들이지 않고서도 암시처럼 행동하며 현실로 바뀔 수 있는 것일까요? 좀 더 면밀히 조사해 보면 우리는 〈무의식〉이라는 개념의 도움을 받지 않고는 이 질문에 답할 수 없다는 것을 알게 됩니다. 많은 철학자들은 이러한 정신적 무의식이라는 가정에 반대하는데, 그 이유는 그들이 우리로 하여금 그러한 가정을 할 수밖에 없도록 한 현상과 전혀 관련이 없기 때문입니다. 그러나 병리학자들은 무의식적인 정신 과정이라든가 무의식적인 관념 같은 것들을 가지고 연구하지 않을 수 없다는 사실을 알게 되었습니다.

적절한 실험들을 통해 히스테리성 실명자들이, 완전한 의미로는 아니지만, 어떤 의미에서는 볼 수 있다는 사실이 밝혀졌습니다. 실명한 눈에 자극을 주면, 비록 의식하지는 못하더라도 어떤 심리적인 결과(예를 들면 그들은 여러 가지 정서를 일으킵니다)가 생겨날 수 있습니다. 그러므로 히스테리성 실명자들은 의식이 관여하는 한에서만 눈이 먼 것이며, 무의식 상태에서는 볼 수 있습니다. 우리로 하여금 정신 과정에서 의식과 무의식을 구분하도록 해준 것은 바로 이러한 관찰의 결과입니다.

그런 사람들이 무의식 상태에서는 볼 수 있음에도 불구하고 어째서 자기들의 눈이 멀었다는 무의식적인 〈자기 암시〉를 불러일으킨 것일까요? 프랑스의 연구자들이 제시한 설명은 히스테리에 걸리기 쉬운 환자들의 경우 선천적인 분리 경향, 즉 정신의 영역에서 연결이 끊어지는 경향이 있으며, 그 결과 어떤 무의식적인 과정들은 의식으로까지 연결되지 않는다는 것입니다. 그러나 우리는 문제의 현상을 이해하는 일과 관련해서 그 설명이 지니고 있을지도 모르는 가치를 완전히 옆으로 제쳐 놓고, 이 문제를 다른 각도에서 보기로 합시다. 여러분도 아시다시피 처음에는 암시에 의해 유발된 실명과 히스테리성 실명을 동일시하는 일에 그처럼 많은 노력을 들였지만 지금은 포기되었습니다. 히스테리 환자는 자신이 볼 수 없다는 자기 암시의 결과로 보지 못하는 것이 아니라, 보는 행위에서 무의식과 의식 사이의 과정이 분리된 결과로 보지 못하는 것입니다. 즉 그가 보지 못한다고 생각하는 것은 충분한 근거가 있는 심리적인 상태의 표현이지, 그 원인이 아닙니다.

만일 여러분이 이 설명을 모호하다고 여긴다면 나로서는 해명을 하기가 쉽지 않을 것입니다. 나는 여러분에게 다른 연구자들의 종합적인 견해를 제시하고자 했고, 그러는 과정에서 그 견해들을 너무 밀접하게 결합시켰습니다. 그 이유는 심인성 장애를 설명하기 위해 제시된 모든 개념들 — 지나치게 강한 관념에서 생겨나는 심인성 장애의 원인, 의식적·무의식적 정신 과정들 사이의 구분, 그리고 정신 분열의 가정 — 을 모두 단 하나의 종합된 개념으로 응축시키고 싶었기 때문입니다. 하지만 나는 그 점에서 피에르 자네를 위시한 프랑스 학자들보다 더 많은 성공을 거두지 못했습니다. 그러므로 나는 여러분이 내 설명의 불명료하고 부정확한 점들을 양해하고 정신분석이 어떻게 우리를 좀 더 일관성 있고, 아마도 사실에 좀 더 가까운 심인성 시각 장애라는 견해로 이끌었는지 이야기하도록 허락해 줄 것으로 기대합니다.

정신분석도 역시 분리와 무의식이라는 가정을 받아들이지만 그것들을 서로 다르게 관련시킵니다. 정신분석이 취하는 견해는 역동적인 것이어서 정신생활을 탐구하기 위해 여러 가지 힘, 즉 서로 조장하거나 금지하는 힘들의 상호 작용까지 밝혀냅니다. 만일 어떤 예에서 한 그룹의 관념들이 무의식에 남아 있다면, 정신분석은 그 특별한 분리에서 나타나는 증후군을 설명해 줄 어떤 기질적인 약점이 있다고 추론하는 것이 아니라, 다른 그룹의 능동적인 저항 때문에 그 그룹에 속하는 관념들이 고립되어 무의식 상태가 생겨난다는 견해를 취합니다. 정신분석이 그 저항 때문에 운명적으로 만나게 된 과정은 〈억압〉이라고 알려져 있는데, 우리는 그것을 논리 분야에서의 유죄 판결과 비슷한 어떤 것으로 간주합니다. 정신분석은 이러한 종류의 억압이 우리의 정신생활에서 지극히 중요한 역할을 한다고 지적하지만, 그러지 못할 경우도 상당히 많은데, 그런 억압의 실패는 증상이 생겨나는 전제 조건이 됩니다.

그러므로 만일 우리가 배웠던 대로 심인성 시각 장애가 보는 일과 관련된 어떤 관념들이 의식으로부터 단절된 데 따른 것이라면, 우리는 정신분석의 견지에서 그런 관념들이 좀 더 강력한 다른 관념들에 저항하기 시작했다고 가정해야 합니다. 그 다른 관념들에 대해서 우리는 〈자아〉라는 집합적인 개념을 사용하는데, 그것은 각기 다른 시기에 다양하게 구성된, 그리고 바로 그런 이유로 억압을 받게 된 복합체입니다. 그러나 이 저항의 원인이 될 수 있는 것, 즉 자아와 다양한 그룹의 관념들 사이에서 억압을 일으키는 것은 무엇일까요? 여러분은 틀림없이 정신분석이 출현하기 전에는 그런 질문을 하기가 불가능했다는 사실을 알고 있을 것입니다. 그때까지는 심리적인 갈등과 억압에 대해서 알려진 것이 아무것도 없었기 때문입니다. 그러나 우리는 연구를 계속해

온 결과 옳은 대답을 할 수 있는 위치에 있습니다. 우리의 관심은 개념화된 삶에서 본능이 차지하는 중요성으로 끌렸습니다. 그리고 모든 본능이 그 목적과 보조를 맞추고 있는 관념들을 활성시킴으로써 효율적으로 되려고 한다는 것도 알게 되었습니다. 이러한 본능들은 언제나 서로 양립할 수 있는 것이 아니어서 때로는 서로의 이해관계가 충돌하기도 합니다. 관념들 사이의 대립은 단지 다양한 본능 사이에서 벌어지는 투쟁이 표현된 것에 지나지 않습니다. 그러나 우리가 설명하려는 견지에서 본다면 성욕과 성적 즐거움을 얻는 데 이바지하는 본능들과 개개인의 자기 보존을 목적으로 하는 다른 본능들 ─ 자아 본능[1]들 ─ 사이의 분명한 대립으로 매우 특별하게 중요한 역할이 수행됩니다. 어느 시인이 말했듯이 우리의 정신에 작용하는 모든 조직적 본능들은 〈배고픔〉이나 〈사랑〉으로 분류될 수 있습니다.[2]

우리는 〈성 본능〉을 그것이 아이들에게 처음 나타날 때부터 〈정상적〉이라고 말할 수 있는 최종적인 형태까지 밝혀냈습니다. 그리고 성 본능이 신체 부분들의 흥분에 수반된 무수한 〈구성 본능들〉로부터 합쳐진다는 것을 발견했고, 이 개별적인 본능들은 생식이라는 목적에 효과적으로 이바지할 수 있기 위해서 복잡한 발달 과정을 거쳐야 한다는 것도 알게 되었습니다.[3]

문명의 진화에 대해서 심리학이 던진 빛 덕분에 우리는 문명이 주로 성적 구성 본능들을 희생시킨 대가로 생겨났으며, 그 구성 본능들은 문명의 정신적 구조가 확립될 수 있도록 억압되고 제한

---

1 프로이트가 이 용어를 사용한 것은 이번이 처음인 듯하다(이 논문의 편집자 주 참조). 프로이트의 본능 이론이 나중에 요약된 것을 보려면 『새로운 정신분석 강의』의 서른두 번째 강의를 참조할 것.
2 실러의 「철학자Die Weltweisen」 참조.
3 「성욕에 관한 세 편의 에세이」 참조.

되고 변경되어 더 높은 목적으로 돌려져야 한다는 것을 알게 되었습니다. 또 그러한 연구의 유익한 결과로서 우리의 동료들이 아직 잘 믿으려고 하지 않았던 사실, 즉 〈신경증〉이라고 알려진 질환이 성적 구성 본능들을 다른 목적으로 돌리는 데 실패한 여러 가지 다른 방식으로부터 생겨난다는 사실도 확인할 수 있었습니다. 〈자아〉는 성 본능의 요구에 위협을 느껴 억압으로 그 본능을 밀어냅니다. 그러나 이 억압은 항상 바람직한 결과를 내는 것이 아니라 억압당한 것의 위험한 대용물을 형성하기도 하는데, 자아의 입장에서 보자면 부담스러운 반응이 됩니다. 그리고 한데 합쳐진 이 두 가지 현상으로부터 우리가 신경증 증상이라고 부르는 것이 생겨납니다.

논의가 지엽적으로 흐르는 동안 우리는 신경증의 병적인 조건들이 정신생활 전반에 관련되는 방식을 다루었다고는 하더라도, 우리가 논의하려는 문제에서 크게 벗어난 것이 분명합니다. 그러나 이제 좀 더 좁은 문제로 다시 돌아가기로 합시다. 성 본능과 자아 본능은 대체로 그 두 본능이 모두 자유로이 쓸 수 있는 기관과 기관계를 공유하고 있습니다. 성적 만족감은 단지 성기의 기능에만 속하지 않습니다. 입은 식사를 하고 말로 의사소통을 하는 데뿐만 아니라 키스를 하는 데도 이용되고, 눈은 생명을 보전하는 데 중요한 외부 세계의 변화뿐만 아니라 애정의 대상으로 선택되는 대상의 특징 — 그들의 매력 — 도 감지합니다.[4]

누구도 두 주인을 섬기기란 쉽지 않다는 말은 다음과 같이 확인됩니다. 즉 두 가지 기능을 지닌 기관이 중요한 본능들 가운데 어느 하나와 그 관계가 더 밀접해지면 다른 하나와는 더 멀어짐

---

4 독일어의 *Reize*는 〈매력〉과 〈자극〉을 동시에 의미한다. 「성욕에 관한 세 편의 에세이」 참조.

니다. 이 원칙 때문에 만일 두 가지의 기본적인 본능이 서로 분리되고 자아가 성적 구성 본능을 계속해서 억압한다면, 그 결과는 병적인 것이 될 수밖에 없습니다.[5]

이러한 사실은 눈과 보는 일에도 쉽게 적용됩니다. 보는 행위를 이용하는 구성 본능 — 보는 성적 즐거움(절시증) — 이 지나친 요구를 한 결과 자아 본능이 방어적인 행동을 일으키고, 그 요구를 표현한 관념이 억압당해 의식적인 것이 되지 못하도록 방해를 받는다고 가정해 봅시다. 그런 경우에는 눈과 보는 행위의 자아와 의식에 대한 관계에서 전반적인 장애가 생기게 될 것입니다. 그리고 자아는 시각 기관에 대한 지배력을 상실하게 되어 그 기관은 이제부터 전적으로 억압된 성 본능의 지배를 받게 될 것입니다. 마치 자아의 억제가 너무 지나치게 이루어진 것처럼 보입니다. 보는 일에서의 성적 관심이 너무 두드러지게 되어 자아는 더 이상 아무것도 보려고 하지 않습니다. 그러나 대안적인 상황은 더 잘 들어맞는 것으로 보이는데, 이 경우에는 능동적인 역할이 보는 행위의 억압된 즐거움으로 돌려집니다. 억압된 본능은 소용이 되는 기관에 대한 지배력을 확장할 수 있게 됨으로써 심리적으로 더 확장하지 못하도록 저지당한 원한을 푸는 것입니다. 그 기관에 대한 의식적인 지배의 상실은 실패한 — 그리고 실패를 대가로 해서 가능해진 — 억압의 해로운 대용물입니다.

두 가지 요구를 받는 기관의 관계 — 의식적인 자아와 억압된 성욕에 대한 그 기관의 관계 — 는 눈보다 운동 기관에서 더 명확하게 관찰됩니다. 예를 들어 손이 성폭행을 하려다 히스테리성 마비를 일으켰다면, 그 행위가 억제를 받은 뒤로는 마치 신경 감

---

5 이 점은 「성욕에 관한 세 편의 에세이」 두 번째 장 말미에서 이미 언급되었다.

응이 계속 억압당하는 것처럼 아무 일도 할 수 없게 됩니다. 또 자위를 포기한 사람의 손가락은 피아노나 바이올린을 연주하는 데 필요한 섬세한 움직임을 배우려고 하지 않습니다. 눈에 관해서 우리는, 성적 절시증의 억압 및 심인성 시각 장애의 발달과 관련된 모호한 심리적 과정을 마치 환자의 내면으로부터 들려오는 꾸짖는 목소리인 듯 해석하고, 그 과정의 결과를 인정하는 것처럼 〈너는 사악한 감각적 즐거움을 얻기 위해 시각 기관을 오용하려고 했으니까 더 이상 아무것도 보지 못하는 것이 마땅하다〉고 말하는 버릇이 있습니다. 여기에는 동해보복형(同害報復刑)의 개념이 포함되어 있는데, 사실 심인성 시각 장애에 대한 우리의 설명은 신화와 전설로 제시된 설명과 일치합니다. 고다이바 백작 부인의 아름다운 전설은 그녀가 벌건 대낮에 알몸으로 길거리를 돌아다니기 쉽게 해주려고 그 도시의 모든 주민들이 창문에 커튼을 내렸다는 것과, 커튼 틈을 통해 그녀의 사랑스러운 알몸을 훔쳐본 단 한 남자가 어떻게 처벌을 받아 눈이 멀었는지를 이야기해 줍니다. 정신 질환의 숨은 열쇠가 신화에도 있음을 암시하는 예는 이것뿐만이 아닙니다.

정신분석은 병리학적인 문제들을 순전히 심리학적인 이론으로 이끈다고 부당하게 비난을 받고 있습니다. 그러나 정신분석은 누가 뭐라고 해도 전적으로 심리적인 요인만은 아닌 것이 분명한 성욕의 병인적 역할에 중점을 두고 있으며, 그것만으로도 비난을 면할 수 있어야 합니다. 정신분석 학자들은, 비록 그들의 연구가 더 이상 확장되지는 못했더라도, 정신병이 기질에 근거한다는 것을 결코 잊지 않고 있습니다. 그러므로 정신분석은 모든 시각 장애가 음란한 절시증을 억압한 결과 생겨나는 시각 장애처럼 반드시 심인성은 아니라는 견해를 받아들일 준비가 되어 있으며, 실로 그런 견해를 자명한 것으로 가정합니다. 두 가지 종류의 본능에 이바지하는 기관이 성욕을 일으키는 역할을 증가시킨다면, 일반적으로 그 기관의 자극 과민성과 신경 지배가 변화를 겪지 않고는 그런 일이 일어나지 않을 것이며, 그 변화는 자아에 이바지하는 기능의 장애로 나타날 것이라고 예상할 수 있습니다. 실제로 우리가 만일 정상적으로는 감각의 수용이라는 목적에 이바지하는 어떤 기관이 성욕을 일으키는 역할을 증대시켜 실제의 성기처럼 행동하기 시작한다는 것을 알게 된다면, 우리는 그 기관에서 중독성인 변화들도 역시 일어나고 있다고 보아야 할 것입니다. 현재로서는 더 나은 명칭이 없는 관계로 우리는 성욕을 일으키는 요인이 증가한 데서 생기는 기능 장애의 두 가지 유형 ― 생리적인 기능 장애와 중독성인 기능 장애 ― 모두에 대해서 전에 쓰던 부적절한 용어를 그대로 써야 합니다. 일반적으로 말해서 신경성 시각 장애와 심인성 장애의 관계는 〈실제의 신경증〉과 정신 신경증의 관계와 같습니다. 즉 심인성 시각 장애는 의심할 바 없이 신경성 시각 장애 없이는 여간해서 나타나지 않지만, 신경성 시각 장애는 심인성 시각 장애 없이도 나타날 수 있습니다. 이러한 〈신경증〉 증상들은 불행히도 오늘날까지 인식되고 이해되는 것이 거의 없습니다. 왜냐하면 이 증상들은 정신분석으로 직접 접근하기가 쉽지 않고, 다른 조사 방법들은 성욕의 관점을 설명에서 제외시켰기 때문입니다.[6]

기질적인 연구로 확장되는 또 하나의 사고 경향이 정신분석으로부터 갈라져 나갑니다. 우리는 환경의 영향으로 생겨나는 성적 구성 본능을 억압하는 것만으로 기관들에서 기능 장애가 일어날 수 있는지, 아니면 그 기관들이 성욕을 일으키는 역할을 지나치게

6 「성별에 따른 신경증에 대하여」에 나오는 〈실제의 신경증〉에 대한 언급 참조.

강조한 결과로 본능에 대한 억압이 일어나기 위해서는 특수한 기질적 조건이 있어야 하는지를 자문해 볼 수도 있을 것입니다. 그런 조건들에서 우리는 심인성 장애와 신경성 장애를 일으키는 경향의 기질적인 부분을 알아야 합니다. 그 요인에 대해서 나는 히스테리에 적용한 것처럼 〈신체적 승낙somatisches Entgegenkommen〉이라는 잠정적인 이름을 붙였습니다.[7]

---

7 〈도라〉의 병력 연구 참조. 이 논문의 1910년 판에만 다음 구절이 들어 있었다. 〈알프레트 아들러의 저명한 저술은 생물학적 용어로 그 요인을 정의하려고 합니다〉.

신경증 발병의 유형들

Über neurotische Erkrankungstypen(1912)

이 논문의 주제는 신경증 질환을 촉진시키는 원인들을 분류하는 것이다. 프로이트는 물론 전에도 종종 이 문제를 다루었지만, 초기의 저술들에서는 외상성 사건들에 중점을 두었기 때문에 입장이 분명치 않았다. 외상 이론을 거의 포기한 뒤에 그의 관심은 주로 신경증의 근원이 되는 여러 가지 원인에 집중되었다. 만족에 이르지 못하도록 내면적인 장애를 받아서 신경증이 생겨날 가능성은 좀 더 나중에 ─ 예를 들면 〈문명화된〉 도덕성의 영향에 관한 논문인 「문명적 성도덕과 현대인의 신경증」에서 나타난다. 이 논문에서는 내면적인 장애를 설명하기 위해 〈좌절〉이라는 용어가 사용되는데, 그 용어는 다른 논문에서도 나타나지만 그 의미는 같지 않다. 즉 좀 더 이른 시기에 이루어진 슈레버 분석(「편집증 환자 슈레버 ─ 자서전적 기록에 의한 정신분석」, 프로이트 전집 9, 열린책들)뿐 아니라 그와 거의 같은 시기에 나온 논문에서도 그 용어는 외부적인 장애와 관련해서만 쓰인다. 그러나 이 논문에서 프로이트는 처음으로 그 두 가지 장애를 모두 수용할 수 있는 더 포괄적인 개념을 도입하기 위해 그 말을 사용했다.

그 이후로 신경증을 촉진시키는 주된 원인으로서의 〈좌절〉은 프로이트의 임상적 사실을 서술할 때 가장 흔히 사용되는 용어들 중 하나가 되었다. 나중에 이루어진 논의들 가운데서 가장 정교한 것은 『정신분석 강의』의 스물두 번째 강의에서 찾아볼 수 있으며, 성공을 거두는 순간에 병이 드는 사람들에 관한 사례는 「정신분석에 의해서 드러난 몇 가지 인물 유형」(프로이트 전집 14, 열린책들)에서 논했는데, 그는 로맹 롤랑에게 보낸 아크로폴리스를 찾아갔던 일을 설명하는 공개 편지에서 한 번 더 같은 논지로 돌아갔다. 그리고 「늑대 인간 — 유아기 신경증에 관하여」(프로이트 전집 9, 열린책들)에서 자기애적 좌절에 기인한 유형이 있다는 것을 지적했다.

이 논문은 1912년 『정신분석 중앙지』에 처음 실렸으며, 『저작집』 제5권(1924), 『전집』 제8권(1943)에 실렸다. 영어 번역본은 1924년 메인이 "Types of Neurotic Nosogenesis"라는 제목으로 번역하여 『논문집』 제2권(1924), 『표준판 전집』 제12권(1958)에 실렸다.

신경증 발병의 유형들

이 논문에서 나는 신경증에 걸리기 쉬운 사람이 그 질환을 일으키려면 그가 처한 상황에 어떤 변화가 일어나야 하는지를 내가 경험적으로 도달한 느낌들에 근거해서 설명할 것이다. 따라서 나는 질환을 촉진시키는 요인들이라는 문제를 다룰 것이고, 그 형태에 관해서도 얼마간 언급할 것이다. 발병을 촉진시키는 원인들에 관한 이 논의는 열거되어야 할 변화들이 오로지 환자의 리비도에만 관련될 것이라는 점에서 다른 논의들과는 다를 것이다. 왜냐하면 우리는 정신분석을 통해 리비도의 변화가 신경의 건강한 상태와 병든 상태를 결정짓는다고 배웠기 때문이다. 또 나는 이와 관련해서 소인의 개념을 다시 언급하지도 않을 것이다.[1]

정신분석의 연구 덕분에 우리는 신경증적 소인이 리비도가 발달한 내력에 있다는 것을 보여 줄 수 있었고, 또 리비도의 발달에 작용하는 요인들을 다양하게 타고난 성적 기질과 어린 시절에 겪은 외부 세계의 영향으로까지 거슬러 올라가 밝힐 수 있었다.

(1) 신경증의 발병 요인들 가운데 가장 명백하고, 가장 쉽게 밝혀낼 수 있으며, 가장 잘 이해가 되는 것은 〈좌절〉이라는 일반적

---

1 이 점에 관해서는 이 책에 실린 「강박 신경증에 잘 걸리는 기질」을 참조할 것.

인 용어로 설명될 수 있는 외부의 요인에서 찾아볼 수 있다. 신경증 환자는 외부 세계의 현실적인 대상이 사랑의 욕구를 만족시켜 주는 한에서는 건강하지만, 그 대상이 사라지고 그 자리를 대신 채워 줄 다른 대상이 없으면 그 즉시 신경증을 일으킨다. 그러므로 여기에서 행복은 건강과 일치하고 불행은 신경증과 일치한다. 이 경우에는 운명이 의사보다도 치료 효과를 보이기가 더 쉽다.[2] 왜냐하면 운명은 환자에게 그가 잃어버린 것을 만족시킬 가능성이 있는 대용물을 제공할 수 있기 때문이다.

전반적으로 대다수의 사람들이 속하는 이 유형에서 병이 들 가능성은 금욕을 강요당했을 경우에만 생겨난다. 그리고 이 사실로부터 우리는, 문명이 우리가 얻을 수 있는 만족의 범위에 제한을 가함으로써 신경증을 일으키는 데 얼마나 큰 역할을 하는지 판단할 수 있을 것이다. 좌절은 리비도를 가로막는다는 점에서 병적인 영향을 미치며, 좌절을 겪은 당사자에게 그가 심리적 긴장의 증가를 얼마나 견뎌 낼 수 있는지, 또 그 긴장에 대처하기 위해 어떤 방법을 택하는지를 시험한다. 현실 세계에서 만족을 얻는 일이 끊임없이 좌절당할 때 건강한 상태로 남을 수 있는 방법은 단두 가지뿐이다. 첫 번째는 심리적 긴장을 여전히 외부 세계로 향하는 능동적인 에너지로 바꾸어 마침내는 그 외부 세계에서 리비도를 현실적으로 만족시킬 방법을 끌어내는 것이다. 두 번째는 리비도의 만족을 포기함으로써 가로막힌 리비도를 승화시켜 더 이상 성욕을 자극하는 것이 아닌, 좌절당할 위험이 없는 목적을 얻는 데로 돌리는 것이다. 인간의 삶에서 이 두 가지 방법이 실현될 수 있다는 사실은 곧 불행이 신경증과 일치하지 않으며, 당사

---

2 프로이트는 『히스테리 연구』에 기고한 논문의 마지막 구절에서도 거의 같은 말을 했다.

자가 건강하게 남느냐 병이 드느냐를 결정하는 요소가 좌절만이 아님을 증명한다. 좌절의 직접적인 영향은 지금까지 활동하지 않고 있던 소인적 요인들이 좌절로 인해 작용하기 시작하는 데 있다.

소인적 요인들이 존재하고 충분히 강하게 발달되었다면 리비도가 〈내향적인introvertiert〉[3] 것이 될 위험이 있다. 이 리비도는 끊임없는 좌절로 인해 환자에게 가치가 없어진 현실에서 벗어나 환상적인 삶으로 방향을 돌리고, 거기에서 소망하는 새로운 구조를 만들어 예전에 잊힌 구조의 흔적을 되살린다. 그 이후로 리비도는 환상적인 행위와 인격적 요소 — 누구에게나 존재하는 유아적이고 억압되고 무의식적이 된 — 사이에 밀접한 관련이 생겨난 결과로, 그리고 환상적인 삶이 현실성 검사Realitätsprüfung[4]와 관련해서 누리는 예외적인 지위에 힘입어, 억압을 시작하고 어린 시절의 노선을 따라 퇴보의 길을 걸으면서 그 노선에 알맞는 목표를 얻으려고 노력할 것이다. 만일 현재 환자의 개성과 모순된 이러한 노력에 충분히 강한 힘이 실리게 되면 그 노력과 환자의 개성의 다른 부분, 즉 현실과의 관계를 유지해 온 부분 사이에서 갈등이 생겨난다. 이 갈등은 증상이 생겨나는 것으로 해결되고 뒤이어 명백한 질환을 일으킨다. 이 모든 과정이 현실 세계에서의 좌절에 기인한다는 사실은 증상 — 환자가 현실과 다시 접하게 되는 — 이 대체적인 만족을 나타낸다는 결과에 반영되어 있다.

3 이것은 1910년에 융C. G. Jung이 도입한 용어이다 — 원주. 융이 이 용어를 사용한 것과 관련된 좀 더 상세한 언급은 『정신분석 강의』의 스물세 번째 강의에서 찾아볼 수 있을 것이다. 프로이트가 나중에 저술한 논문들에서는 이 용어가 거의 쓰이지 않았다.

4 나의 「정신적 기능의 두 가지 원칙」(프로이트 전집 11, 열린책들) 참조 — 원주. 이 책의 「신경증과 정신증」 뒷부분도 참조할 것.

(2) 신경증을 일으키도록 촉진하는 원인들 가운데 두 번째 유형은 결코 첫번째 유형처럼 명백하지 않으며, 단지 취리히 학파의 콤플렉스 이론에 따른 철저한 정신분석 조사를 통해서만 발견될 수 있다.[5] 이 경우 환자는 만족을 좌절로 바꾼 외부 세계의 변화 때문이 아니라 그가 현실에서 손에 넣을 수 있는 만족을 얻기 위한 내면적인 노력의 결과로 신경증을 일으킨다. 즉, 그는 자신을 현실에 적응시키고 현실의 요구를 이루려는 시도 — 그러는 과정에서 극복할 수 없는 내적인 어려움과 맞닥뜨리게 되는 시도 — 로 인해 신경증을 일으키는 것이다.

신경증을 일으키는 두 유형 사이에 명백한 구분, 즉 일반적인 관찰을 통해 알 수 있는 것보다 더 분명한 구분을 짓는 것이 바람직하다. 첫번째 유형에서 중요한 것은 외부 세계의 변화이고, 두 번째 유형에서는 내면적인 변화에 중점이 두어진다. 첫번째 유형에서 환자는 어떤 경험으로 인해 발병하지만, 두 번째 유형에서는 발달 과정에 기인해서 발병한다. 또 첫번째 유형에서 환자는 만족을 포기하는 일에 직면하여 저항을 극복할 능력이 없어서 발병하고, 두 번째 유형에서는 한 종류의 만족을 다른 만족으로 대체해야 하는데도 그러기를 완강히 거부하는 태도 때문에 병이 든다. 두 번째 유형에서는 환자가 한편으로는 현재의 상태를 유지하기 위해 애쓰고 다른 한편으로는 새로운 목적과 현실로부터의 새로운 요구에 부응하기 위해 자신을 변화시키려고 하기 때문에 처음부터 갈등이 존재한다. 그러나 첫번째 유형에서는 막혀 버린 리비도가 원래의 만족과 모순된 다른 만족을 선택할 수 있게 된 뒤에야 갈등이 생겨난다. 리비도에 대한 이전의 고착과 갈등이

5 융의 「개인의 운명에서 아버지의 의미 Die Bedeutung des Vaters für das Schicksal des Einzelnen」(1909) 참조 — 원주.

수행하는 역할은 첫 번째 유형 — 이제 쓸모가 없어진 고착이 아마도 외부적인 좌절의 결과로서만 나타날 수 있는 — 보다 두 번째 유형에서 훨씬 더 분명해 보인다.

지금까지는 자위로 끝나는 환상의 수단으로 리비도를 만족시켰지만 이제는 실질적인 대상을 선택함으로써 자가 성애와 비슷한 체제를 바꾸려고 하는 젊은 남자나 또는 지금까지 모든 애정을 아버지나 남자 형제에게 쏟아 왔지만 이제는 구애를 하는 남자를 위해 무의식에 머물러 있던 근친상간적 리비도의 소망을 의식적인 것이 되도록 한 처녀, 또는 남편에게 충실한 배우자가 되고 아이에게 완벽한 어머니가 되기 위해 일처다부제 경향과 불륜 환상을 포기하려는 결혼한 여자는 모두 — 만일 그 이전의 리비도에 대한 고착이 너무 강해서 바뀌지 않으려고 저항을 한다면 — 아주 칭찬할 만한 노력을 했기 때문에 병이 드는데, 이 점은 소인과 기질, 그리고 어린 시절의 경험이라는 요인들에 의해 다시 결정될 것이다. 비유적인 표현으로 하자면 그들 모두가 그림 동화에 나오는, 다른 잎을 가지고 싶어 했던 어린 나무의 운명과 마주치게 된다고도 할 수 있을 것이다.[6] 건강이라는 측면 — 물론 그것만을 고려해야 하는 것은 아니지만 — 에서 본다면 그들이 발병하기 전처럼 발달되지 않고 열등하고 쓸모없는 채로 계속 남아 있는 것이 더 바람직할 수도 있다. 그러나 환자가 달라지려고 애쓰다가 단지 불완전하게 달라지거나 또는 전혀 달라지지 못하더라도 그 변화는 현실적인 삶의 견지에서 본다면 예외 없이 한 걸음 더 발전하는 가치를 지닌다. 그러나 우리가 윤리적인 기준을 적용한다면 얘기는 달라진다. 왜냐하면 우리는 사람들이 어떤

6 이 일화는 사실 그림 동화집에 나오는 것이 아니라 프리드리히 뤼케르트 (1788~1866)의 동시에 나오는 것이다.

이상을 포기했을 때 그 이상을 추구하려고 애쓸 때와 마찬가지로 병에 걸리는 것을 볼 수 있기 때문이다.

지금까지 설명해 온 두 가지 유형의 발병 원인 사이에 아주 명확한 차이가 있음에도 불구하고, 그것들은 본질적으로 일치하며 별 어려움 없이 하나로 통합될 수 있다. 좌절로 인한 발병은 특별한 경우, 즉 현실 때문에 리비도의 만족이 좌절될 때 현실에 적응할 능력이 없기 때문인 것으로 간주될 수도 있다. 두 번째 유형의 조건하에서 발병하는 경우는 곧바로 특수한 좌절의 사례가 된다. 즉 이 경우에는 현실로 인해 모든 종류의 만족이 좌절되지는 않지만, 환자가 단 한 가지 가능한 만족이라고 단언한 만족이 좌절된다. 또 좌절은 외부 세계로부터 직접적으로 오는 것이 아니라 1차적으로는 환자의 자아에 있는 어떤 경향으로부터 온다. 그럼에도 불구하고 좌절은 공통적인 요인이자 더 포괄적인 요인으로 남아 있다. 두 번째 유형에서는 즉각적으로 생겨난 갈등의 결과로 두 가지의 만족 — 목표로 하는 만족뿐 아니라 일상적인 만족도 — 이 모두 금지당하며, 첫 번째 경우에서처럼 모든 결과를 수반해서 리비도가 가로막히게 된다. 증상을 일으키는 심리적인 사건들은 어쩌면 첫 번째 유형보다 두 번째 유형을 따르는 편이 좀 더 쉬울 것이다. 왜냐하면 두 번째 유형에서는 리비도의 병적인 고착이 새로 확립될 필요가 없기 때문이다. 그러나 이 병적인 고착은 환자가 건강했을 동안에도 이미 영향을 미치고 있었다. 즉 대체로 리비도가 어느 정도는 이미 내향적으로 되어 있었고, 유아기 단계로 돌아가려는 환자의 억압 가운데 일부가 그의 발달 과정이 아직 완료되지 않았다는 사실 때문에 비축되어 있었던 것이다.

(3) 내가 발달 과정에서의 억제로 인한 발병이라고 설명하게 될 다음번 유형은 현실의 요구로 인해 병이 드는 두 번째 유형이 과장된 것처럼 보인다. 하지만 그렇게 구분할 이론적인 이유는 없고, 단지 실제적인 이유만이 있을 뿐이다. 왜냐하면 우리가 여기에서 관심을 두는 사람들은 어린 시절의 책임을 지지 않는 나이를 벗어나자마자 병이 든, 따라서 건강한 상태 — 즉 대체로 제한을 받지 않고서 어떤 일을 달성하고 즐길 능력이 있는 상태 — 에 결코 이르지 못한 사람들이기 때문이다. 이러한 사례들에서는 소인적인 과정의 본질적인 특징이 매우 명확하다. 그들의 리비도는 결코 유년기의 고착을 벗어나지 못했고, 현실의 요구는 완전히 또는 부분적으로 성장한 사람에게 갑자기 닥치는 것이 아니라 점점 더 나이가 들어가고 있다는 바로 그 사실로부터 생겨난다. 왜냐하면 그 요구는 환자의 나이가 많아짐에 따라 끊임없이 바뀌는 것이 분명하기 때문이다. 그러므로 갈등은 기능 부전에 비해서 눈에 띄지 않게 된다. 그러나 여기에서도 우리는 다른 경험들을 통해 어린 시절의 고착을 극복하려는 노력을 자명한 것으로 간주할 수 있다. 그렇지 않고서는 그 과정의 결과가 결코 신경증이 될 수 없고, 단지 정체된 유치증일 수밖에 없기 때문이다.

(4) 세 번째 유형에서 소인적인 결정 요인이 거의 독자적으로 우리 앞에 제시된 것과 같이, 이제부터 논의할 네 번째 유형에서도 우리의 관심은 또 다른 유형으로 끌린다. 그 유형은 단일한 모든 사례에서 고려되지만, 바로 그런 이유로 이론적인 논의에서 간과되기 쉽다. 우리는 지금까지 건강했던 사람들, 새로운 경험에 접해 본 적이 없기 때문에 외부 세계와의 관계에서 아무런 변화도 겪지 않은 사람들이 병에 걸리는 것을 본다. 따라서 그들이

저절로 병들었다는 느낌을 받게 되는 것도 당연한 일이다. 하지만 그런 사례들을 면밀히 고찰해 보면 그들에게 우리가 질환의 원인으로서 매우 중요시해야 하는 변화가 일어났다는 것을 알 수 있다. 즉 그들의 삶이 어떤 특정한 시기에 이른 결과로, 그리고 정상적인 생물학적 과정에 발맞추어, 그들의 정신 경제에서 리비도의 양이 그 자체로서 건강의 평형 상태를 교란시켜 신경증을 일으키는 데 필요한 조건을 충분히 제공할 만큼 증가한 것이다. 일반적으로 사춘기와 폐경기에 — 여자들이 어떤 나이에 도달하는 것과 더불어 — 이처럼 다소 갑작스럽게 리비도가 증가한다는 것은 잘 알려져 있는 사실이지만, 어떤 사람들에게는 리비도의 증가가 아직 알려지지 않은 주기성을 가지고 나타날 수도 있다. 이 경우에 1차적인 요인은 리비도의 차단인데, 이것은 외부 세계 — 아직까지 리비도의 좀 더 작은 요구에 만족을 주려고 하던 — 쪽에서의 상대적인 좌절의 결과로 병적이 된다. 만족하지 못하고 가로막힌 리비도는 다시 억압을 시작해서 우리가 전적으로 외부적인 좌절의 사례에서 보여 주었던 것과 같은 갈등을 유발할 수 있다. 그런 점에서 우리는 질환을 촉진시키는 원인을 다루는 어떤 고찰에서도 양적인 요인에 대한 설명이 배제되어서는 안 된다는 것을 떠올리게 된다. 그 밖의 모든 요인들 — 좌절, 고착, 발달 저지 — 은 리비도의 양에 어느 정도까지 피해를 입혀 어느 수위까지 리비도를 막지 않는 한 영향을 미치지 못한다. 그러나 병적인 영향을 미치는 데 반드시 필요한 이 리비도의 양은 측정할 수 없는 것이 사실이며, 우리는 단지 결과적으로 질환이 생겨난 뒤에야 추정을 할 수 있다. 우리가 그것을 좀 더 정확하게 추정할 수 있는 길은 한 가지뿐이다. 즉 우리는 그것이 절대적인 양의 문제가 아니라 작용하고 있는 리비도의 양과 개인의 자아가 다룰 수 있는 — 다시 말해 긴장 상태에서 승화시키거나 직접 수용할 수 있는 — 리비도의 양 사이의 관계라고 가정할 수도 있다. 그런 이유로 리비도의 양이 상대적으로 증가할 경우 절대적인 증가와 같은 효과를 보이기도 한다. 만일 기질적 질환이나 그 질환의 에너지에 부과된 특별한 요구 때문에 자아가 약화된다면, 그렇지 않았을 경우에는 어떤 소인이 존재하더라도 잠복성으로 남아 있을 신경증이 발현될 수 있다.

리비도의 양 탓으로 돌려야 할 질환의 원인에서 중요한 사실은, 우리가 정신분석으로 알게 된 신경증 이론의 두 가지 중요한 논제가 만족스럽게 일치한다는 것이다. 그 하나는 신경증이 자아와 리비도 사이의 갈등에서 생겨난다는 논제이고, 다른 하나는 건강한 상태의 결정 요인과 신경증의 결정 요인 사이에 질적인 구분이 없다는, 아니 그와는 반대로 건강한 사람들도 똑같이 자기네들의 리비도를 통제하기 위해 애를 썼고, 단지 그 일을 좀 더 잘해 왔다는 사실에 대한 발견이다.

관찰된 사실들의 유형에 대해서 할 말이 몇 마디 남아 있다. 만일 내가 지금 현재 정신분석을 하고 있는 사람들을 조사해 본다면, 나는 그들 중 단 한 사람도 네 가지의 유형 가운데서 순전히 어느 한 가지만으로 발병한 예가 없다고 기록해야 할 것이다. 오히려 그들 하나하나에게 좌절의 일부가 현실의 요구에 적응하지 못하는 무능력의 일부와 함께 작용한다는 것을 알게 될 것이다. 고착의 불가변성과 당연히 일치하는 발달 과정의 억제에는 네 가지 유형 모두가 함께 고려되어야 하며, 내가 이미 얘기했듯이 리비도의 양적인 중요성이 경시되어서도 안 된다. 실제로 나는 몇몇 환자들에게서 질환이 기복의 연속으로 나타나며, 그 사이사이에는 건강한 휴지기가 있었고, 증세가 악화될 때마다 발병 원인을 제각기 다른 유형에서 찾을 수 있다는 것을 알았다. 그러므로 질환을 일으키는 네 가지 유형을 확립한다고 해서 이론적인 가치가 더 높다고 주장할 수는 없다. 이 유형들은 단지 정신의 경제학 — 즉 자아가 이용할 수 있는 수단으로는 손상을 입지 않고 다룰 수 없는 리비도의 가로막힘 — 에서 특별한 병인의 배열을 확립하는 다른 방법일 뿐이다. 그러나 이 상황은 단지 양적인 요인의 결과로 병적인 것이 되는 것이다. 그것은 정신생활에서 전혀 새로운 것으로 나타나는 것도 아니며, 이른바 〈질환의 원인〉이라는 것의 충격으로 생겨나는 것도 아니다.

그러나 이런 유형의 발병에 어느 정도의 실제적인 중요성을 둘 수도 있다. 사실 이 유형들은 개별적인 사례들에서 순수한 형태로 관찰되는데, 만일 이 유형들이 어떤 환자들에게서 발병을 촉진시키는 유일한 원인이 아니었다면 우리는 세 번째 유형과 네 번째 유형을 알아낼 수 없었을 것이다. 우리가 보기에 첫 번째 유형은 엄청나게 강한 외부 세계의 영향력을 유지하고, 두 번째 유형은 환자의 특별한 개성에서 오는 — 첫 번째 유형과 반대되는 — 그 못지않게 중요한 영향력을 유지한다. 그런 질환들이 〈내생적인〉 것이냐 또는 〈외생적인〉 것이냐를 결정하는 데만 관여하는 한, 병리학은 신경증에서 발병을 촉진시키는 요인들을 공정하게 다룰 수 없었다. 또 다른 사람들은 병이 들지 않고 같은 경험을 견뎌 낸다는 반박과 함께 발병의 원인으로 금욕(가장 넓은 의미로)의 중요성을 지적하는 온갖 관찰에도 맞닥뜨리지 않을 수 없었다. 만일 병리학이 건강한 상태와 병든 상태를 결정하는 본질적인 요인으로서 환자의 특이한 개성에 중점을 두려고 한다면, 그런 특이성을 지닌 사람들도 그 특이성을 유지할 수 있는 한 언제까지고 건강하게 남을 수 있다는 단서를 붙여야 한다. 정신분석은 우리에게 외적인 요인과 내적인 요인, 경험과 기질 사이의 무익한 대조를 그만두라고 경고했으며,7 신경증 질환의 발병 원인을 다양한 방식으로 생겨날 수 있는 특별한 심리적 상황에서 반드시 찾아낼 수 있을 것이라고 가르쳐 주었다.

7 그러나 프로이트는 이 논문 바로 뒤에 실린 「강박 신경증에 잘 걸리는 기질」에서도 이 〈무익한 대조〉를 어느 정도는 계속했다.

강박 신경증에 잘 걸리는 기질
― 신경증의 선택 문제에 관한 기고

Die Disposition zur Zwangsneurose ― Ein Beitrag zum
Problem der Neurosenwahl(1913)

이 논문은 1913년 9월 7일과 8일 뮌헨에서 개최된 제4차 국제
정신분석학회를 앞두고 프로이트가 낭독한 것이며, 그해 말에 출
판되었다. 여기서 특히 중요한 두 가지 주제가 논의되는데, 첫째
는 이 연구의 부제가 된 〈신경증의 선택〉 문제이다. 초기의 이론
은 신경증의 병인을 외상적인 것으로 가정한다. 신경증의 선택은
「정신적 기능의 두 가지 원칙」과 거의 같은 시기에 나온 〈슈레버
분석〉에 훨씬 더 상세하게 실려 있다.

두 번째는 리비도의 전성기기(前性器期) 〈조직화〉라는 주제이
다. 이 논문에서 드러나는 것은 어느 한 구성 본능이나 다른 구성
본능이 모든 국면을 지배하는 성 발달의 규칙적인 관계들이 존재
한다는 생각이다. 여기서 프로이트는 이미 그보다 빠른 단계를
구분했는데, 어떤 대상 선택도 이루어지기 전 단계에서 가장 이
른 자가(自家) 성애 단계와 최초로 대상 선택이 일어난 자기애 단
계를 구분지어 놓았다.

이 논문은 1913년『국제 정신분석 의학지』제1권 6호에 처음 발표되었으며, 『신경증에 관한 논문집』제4권(1918), 『저작집』제5권(1924), 『전집』제8권(1943)에 실렸다. 영어 번역본은 글로버 E. Glover와 메인이 번역하여 "The Predisposition to Obsessional Neurosis: A Contribution to the Problem of the Option of Neurosis"라는 제목으로『논문집』제2권(1924)에 실렸으며, 『표준판 전집』제12권(1958)에도 실렸다.

강박 신경증에 잘 걸리는 기질
― 신경증의 선택 문제에 관한 기고

어떤 사람이 무슨 이유로 어떻게 해서 신경증에 걸리느냐 하는 것은 분명히 정신분석이 그 해결책을 제시해야 할 문제들 중 하나이다. 그러나 해결책을 찾기 위해서는 먼저 또 다른, 좀 더 좁은 문제 ― 즉 이런저런 사람이 어째서 다른 신경증이 아닌 어떤 특별한 신경증에 걸려야 하느냐 ― 를 고찰할 필요가 있을 것이다. 이것이 〈신경증의 선택〉이라는 문제이다.

우리는 이 문제에 대해서 어느 정도까지나 알고 있을까? 엄밀히 말하자면 그 주제에 대해서는 단 한 가지의 일반적인 제안을 확실하게 주장할 수 있을 뿐이다. 여러분은 우리가 신경증에 관계된 병적인 구성 요인들을 어떤 사람이 태어날 때 함께 가져온 것과 삶이 그에게 가져다준 것 ― 기질적인 것과 우연한 것 ― 으로 나누었던 것을 기억할 수 있을 것이다. 그 두 가지의 작용이 결합되는 것만으로도 질환을 일으키는 결정 요인이 대체로 확립된다. 그러므로 내가 위에서 암시한 일반적인 제안은 결국 신경증의 선택을 결정하는 근거가 전적으로 기질적인 것에 있다는 ― 그 근거가 소인[1]의 성질에 있으며 병적으로 작용하는 경험과 무

---

1 이 논문에서 프로이트는 완전히 기질적인 것 또는 유전적인 것에 대해 항상 〈소인〉이라는 말을 쓰는 것으로 보인다. 나중에 쓴 논문들에서 그는 그 단어에 좀 더

관하다는 — 의미가 된다.

우리는 이러한 소인의 근원을 어디에서 찾아볼 수 있을까? 우리는 관련된 심리적 기능들 — 그중에서도 특히 주목해야 할 것은 성 기능이지만 자아의 여러 중요한 기능도 포함해서 — 이 정상적인 성인을 특징짓는 상태에 이르기까지 길고 복잡한 발달 과정을 거쳐야 한다는 것을 알게 되었다. 그런데 이러한 발달 과정은 항상 원활하게 수행되지는 않기 때문에 전체적인 기능은 계통적, 점진적 수정을 거친다고 가정할 수 있다. 기능의 일부가 전 단계에 들러붙어 있을 경우에는 언제나 그 결과로 〈고착점*Fixierungsstelle*〉이라고 알려진 것이 생겨나는데, 만일 환자가 외부의 어떤 장애로 인해 병이 든다면 기능이 그 고착점으로 억압할 수도 있다.

그러므로 소인이란 발달에서의 억제이다. 우리는 다른 질환들의 일반적인 병리학적 사실들을 유추함으로써 이 견해를 확증할 수 있다. 그러나 정신분석 연구는 어떤 요인들이 그런 발달 장애를 일으키느냐 하는 질문 앞에서 끝나므로, 그 문제는 생물학적 연구에 맡긴다.[2]

이미 몇 년 전에 우리는 위에서 본 가설의 도움을 받아 신경증의 선택이라는 문제에 접근하려고 시도했는데, 장애를 연구함으로써 정상적인 상태를 알아내려는 연구 방법 때문에 매우 독특하고 예기치 않게 공격적인 노선을 취하게 되었다. 정신 신경증의

넓은 의미를 부여해서 유아기에 겪은 경험의 영향도 그 단어에 포함시켰다. 이 점은 『정신분석 강의』의 스물세 번째 강의에서 아주 명백해진다. 그 논문에 인용된 〈일반적인 제안〉은 이미 프로이트가 신경증의 성욕에 관한 논문(「신경증의 병인에서 성욕이 작용하는 부분에 대한 나의 견해」)에서 주장했던 것이다.

2 빌헬름 플리스의 글들이 어떤 특정한 시기의 생물학적 중요성을 밝힌 뒤로는 발달 장애가 연속적인 발달 과정에서의 일시적인 변화로까지 거슬러 올라갈 수 있다고 생각할 수 있게 되었다 — 원주.

주된 형태들이 열거되는 순서 — 히스테리, 강박 신경증, 편집증, 조발성 치매증 — 는 비록 아주 정확하지는 않더라도 그런 질환이 생겨나는 연령의 순서와 대체로 일치한다. 따라서 히스테리성 질환은 아주 어린 시절에도 관찰될 수 있고, 강박 신경증은 대체로 아동기의 두 번째 시기(6세에서 8세 사이)에 그 첫 증상을 보이는 반면, 내가 〈이상 정신 *paraphrenie*〉이라는 표제로 같이 묶은3 다른 두 정신 신경증은 사춘기가 지나 성인이 된 뒤에야 나타난다. 우리가 신경증의 선택을 초래하는 소인들을 연구할 수 있도록 그 모습을 처음 드러내는 것은 바로 이처럼 맨 마지막으로 나타나는 장애들인데, 그 두 가지 장애에 공통된 특징들 — 객관적인 세계로부터 방향을 돌려 전이가 더 어려워진 과대망상증 — 때문에 우리는 그것들의 소인적 고착을 대상 선택이 확립되기 전에 리비도가 발달하는 단계, 즉 자가 성애와 자기애의 단계에서 찾아야 한다는 결론을 내리지 않을 수 없었다. 그러므로 아주 늦게야 나타나는 이런 질환은 그 원인을 아주 이른 시기의 억제와 고착에서 찾을 수 있다.

따라서 우리는 어린 나이에 증상이 나타나는 두 가지의 진정한 전이 신경증, 즉 히스테리와 강박 신경증에 걸리기 쉬운 소인은 리비도 발달의 나중 단계에 있다고 가정하게 되었다. 하지만 그 단계들의 어느 곳에서 우리는 발달의 억제를 찾아야 할까? 그리고 또 무엇보다도 히스테리와 대조해서 강박 신경증에 걸리는 소인을 결정하는 단계들에서 차이는 어떤 것일까? 우리는 오랫동안 그 점에 대해서는 아무것도 배울 수가 없었다. 그리고 내가 일찍

3 첫 번째 판에서는 이 구절이 〈내가 이상 정신과 편집증이라고 이름 붙인〉이라고 되어 있었다. 이러한 용어들의 용법에 관한 좀 더 자세한 논의는 〈슈레버 분석〉에 실려 있다.

이 시도했던 그 두 가지 소인을 발견하려는 노력 — 예를 들면 히스테리는 어린 시절에 겪은 성적 경험에서의 수동적인 태도로 결정되고, 강박 신경증은 능동적인 태도로 결정된다는 — 도 얼마 지나지 않아 곧 부정확한 것으로 포기되었다.

이제 나는 개별적인 사례에 대한 임상적인 관찰을 다시 한번 발판으로 삼고자 한다. 오랜 기간에 걸쳐 나는 신경증에서 보기 드문 변화를 겪은 한 여자 환자를 연구했다. 그녀의 증세는 외상성 경험을 한 뒤에 단순한 불안 히스테리로 시작되었고, 몇 년 동안 그 특징을 계속 유지했다. 그러나 어느 날 그 증세는 갑자기 아주 심한 강박 불안증으로 바뀌었다. 그 사례는 몇 가지 점에서 매우 의미심장한 것이 아닐 수 없었다. 한편으로 그 사례는 마치 그것이 두 가지 언어로 쓰인 문서처럼 간주되어야 한다고, 같은 내용이 다른 언어로 된 두 가지 신경증으로 어떻게 표현될 수 있는지를 보여 주겠다고 단언하는 것 같았다. 그리고 다른 한편으로는, 만일 우리가 어느 한 개인이 리비도의 발달 과정에서 선천적으로 한 가지 이상의 약점을 지닐 수 있다는 가정을 받아들일 준비가 되어 있지 않다면, 소인이 발달의 저지에서 생겨난다는 우리의 이론을 완전히 부정하겠다고 위협하는 것 같았다. 나는 리비도의 발달 과정에 약점이 있다는 가능성을 무시할 수 없다고 인정했지만, 그 사례를 완전히 이해하는 데 상당한 흥미를 느꼈다.

정신분석을 하는 동안 그런 일이 생기자, 나는 그 상황이 내가 생각했던 것과 전혀 다르다는 사실을 알게 되었다. 강박 신경증은 처음에 그녀로 하여금 불안 히스테리를 일으키게 했던 외상에 대한 더 진전된 반응이 아니라 첫 번째 경험을 말끔히 씻어 낸 두 번째 경험에 대한 반응이었다(그러므로 우리는 여기에서 신경증의 선택이 경험과 무관하다고 단언하는 우리의 제안에 예외가 있음을 — 비록 반론의 여지가 있는 것은 사실이지만 — 보게 된다).

불행히도 나는 우리에게 익히 알려진 이유들 때문에 그 사례의 내력을 내가 원하는 것만큼 깊이 파고들 수가 없었고, 그래서 다음과 같은 설명을 하는 정도로 만족해야 한다. 병이 들기 전까지 환자는 행복하고 거의 완전하게 만족하는 아내였다. 하지만 그녀는 소망의 유아기적 고착에 근거한 동기에서 아이를 갖고 싶어 했는데, 자기가 사랑하는 유일한 사람인 남편에게서 아이를 얻기가 불가능하다는 사실을 알게 되자 병이 들었다. 그녀가 좌절감에 반응한 불안 히스테리는 그녀 자신이 곧 알게 되었던 것처럼, 그녀의 뇌리에 박힌 아이를 갖고 싶은 소망의 표현인 유혹을 하려는 환상의 부정과 일치했다. 그녀는 자신이 남편으로 인한 좌절감 때문에 병이 들었다는 사실을 남편이 눈치채지 못하도록 할 수 있는 모든 일을 다 했다. 하지만 나로서는 모든 사람들의 무의식에 다른 사람들이 무의식적으로 하는 말을 해석할 수 있는 도구가 있다고 주장할 만한 이유가 있다.[4]

그녀의 남편은 아내 쪽에서 아무 얘기가 없었음에도 불구하고 아내의 불안이 무엇을 뜻하는지 알아차렸다. 그는 마음이 상했지만 전혀 내색을 하지 않았는데, 이번에는 그가 아내와의 성교에 처음으로 실패함으로써 신경증적으로 반응했다. 그런 일이 있고 나서 그는 바로 여행을 떠났다. 그의 아내는 남편이 영원히 성불구가 될 것이라는 생각이 들었고, 그가 돌아오기로 예정된 바로 전날 첫 번째 강박 증상을 일으켰다.

그녀가 일으킨 강박 신경증의 내용은 꼼꼼하게 씻고 닦고 하려

4 「무의식에 관하여」 참조.

는 충동과, 다른 사람들이 그녀에게서 심각한 상처를 입지 않도록 아주 적극적인 보호 수단을 강구하려는 조치였다. 말하자면 그것은 그녀 자신의 항문 에로티시즘과 가학적 충동에 대한 반동 형성이었다. 그녀의 성적 욕구는 그녀의 성기적인 삶이 가치를 모두 상실한 뒤 — 그녀에게는 의심할 바 없이 유일한 남자인 사람의 성불구로 인해 — 그런 모습으로 표현될 수밖에 없었다.

그것이 내가 세운 약간은 새로운 미완성 이론의 출발점이었다. 그 이론은 물론 겉으로 보기에는 위에서 본 한 가지 사례의 관찰에만 근거를 둔 것처럼 보이지만 사실은 이전에 받았던 느낌들 — 그 느낌들을 이해하는 일이 그 관찰을 통해서만 가능해졌다고 하더라도 — 을 통합한 것이었다. 나는 속으로 리비도 기능의 발달을 다룬 내 도식적인 그림에 다른 어떤 것을 더 삽입해야 하지 않을까 하는 생각이 들었다. 우선 나는 먼저 자가 성애 단계만을 구분했는데, 그 단계에서 환자의 구성 본능은 제각기 독자적으로 자신의 몸에서 욕망의 만족을 추구했고, 다음에는 대상을 선택하기 위해 모든 구성 본능들이 생식 작용을 하는 성기의 주도하에 결합했다. 우리가 알고 있듯이 이상 정신을 분석하려면 그것들 사이에 자기애의 단계를 삽입하는 일이 필요한데, 그 단계에서는 대상 선택이 이미 이루어졌지만 그 대상은 환자 자신의 자아와 일치한다.[5]

마지막으로 우리는 최종적인 모습이 완성되기 전에 또 다른 단계 — 구성 본능들이 이미 대상 선택을 위해 합쳐졌고, 그 대상은 이미 환자의 자아와는 현저히 다른 외부의 어떤 것이지만 성기대의 우위가 아직 확립되어 있지 않은 단계 — 를 삽입할 필요성을

---

5 프로이트가 자기애에 관해서 나중에 쓴 논문(「나르시시즘 서론」) 참조. 그는 이미 서너 곳에서, 특히 〈슈레버 분석〉에서 그 생각을 제시했다.

알고 있다. 그와는 반대로 성적 생활의 전성기기 조직[6]을 지배하는 구성 본능들은 항문 성애적, 가학적인 것들이다.

나는 이와 같은 어떤 가설도 처음엔 이상하게 들린다는 것을 알고 있다. 그런 가설이 우리에게 익숙해지려면 우리가 전부터 알고 있던 지식과 어떤 관계가 있다는 것이 밝혀져야만 하는데, 그래서 결국 그 가설들은 종종 중요하지 않거나 또는 너무 멀리 앞을 내다보는 혁신으로 여겨지게 된다. 그런 만큼 우리는 기대를 가지고 그런 가설을 〈전성기기의 성적 조직*die prägenitale Sexualordnung*〉에 대한 논의에 적용하기로 하자.

(1) 이미 많은 관찰자들이 강박 신경증의 종합 증상에서 증오의 충동과 항문 에로티시즘에 의해 수행되는 예외적인 역할에 깊은 인상을 받았고, 최근에는 어니스트 존스[7]가 그 역할을 특히 분명하게 강조했다. 그러나 이것은, 만일 우리가 강박 신경증에서 문제의 구성 본능들이 발달 과정에 있는 성기적 본능을 한 번 더 표현한다고 가정한다면, 우리의 가설에서 곧장 도출되는 것이다.

이 점에서 지금 우리가 논의하고 있는 병력 가운데 일부는 내가 지금까지 뒤로 미뤄 두었던 것과 일치한다. 환자의 성적인 생활은 그녀가 아주 어렸을 때 매를 맞는 환상으로 시작되었다. 그 환상이 억압된 뒤에는 예외적으로 긴 잠복기가 이어졌고, 그 기간 동안에 그녀는 여성적인 성 감정을 전혀 일깨우지 않고 도덕적으로 고양된 성장기를 보냈다. 이른 나이에 이루어진 그녀의 결혼은 정상적인 성행위의 시기를 열었다. 행복한 아내였던 이

---

6 이 용어는 이곳에서 처음으로 사용되었다.
7 「강박 신경증에 나타난 미움과 항문 성애 Haß und Analerotik in der Zwangsneurose」 (1913) 참조.

기간은 그녀가 처음으로 겪은 심한 좌절이 히스테리성 불안증을 일으키기 전까지 여러 해 동안 지속되었다. 그리고 다음에는 그녀의 성기적인 삶이 모든 가치를 잃자 그녀의 성생활은 내가 이미 말했던 것처럼 사디즘의 유아기 단계로 돌아갔다.

이 강박 신경증 사례들을 좀 더 흔한 다른 신경증 — 더 이른 나이에 시작되고 그 이후로 다소 현저하게 악화되어 만성적인 과정을 거치는 — 사례들로부터 구분하는 특징을 결정하기란 그리 어렵지 않다. 다른 신경증 사례들에서는 강박 신경증에 걸리기 쉬운 소인을 포함한 성적 조직이 일단 확립되면 이후로는 결코 완전히 극복될 수 없기 때문이다. 그러나 우리가 본 강박 신경증 사례에서는 성적 조직이 처음에는 더 높은 발달 단계로 대체되었다가 다음에는 억압으로 다시 활성화되었다.

(2) 우리의 가설을 생물학적인 사고방식과 접목시키고자 한다면, 우리는 생식 기능에 의해 도입된 남성과 여성 간의 분명한 차이가 전성기적 대상 선택의 단계에서는 아직 나타날 수 없다는 것을 잊어서는 안 된다. 우리는 대신 그 단계에서 능동적인 목적과 수동적인 목적을 지닌 경향들 간의 차이, 즉 나중에 양성 간의 차이에 확실하게 귀속되는 차이를 발견한다. 능동성은 공통된 지배 본능에 의해 부여되는데, 그것이 성적 기능에 이바지할 때 우리는 그것을 사디즘이라고 부른다. 이 사디즘은 완전히 발달된 정상적인 성생활에서까지도 성행위를 수행하는 데 중요한 보조적인 역할을 한다. 수동적인 경향은 항문 에로티시즘에 의해 부여되며, 성욕을 일으키는 부위는 분화되기 전의 배설강(排泄腔)과 일치한다. 남자들의 경우 전성기기 조직 단계에서 이 항문 에로티시즘에 너무 중점을 두면 성 기능의 다음 단계, 즉 성기가 우

세한 단계에 이르렀을 때 심각한 동성애적 소질을 갖게 된다. 이 마지막 단계가 앞선 단계와 그에 수반해서 바뀐 리비도 집중 위에 세워지는 방법은 정신분석에 매우 흥미로운 문제점들을 제시한다.

성생활에 전성기기 조직이 있다는 사실을 부정함으로써, 그리고 성생활은 성기의 생식 기능과 일치하며 그와 함께 시작된다고 주장함으로써 이 문제에 포함된 모든 어렵고 복잡한 일들을 피할 수 있다는 견해가 받아들여질 수도 있다. 그러면 분석적 연구에서 발견된 분명한 사실들을 고려해서, 신경증은 성적 억압 과정에 의해 성적인 것과 무관한 다른 본능을 통해 표현되도록 강제되고, 따라서 일종의 보상으로 그 본능에 성적 특성을 준다는 주장이 제기될 것이다. 그러나 이러한 주장은 우리를 정신분석의 영역 밖으로 끌어내어 정신분석이 있기 전의 상황으로 되돌릴 것이고, 정신분석이 우리에게 건강한 상태와 성도착과 신경증 사이의 관계에 대해서 알려 준 지식을 포기하라는 뜻이 될 것이다. 정신분석은 성적 구성 본능들과 성감대들, 그리고 〈성 기능〉의 개념을 좀 더 좁은 의미의 〈성기 기능〉과 대조시켜 확장할 수 있게 해준 인식과 운명을 같이한다. 더군다나 우리는 어린아이들의 정상적인 발달을 관찰하는 것만으로도 그런 유혹을 얼마든지 뿌리칠 수 있다.

(3) 성격 발달의 영역에서 우리는 신경증에 작용하는 것과 같은 본능적인 힘들과 마주치지 않을 수 없다. 그러나 성격 형성에는 억압의 실패와 억압된 본능의 복귀 — 신경증의 메커니즘에 특유한 — 가 없다는 사실만으로도 성격 발달과 신경증 사이에 분명한 구분이 지어져야 한다. 성격 형성에서 억압은 작용하지 않

거나 또는 억압된 본능을 반동 형성과 승화로 바꾸는 목적을 순조롭게 달성한다. 그러므로 성격이 형성되는 과정은 신경증이 형성되는 과정보다 더 모호하고 정신분석으로 접근하기가 어렵다.[8]

그러나 우리가 지금까지 설명해 온 — 즉 전성기기에 가학적 항문 성애의 성적 조직이 생겨난다고 확증하는 — 사례와 매우 유사한 사례에 접하게 되는 것은 바로 성격 발달의 분야에서이다. 여자들이 성 기능을 상실하고 나면 그들의 성격이 독특한 변화를 겪는다는 것은 잘 알려져 있는, 그러나 비난받을 소지를 많이 제공한 사실이다. 성 기능을 상실한 여자들은 싸우기를 좋아하고, 걸핏하면 화를 내며 거만하고 쩨쩨하고 인색하게 바뀐다. 말하자면 그들은 예전의 여자다웠던 시기에는 보이지 않던 전형적으로 가학적이고 항문 성애적인 경향을 보인다. 동서고금을 막론하고 코미디 작가와 풍자 작가들은 매력적인 처녀, 사랑스러운 아내, 다정한 어머니가 〈늙은 용〉으로 바뀌는 변화에 대해 비난의 화살을 돌렸지만, 우리는 이 성격 변화가 성적 생활이 전성기기의 가학적이고 항문 성애적인 단계 — 그 단계에서 우리는 강박 신경증에 걸리기 쉬운 기질을 발견한 바 있다 — 로 억압하는 것과 일치한다는 것을 알 수 있다. 그러므로 이 변화는 성기 단계의 전조일 뿐 아니라 매우 빈번하게 그 후계자로서 성기가 그 기능을 완료한 뒤의 결과로도 보인다.

성격 변화와 강박 신경증 사이의 비교는 매우 인상적이다. 두 경우 모두 억압이 작용한다는 것은 분명하다. 그러나 성격 변화에서는 순조롭게 생겨난 억압(또는 억제)에 뒤따라 완전한 억압

---

8 프로이트는 〈성격〉의 특성과 그것이 형성되는 과정에 대해서 몇 가지 설명을 했다. 가장 중요한 사항은 좀 더 이른 시기에 나온 그 주제에 관한 논문인 「성격과 항문 성애」(프로이트 전집 7, 열린책들)에서 찾아볼 수 있을 것이다.

이 일어나는 것으로 관찰되는 반면, 신경증에서는 억압이 일어나지 않도록 막으려는 노력으로 갈등이 생기고, 상반되는 두 진영 사이의 타협으로 억압에 대한 반동 형성과 증상-형성이 생겨나며, 심리적인 활동들이 나뉘어 일부는 의식에 받아들여지고 일부는 무의식에 받아들여진다.

(4) 전성기기의 성적 조직에 대한 우리의 가설은 두 가지 관점에서 불완전하다. 우선 첫째로, 그 가설은 다른 구성 본능들의 행동을 고려하지 않는데, 그 점에서 다시 조사하고 논의할 것이 많다. 또 그 외에도, 사디즘과 항문 에로티시즘을 1차적으로 강조하는 데 만족한다는 것을 지적할 수 있다.[9] 특히 우리는 알려는 본능이 강박 신경증의 메커니즘에서 사디즘의 자리를 실제로 대신할 수 있다는 느낌을 자주 받는다. 사실 이 알려는 본능은 근본적으로 뭔가 지적인 것으로 격상된 지배 본능의 승화된 파생물이며, 의심의 형태로 생겨나는 그 본능에 대한 부정은 강박 신경증 상황에서 많은 역할을 수행한다.

우리의 가설에서 두 번째 결함은 훨씬 더 중요하다. 우리가 알고 있듯이, 신경증에 대한 발전적인 견해는 고착이 일어나는 시점에서 자아의 발달 단계와 리비도의 발달 단계를 같이 고려했을 경우에만 완성된다. 그러나 우리의 가설은 리비도에만 관련되어 있기 때문에 우리가 마땅히 알아야 할 모든 지식을 포함하고 있지 않다. 현재로서는 자아-본능의 발달 단계에 대해서 알려진 것이 거의 없으며, 나는 그런 의문점들에 접근하려는 시도를 단 한 가지 — 페렌치에 의해 이루어진 매우 가망성 있는 시도[10] — 밖

---

9 구강 부위의 우위로 특징지어지는 좀 더 이른 전성기기 조직이 존재한다는 사실은 프로이트가 몇 년 뒤에야 지적했다.

에 알지 못한다. 나는 우리가 알고 있는 징후들을 근거로 리비도의 발달이 자아의 발달에 뒤처질 가능성을 강박 신경증에 걸리기 쉬운 기질에 포함시켜야 한다는 나의 주장이 너무 성급해 보일지 어떨지는 알 수 없다. 그런 식의 때 이른 발달이 이루어진다면 성 본능이 아직 최종적인 형태를 띠지 않은 시기에 자아-본능의 영향하에서 대상을 선택하지 않을 수 없으며, 따라서 전성기기 성 조직 단계에 고착이 남게 될 것이다. 만일 우리가 강박 신경증 환자들이 그들의 대상애를 그 이면에 숨어 있는 적대감으로부터 보호하기 위해 과도한 도덕성을 발달시켜야 한다고 생각한다면, 우리는 때 이른 자아의 발달을 얼마쯤은 인간 본성에 전형적인 것으로 간주하고, 발달 순서에서는 증오가 사랑의 전조라는 사실로부터 도덕성의 원천이 되는 능력을 끌어내려고 할 것이다. 이것은 어쩌면 슈테켈Stekel[11]이 주장한 것과 같은 의미일 텐데, 그 당시 나는 남자들 사이의 주된 감정적 관계가 사랑이 아니라 증오라는 취지의 그 말을 이해할 수 없었다.[12]

(5) 지금까지 이야기해 온 것을 통해 히스테리는 리비도의 마지막 발달 단계 — 성기의 우위와 생식 기능의 도입으로 특징지어지는 — 와 밀접한 관계가 있음을 알 수 있다. 히스테리성 신경증에서는 생식 기능을 획득하는 일이 억압을 받기 마련이지만, 전성기기 단계로의 억압은 일어나지 않는다. 우리가 자아의 발달에 대해 알지 못하는 탓으로 이 신경증에서는 소인을 결정하는

10 페렌치의 논문 「현실 감각의 발달 단계 Entwicklungsstufen des Wirklichkeits-sinnes」(1913) 참조.
11 슈테켈, 『꿈의 언어 Die Sprache des Traumes』(1911) 참조.
12 프로이트는 이 내용을 「본능과 그 변화」라는 초심리학적 논문 말미에서 정교하게 다듬었다.

이론의 결함이 강박 신경증에서보다도 더 분명하게 드러난다.

그러나 다른 한편으로는 히스테리에서도 더 이른 단계에 또 다른 억압이 일어난다는 사실을 보여 주는 것은 어려운 일이 아니다. 우리가 알고 있듯이 여자아이의 성욕은 남성적인 기관(클리토리스)의 지배와 지도를 받고 종종 남자아이들의 성욕처럼 행동한다. 이 남성적 성욕은 사춘기의 마지막 발달 단계에서 제거되어야 하며, 배설강에서 유래한 기관인 질이 가장 중요한 성감대로 격상되어야 한다. 그러나 히스테리성 신경증에서는 이 억압된 남성적 성욕이 다시 활성화되고, 다음에는 자아 동조 본능 *der ichgerechten Trieb* 쪽에서의 방어적인 투쟁이 남성적 성욕에 대항하도록 돌려지는 경우가 매우 흔하다. 그러나 내가 보기에는 여기에서 히스테리에 걸리기 쉬운 소인이라는 문제점들을 논의하는 것은 시기상조인 듯하다.

정신분석 이론에 반하는 편집증의 사례

Mitteilung eines der psychoanalystischen Theorie widerspre-
chenden Falles von Paranoia(1915)

이 논문에 실린 병력은 프로이트가 「편집증 환자 슈레버」에서
제시한, 편집증과 동성애 사이에 밀접한 관련이 있다는 견해를
확증해 준다. 그런데 한마디 덧붙이자면, 이 논문은 피상적인 지
식을 근거로 해서 어떤 사례에 대해 성급한 견해를 피력할 위험
이 있는 개업의들에게 구체적 실례가 된다. 마지막 몇 페이지에
는 신경증의 갈등기에 작용하는 과정에 대한 좀 더 일반적인 몇
가지 흥미로운 언급이 있다.

이 논문은 1915년『국제 정신분석 의학지』제3권 6호에 처음
발표되었으며,『저작집』제5권(1924),『전집』제10권(1946)에
실렸다. 영어 번역본은 글로버가 번역하여 "A Case of Paranoia
Running Counter to the Psycho-Analytic Theory of the Dis-
ease"라는 제목으로『논문집』제2권(1924)에 실렸으며,『표준판
전집』제14권(1957)에도 실렸다.

정신분석 이론에 반하는 편집증의 사례

　몇 년 전 어느 유명한 변호사가 미심쩍은 구석이 있는 사례를 가지고 내게 상담을 해온 적이 있었다. 한 젊은 여성이 그에게 자기를 정사(情事)로 끌어들인 남자의 박해로부터 보호해 달라고 요청한 사건 때문이었다. 그녀는 문제의 남자가 그들이 사랑을 나누는 동안 눈에 띄지 않게 숨겨 둔 증인을 시켜 사진을 찍게 함으로써 그녀의 신뢰를 저버렸고, 더군다나 이제는 마음만 먹으면 그 사진을 공개함으로써 얼마든지 그녀를 욕되게 하고 그녀가 있는 자리에서 물러나도록 강요할 수도 있다고 주장했다. 그녀의 변호사는 그 비난에 병적인 특성이 있다는 것을 알아볼 수 있을 만큼 충분한 경험을 갖고 있었다. 그러나 믿을 수 없는 일들이 종종 실제로 일어나는 만큼, 그 문제에 대해서 정신과 의사의 조언을 구하려고 한 것이었다. 그는 고소인을 데리고 나를 다시 찾아오겠다고 약속했다.

　(설명을 계속하기에 앞서 나는 관련된 사람들의 익명성을 보장하기 위해 이 사례의 환경이 바뀌었다는 것을 고백해야겠다. 하지만 그 외에는 아무것도 바뀌지 않았다. 나는 그 동기가 아무리 고매할지라도, 어떤 사례를 제시할 때 아무리 하찮은 사항이라도 바꾸는 것은 잘못된 관행이라고 생각한다. 독립적으로 판단

하는 독자가 어느 사례에서 어떤 관점을 택할지는 결코 알 수 없으며, 그를 혼동시킬 위험이 있기 때문이다.)[1]

바로 얼마 뒤에 나는 그 환자를 직접 만났다. 그녀는 서른 살 된 아주 예쁘고 매력적인 여자였는데, 나이보다 훨씬 더 젊어 보였고 보기 드물게 여성적인 타입이었다. 그녀는 분명히 의사가 개입한 것에 분개했고, 자신의 실망감을 조금도 감추려고 하지 않았다. 그녀가 내게 이야기를 하도록 영향력을 미칠 수 있는 사람은 자리를 함께한 그녀의 변호사뿐이었다. 하지만 나는 그 때문에 내가 나중에 얘기할 문제를 떠안게 되었다. 그녀는 태도에서건 감정의 표출에서건 낯선 사람 앞에서 느낄 법한 부끄러움이나 수줍음을 전혀 드러내지 않았다. 자신의 경험이 불러일으킨 불안감에 완전히 사로잡혀 있었기 때문이다.

여러 해 동안 그녀는 어느 큰 회사의 직원으로 책임자의 자리에 있으면서 자기가 하는 일에 만족감을 느꼈고, 상급자들에게 인정을 받아 왔다. 그 사건이 있기 전까지 그녀는 남자들과 연애 한 번 한 적 없이 의지할 사람이라고는 그녀 하나뿐인 늙은 어머니와 함께 조용히 살아왔다. 그녀에게는 남자건 여자건 형제가 아무도 없었고, 그녀의 아버지는 여러 해 전에 사망했다. 그런데 얼마 전부터 같은 회사에 근무하는 매우 교양 있고 매력적인 남자가 그녀에게 관심을 보이면서 그녀의 마음을 끌기 시작했다. 여러 가지 외면적인 조건 때문에 결혼이란 생각도 할 수 없는 일이었지만, 그 남자는 그런 이유로 더 이상 만나지 않겠다는 그녀의 말을 들으려고 하지 않았다. 그의 주장은 사회적 관습 때문에 두 사람 모두가 갈망하는 사랑을 희생시킨다는 것은 어리석은 짓

[1] 1924년에 같은 취지의 각주가 『히스테리 연구』에서 프로이트가 연구한 〈카타리나〉의 병력 말미에 추가되었고, 〈쥐 인간〉의 서문에서도 약간의 언급이 있다.

이며, 자기들에게는 다른 어떤 것보다도 더 삶을 풍요롭게 해줄 수 있는 사랑을 즐길 권리가 분명히 있다는 것이었다. 그녀는 그에게서 어떤 피해도 입지 않도록 해주겠다는 약속을 받고 마침내 낮 동안에 그가 혼자서 살고 있는 집을 찾아가는 데 동의했다. 그곳에서 그들은 나란히 누워 키스와 포옹을 했고, 그는 이제 부분적으로 드러난 그녀의 매력적인 몸을 찬양하기 시작했다. 그렇게 황홀한 시간을 보내고 있던 중에 그녀는 갑자기 어떤 소리 — 일종의 짤깍거리는 소리 또는 째깍거리는 소리 — 를 듣고 깜짝 놀랐다. 그 소리는 창문 건너편에 있는 책상 쪽에서 들려왔는데, 책상과 창문 사이에는 부분적으로 묵직한 커튼이 드리워져 있었다. 그녀는 당장 남자 친구에게 그게 무슨 소리냐고 물었고, 그녀의 말에 따르자면, 아마도 책상 위에 있는 조그만 탁상시계에서 나는 소리일 거라는 대답을 들었다고 했다. 그러나 나는 지금 그녀의 이야기 중 이 부분에 대해서 한 가지 언급을 하려고 한다.

남자 친구의 집을 나서다가 그녀는 계단에서 두 남자와 마주쳤는데, 그들은 그녀를 보자 서로에게 뭐라고 귓속말을 주고받았다. 그 낯선 사내들 중 하나는 보자기에 싸인 조그만 상자처럼 보이는 물건을 들고 있었다. 그들이 눈에 띄자 그녀는 마음이 몹시 심란해졌고, 집으로 가는 길에 이미 다음과 같은 생각들을 꿰어 맞췄다 — 그 상자는 아마도 카메라였을 것이며 낯선 사내는 그녀가 방에 있을 동안 커튼 뒤에 숨어 있던 사진사일 것이고, 짤깍하는 소리는 셔터 소리였으며 그 사진사는 그녀의 모습이 특별히 마음에 드는 각도에 들어오자마자 사진을 찍었을 것이라고. 그 이후로 그녀는 자기의 애인에 대한 의구심을 도저히 멈출 수 없어서 그를 만났을 때뿐 아니라 편지로도 그에게 비난을 퍼부었고, 그 일에 대해서 해명과 안심할 수 있을 만한 답변을 끈질기게 요구했다. 그는 자기의 감정은 진실하며, 그 의심은 아무런 근거도 없다고 그녀를 설득하려 했지만 모두 허사였다. 마침내 그녀는 변호사를 찾아가서 자기가 당했던 일을 이야기하고, 피의자가 그 일과 관련해서 그녀에게 써보냈던 편지들을 모두 넘겨주었다. 나중에 나는 그 편지들 가운데 몇 장을 볼 기회가 있었다. 그 편지들은 상당히 공감이 가는 것이었는데, 대부분이 그처럼 아름답고 다정한 관계가 〈불행한 병적인 생각〉 때문에 망쳐졌다는 사실을 유감스러워하는 글로 이루어져 있었다.

내가 어째서 그 편지에 공감했는지를 설명하기란 매우 곤란하다. 하지만 나는 그 사례에 단순한 진단적인 흥미를 넘어서 특별한 흥미를 느꼈다. 편집증 환자들이 자기들의 동성애적 경향 — 자기애적 대상 선택으로 돌아가려는 경향 — 이 강해지지 않도록 하기 위해 애쓴다는 견해는 이미 정신분석 연구 논문들로 제기되었다. 그리고 좀 더 심도 있는 해석도 이루어졌다. 즉 박해를 가하는 사람은 사실상 환자가 현재 사랑하고 있거나 과거에 사랑했던 사람이라는 것이다.[2]

위에서 본 두 가지 논제를 종합해 보면, 박해자는 박해를 받는 사람과 동일한 성이라는 결론에 이르지 않을 수 없다. 우리는 편집증이 동성애로 결정된다는 논제를 보편적이고 예외 없이 타당한 것으로 주장하지 않았다. 하지만 그것은 단지 우리가 관찰한 사례들의 수가 그리 많지 않기 때문이었다. 사실 그 논제는 어느 면에서 본다면 보편적으로 적용된다고 주장할 수 있게 된 다음에야 중요해지는 것들 중 하나였다. 정신 의학 문헌에는 환자가 성이 다른 사람에게 박해받는다는 상상을 하는 사례들이 절대로 부족하지 않지만, 그런 사례들에 관한 논문을 읽어 보는 것과

2 「편집증 환자 슈레버」 참조.

그런 사람들 중 어느 하나와 개인적으로 접하는 것은 전혀 별개의 문제이다. 나 자신과 내 동료들의 관찰과 분석으로 지금까지 편집증과 동성애 사이의 관계는 별 어려움 없이 확증되었다. 그러나 이번 사례는 분명히 그 관계와 상반되었다. 이 여자는 애인을 곧장 박해자로 바꿈으로써 자기가 남자를 사랑하지 않도록 방어하고 있는 것처럼 보였다. 여자에게서 영향을 받은 조짐이나 동성애적 애착이 강해지지 않도록 애쓴 흔적은 전혀 없었다.

그런 상황에서 가장 간단한 방법은 박해를 받는다는 망상이 예외 없이 동성애에 의존한다는 이론을 포기하는 동시에, 그 이론으로부터 도출된 모든 것을 포기하는 것이었다. 그 이론을 포기하거나, 아니면 우리의 예상을 벗어난 이 사례에 대해서는 변호사의 말에 수긍하고 이 사례가 편집증의 조합이 아니라 옳게 해석된 실제의 경험이라고 가정해야 했다. 그러나 나는 또 다른 방법을 찾아냈고, 그 덕분에 최종적인 판단을 당분간 보류할 수 있었다. 나는 의사가 환자들을 철저하게 연구하지 않은 탓으로 그들을 충분히 알지 못했기 때문에 정신 질환을 앓고 있는 사람들에 대해서 얼마나 자주 잘못된 견해를 가졌었는지를 떠올렸다. 그래서 나는 환자에게 지금 당장은 의견을 말할 수 없으니 한 번 더 찾아와서 좀 더 자세한 이야기를 해주고 빠뜨렸을지도 모르는 세세한 사항들을 보충해 줄 수 있겠느냐고 물었다. 변호사의 영향력 덕분으로 나는 마뜩잖아하는 환자에게서 동의를 얻어 낼 수 있었다. 그리고 변호사는 두 번째 면담에는 자기가 함께 오지 않아도 될 것이라고 말함으로써 또 다른 방법으로 나를 도와주었다.

두 번째 면담에서 그녀가 내게 해준 이야기는 첫 번째 이야기와 모순되지는 않았지만, 그녀에게서 추가로 들은 세세한 사항들 덕분에 모든 의문점과 어려움이 해결되었다. 우선 그녀는 젊은 남자의 집을 한 번 찾아갔던 것이 아니라 두 번 찾아갔다. 그녀가 의심스러운 소리에 신경이 쓰였던 것은 두 번째로 찾아갔을 때였는데, 처음에 했던 이야기에서는 그 일을 숨겼거나 아니면 그녀의 생각으로는 전혀 중요하지 않은 일이라서 빼먹은 것일 수도 있었다. 첫 번째 방문에서는 별다른 일이 일어나지 않았지만, 그다음 날 분명히 어떤 일이 일어났다. 회사에서 그녀가 일하는 부서에는 그녀의 말에 따르자면 〈머리칼이 하얗고 어머니 같은〉 여자가 책임자로 있었다. 이 나이 지긋한 상사는 그녀를 매우 좋아해서 이따금씩 놀리기는 했어도 아주 다정하게 대해 주었고, 그녀는 자기가 특별히 총애를 받고 있다고 생각했다. 하지만 그녀가 젊은 남자의 집을 찾아간 그다음 날, 그가 사무실에 나타나 나이 지긋한 숙녀와 뭔가 사무적인 일을 의논했다. 그들이 나지막한 소리로 이야기를 하고 있을 동안, 그녀는 갑자기 그가 두 사람 사이에서 있었던 일을 얘기하고 있는 것이 분명하다는 느낌을 받았다. 그리고 동시에 자기의 상사와 젊은 남자가 한동안 연인 사이였지만 자신이 이제까지 그것을 모르고 있었다는 것도 알게 되었다. 나이 지긋하고 어머니 같은 백발의 상사는 이제 모든 사실을 알았고, 그날 하루 동안 그 상사의 말과 행동에서 그녀는 자기의 의심을 확인할 수 있었다. 그녀는 젊은 남자와 단둘이서 이야기를 할 기회가 생기자마자 배신을 했다며 그를 나무랐다. 그는 당연히 그의 말대로라면 〈얼토당토않은 비난〉에 격렬하게 항의했다. 사실 얼마 안 가서 그 젊은 남자는 그녀의 의심을 말끔히 걷어 낼 수 있었고, 마침내 그녀는 두 번째로 — 내가 알기로는 몇 주일 뒤에 — 그의 집을 다시 찾아갈 수 있을 만큼 자신감을 되찾았다. 그 나머지는 내가 그녀에게서 첫 번째로 들은 이야기와 같았다.

우선 내가 새로 듣게 된 이야기는 그녀의 의심에 어떤 병적인 성질이 있는가 하는 의문을 모두 해결해 주었다. 이 사례에서 우리는 나이 지긋한 백발의 상사가 그녀의 어머니를 대신했고, 그녀의 애인은 비록 나이가 젊기는 해도 아버지를 대신했다는 것을 알 수 있다. 또 환자가 잘못 짝지어진 사람들 사이에 그런 관계가 전혀 있을 법하지 않음에도 불구하고 연인 관계가 있다는 의심을 하게 된 것은 강한 어머니 콤플렉스*Mutterkomplex* 때문이었다는 것도 쉽게 알 수 있다. 더군다나 이 사례는 정신분석 이론을 근거로 한 예상에 명백히 반하는 모순, 즉 박해받고 있다는 망상이 지나치게 강한 동성애적 애착으로 인해 생겨날 것이라는 예상에 반하는 분명한 모순을 해결했다. 왜냐하면 원래의 박해자 — 환자가 그 영향력에서 벗어나려고 하는 사람 — 는 여기에서도 남자가 아니라 여자이기 때문이다. 이 환자의 망상에서 상사는 환자의 정사에 대해 알고 그것을 못마땅하게 여겨 알 듯 말 듯한 암시로 불만을 표시한다. 그리고 환자가 성이 같은 사람에게 보이는 애착은 성이 다른 사람을 애정의 대상으로 택하려는 시도를 저지한다. 또 어머니에 대한 그녀의 애정은 그녀가 정상적인 성적 만족을 향해 새로운 길을 따라 첫걸음을 내딛지 못하도록 〈양심〉의 역할을 수행하면서 저해하려는 그 모든 경향 — 여러 면에서 위험스러운, 그리고 실제로 그녀가 남자들과 관계를 맺지 못하도록 방해하는 데 성공한 — 을 대변한다.

어머니가 딸의 성적 행동을 방해하거나 저지한다면 그녀는 어린 시절에 있었던 일들로 방향이 정해지고 강력한 무의식적 동기를 갖는, 그리고 사회적 승인을 얻은 정상적인 기능을 수행하고 있는 셈이 된다. 그런 영향에서 벗어나 넓고 이성적인 견지에서 자기가 성적 즐거움을 얼마만큼 누리고 또 얼마만큼 부인해야 할지를 결정하는 것은 딸이 스스로 알아서 해야 할 일이다. 만일 자신을 해방시키려다 신경증에 걸린다면, 그것은 대체로 지나치게 강한 어머니 콤플렉스가 존재하며, 그 콤플렉스를 극복하지 못한 것이 분명하다는 뜻이다. 이 콤플렉스와 리비도가 새로 취한 방향 사이의 갈등은 환자의 소인에 따라 어느 한 형태 또는 다른 형태의 신경증으로 다루어진다. 신경증적 반응의 징후는 실제의 어머니에 대한 현재의 관계가 아니라, 어머니의 첫 모습에 대한 어린 시절의 관계로 결정되기 때문이다.

우리는 환자에게 오랫동안 아버지가 없었다는 것을 알고 있다. 또 그녀가 지속적으로 어머니에게 강렬한 정서적 애착을 갖지 않았더라면 서른이라는 나이에 이르도록 남자들을 멀리하지 않았을 것이라고도 가정할 수 있다. 어머니에 대한 애착은 그녀가 남자의 집요한 구애에 반응해서 리비도를 그에게로 돌리자 무거운 멍에가 되었다. 그녀는 풀려나려고, 동성애적 애착을 벗어던지려고 애썼지만, 여기에서 논의할 필요도 없는 그녀의 소인 때문에 편집증적 망상의 형태로 앞에서 본 것과 같은 일이 일어나고 말았다. 그리고 어머니는 악의에 찬 적대적인 감시자, 박해자가 되었다. 만일 어머니 콤플렉스가 환자를 남자들에게서 계속 떼어놓을 만큼 그렇게 강하지만 않았더라면 그런 일은 극복될 수 있었을 것이다. 그러나 사정은 그렇지가 못해서 환자는 갈등의 첫 단계가 끝나 갈 무렵쯤 분명하게 남자에게로 돌아서지 않고 어머니에게서 멀어지게 되었다. 그녀의 망상에서는 그 두 사람이 모두 그녀에 대해 음모를 꾸미고 있었다. 그러나 다음에는 남자가 열정적인 구애를 함으로써 그녀를 완전히 자기 쪽으로 끌어당길 수 있었고, 그녀는 마음속으로 어머니의 반대를 극복하고서 기꺼이 애인과의 두 번째 만남을 허락했다. 나중에 전개된 상황에서는 어머니가 나타나지 않지만, 우리는 이(첫 번째) 단계에서 애인이 곧바로 박해자가 된 것이 아니라 어머니를 통해, 첫 번째 망상에서 주된 역할을 했던 어머니에 대한 그의 관계에 힘입어 박해자가 되었다고 할 수 있을 것이다.

어떤 사람은 이제 저항이 완전히 극복되었고, 지금까지 어머니에게 매여 있던 여자는 남자를 사랑할 수 있게 되었다고 생각할 것이다. 그러나 애인의 집을 두 번째로 찾아간 뒤에 새로운 망상이 나타났는데, 그 망상은 우연한 상황을 교묘하게 이용하여 사랑을 망치고 어머니 콤플렉스의 목적을 관철시킬 수 있었다. 여자가 편집증적 망상이라는 수단으로 사랑하는 남자로부터 자신을 방어한다는 것이 이상해 보이지만, 그 상황을 좀 더 면밀히 조사해 보기 전에 먼저 두 번째 망상의 근거가 된, 남자에게 불리해졌을 뿐인 우연한 사건을 훑어보기로 하자.

그녀는 옷을 반쯤 벗고 애인과 함께 소파에 앉아 있다가 짤깍 아니면 째깍하는 소리를 들었다. 그 소리가 어떻게 난 것인지는 알 수 없었지만 그녀는 계단에서 두 남자 — 그중 하나는 보자기에 싸인 상자처럼 보이는 물건을 들고 있었다 — 를 보게 되자 어떤 결론에 도달했다. 누군가가 자기 애인에게서 지시를 받고 엿보다가 그들이 바짝 붙어 있을 때 사진을 찍었다고 확신하게 된 것이다. 하지만 나는 만일 그 이상한 소리가 들리지 않았더라면 망상도 생기지 않을 것이라고는 생각하지 않았다. 그와는 반대로 환자가 자기의 애인과 어머니를 대신한 상급자 사이에 모종의 관계가 있다고 가정했을 바로 그때, 그 우연한 상황의 이면에서 필연적인 어떤 것, 환자에게 충동적으로 끼어들 수밖에 없는 어떤 것을 볼 수 있었다. 모든 신경증 환자들, 아니 어쩌면 모든 인간들의 수많은 무의식적 환상들에 거의 언제나 존재하고 정신분석으로 밝혀질 수 있는 것이 한 가지 있다. 그것은 부모의 성교 장면을 훔쳐보는 환상이다. 나는 그런 환상들 — 부모의 성교를 훔쳐보는 환상, 유혹 환상, 거세 환상 등 — 을 〈최초의 환상〉이라고 부르는데, 그 환상들의 원인과 개별적인 경험에 대한 관계는 다른 곳에서 상세히 논의할 것이다.[3]

그러므로 우연히 들린 소리는 어버이 콤플렉스*Elternkomplex*의 구성 요인이 되는 전형적인 엿듣는 환상을 일으켜 활성화시키는 요소의 일부로 작용했을 뿐이다. 하지만 나는 그 소리를 정말로 〈우연한〉 것이라고 해도 되는지 의심스럽다. 오토 랑크가 내게 말했듯이, 그런 소리들은 우연한 것이 아니라 엿듣는 환상에 반드시 필요한 것으로, 부모가 성교를 하는 소리나 또는 엿듣고 있는 아이가 들킬까 봐 두려워하는 소리를 재현한다. 그러나 이제 다시 우리가 논의하고 있는 주제로 돌아가기로 하자. 환자의 애인은 여전히 그녀의 아버지였지만 그녀 자신은 어머니의 자리를 대신 차지했다. 그러므로 엿듣는 사람의 일부는 제삼자에게 배당되어야 했다. 우리는 그녀가 어떤 수단으로 어머니에 대한 동성애적 의존에서 해방되었는지 알 수 있다. 그것은 약간 억압을 하는 수단에 의해서였다. 즉 어머니를 애정의 대상으로 택하는 대신, 그녀는 자신을 어머니와 동일시해서 자신이 그녀의 어머니가 된 것이었다. 그런 억압이 가능하다는 것은 그녀의 동성애적 대상 선택이 자기애에 근거를 두었고, 따라서 그녀에게 편집증적 소인이 있음을 암시한다. 그 동일시와 같은 결과를 내는 사고방식을 이렇게 요약할 수도 있을 것이다. 〈엄마가 그런다면 나도 그럴 수 있어. 나도 엄마만큼의 권리는 있으니까.〉

3 〈최초의 환상〉이라는 주제는 프로이트의 『정신분석 강의』의 스물세 번째 강의와 「늑대 인간」에서 상세히 논의된다.

어떤 사람은 그 소리가 우연한 것이 아니라고 좀 더 반박할 수도 있을 것이다. 그러나 우리는 독자들에게 우리의 견해를 따르라고 요구하지 않는다. 좀 더 심도 있는 정신분석을 하지 않고는 이 사례에서 개연성의 수준을 넘어설 수 없기 때문이다. 환자는 첫 번째 면담에서 내게 자기는 그 소리에 대해서 당장 해명을 요구했고, 그것은 아마도 책상 위에 놓여 있던 탁상시계가 째깍거리는 소리일 것이라는 대답을 들었다고 했다. 그러나 나는 그녀가 내게 한 말을 기억의 착오로 설명하고자 한다. 내가 생각하기에 그녀는 처음에 전혀 반응을 보이지 않았다. 그 소리가 중요하게 여겨진 것은 계단에서 두 남자를 본 뒤일 가능성이 크다. 아마도 그 소리를 전혀 듣지 못했을 그녀의 애인은 나중에 그녀가 의심을 품고 몰아붙이자 이런 식으로 설명을 하려고 했을 수도 있다. 〈나는 당신이 들은 게 무슨 소린지 모르겠소. 어쩌면 조그만 탁상시계에서 나는 소리였을 거요. 그건 가끔씩 그렇게 째깍거리니까.〉 이처럼 느낌이 뒤로 미루어지고 기억에 착오가 생기는 것은 편집증에서 자주 일어나는, 그 증상의 특징이다. 하지만 나는 그 남자를 만나지 못했고 또 그녀에 대한 정신분석을 계속할 수도 없었기 때문에 내 가설을 증명할 수는 없다.

그러나 표면적으로는 이 진정한 〈우연〉의 분석을 좀 더 계속하기로 하자. 나는 시계가 째깍거렸다거나 또는 그 비슷한 소리가 들렸다고는 믿지 않는다. 그녀가 처해 있던 상황에서는 당연히 클리토리스에 뭔가 닿거나 맥박이 뛰는 느낌이 일었을 것이다. 즉 그녀가 나중에 외부에서 받은 인식으로 투사한 것은 바로 그 느낌이었다. 그와 같은 일은 꿈에서도 일어날 수 있는데, 언젠가 나의 한 히스테리 환자는 내게 전혀 종잡을 수 없는 짧은 꿈 얘기를 해주었다. 그녀는 단지 누군가가 문을 노크하는 꿈을 꾸고 나서 잠을 깼다. 아무도 문을 두드리지는 않았지만 전날 밤 그녀는 야뇨를 할 것 같은 비참한 느낌으로 잠을 이루지 못했다. 그래서 성기에 흥분이 이는 첫 번째 조짐을 느끼자마자, 그것이 잠을 깰 만한 이유가 되었다. 그녀의 클리토리스에 〈노크〉가 있었던 것이다.[4]

우리가 본 편집증 환자의 사례에서도 우연히 들린 소리를 그와 비슷한 투사 과정으로 바꾸어야 한다. 나는 물론 우리가 길지 않은 면담을 하는 과정에서 참기 어려운 욕구를 털어놓으려고 하지 않았던 환자가 애인과 두 번 만나는 동안 일어났던 일들을 모두 솔직하게 얘기했다고 장담할 수는 없다. 그러나 클리토리스가 저절로 수축했다는 것은 성기의 접촉이 전혀 없었다는 그녀의 말과 일치할 것이다. 따라서 그녀가 두 번째로 남자를 거절한 데서는 틀림없이 만족감의 결여가 〈양심〉의 일부로 작용했다.

편집증적 망상이라는 수단을 통해서 남자를 사랑하지 않도록 자신을 방어한 이 놀라운 사례를 다시 살펴보기로 하자. 이 사례를 이해하는 데 필요한 열쇠는 망상이 진전된 병력에서 찾아볼 수 있다. 우리가 예상할 수 있었듯이, 그 망상은 처음엔 여자를 대상으로 한 것이었다. 그러나 이제는 편집증에 근거해서 여자인 대상으로부터 남자인 대상으로의 진전이 이루어졌다. 그런 진전은 편집증에서는 예외적인 일이다. 왜냐하면 대체로 박해를 받은 사람이 박해를 가한 사람에게 고착하므로 편집증적 전환이 일어나기 전에는 애정의 대상이 같은 성에 속하기 때문이다. 그러나 신경증적 질환은 그와 같은 진전을 배제하지 않으며, 우리가 관찰한 것은 다른 여러 가지 신경증의 전형일 수도 있다. 편집증 이외의 신경증에서는 아직 이 관점에서 관찰되지 않은 비슷한 과정

4 프로이트는 『정신분석 강의』의 열일곱 번째 강의에서 광장 공포증과 강박증에 걸린 여자의 사례로 비슷한 예를 설명했다.

이 많이 일어나는데, 그 가운데 어떤 것들은 매우 잘 알려져 있다. 예를 들면 이른바 신경 쇠약 환자들은 근친상간적 애정 대상에게 무의식적으로 집착함으로써 다른 여자를 애정의 대상으로 선택하지 못하고 성적 활동을 환상에 국한시킨다. 그러나 환상의 범위 내에서는 자기에게 거부된 과정을 달성하고 어머니와 누이를 외부의 대상으로 바꿀 수 있다. 검열Zensur(잠재의식에 대한 억압력)의 거부는 그런 대상들과 함께 행동으로 옮겨지지 않으므로 그는 대역(代役)을 선택하는 환상에서 의식적으로 될 수 있는 것이다.

그러므로 이 환상들은 대개 억압적으로 습득된 새로운 근거에서 시도된 진전 현상이며, 우리는 그것들을 몇몇 신경증에서 한때 저지되고 그 후로 상실된 리비도의 지위를 되찾기 위해 이루어진 노력과 같은 것으로 볼 수도 있다. 실로 우리는 여간해서 이러한 두 부류의 현상들 사이에서 어떤 개념적인 구분도 끌어낼 수 없다. 우리는 증상이 생겨난 뒤에는 신경증 저변에 깔려 있는 갈등이 없어진다고 생각하기 쉽다. 그러나 사실상 그 투쟁은 그 뒤에 여러 가지 길을 택할 수 있다. 양쪽에서 새로운 본능적 구성 요소들이 생겨나고 그것들이 투쟁을 연장시킨다. 증상 그 자체가 이 투쟁의 대상이 되며, 증상을 보존하려고 애쓰는 특정한 경향들이 증상을 제거하고 예전의 상태status quo ante를 재확립하려는 다른 경향들과 충돌한다. 때로는 다른 접근로를 따라 이미 잊혀진, 그리고 이제는 증상에 의해 억제된 것을 되찾으려고 함으로써 증상을 하찮은 것으로 만들려는 방법이 추구되기도 한다. 이러한 사실들은 카를 G. 융이 특별한 〈심리적 무력증〉이라는 취지로 말했던 현상을 밝히는 데 큰 도움이 되는데, 심리적 무력증은 변화와 발전을 저지하는 것으로서 신경증의 근본적인 전제 조건이 된다. 이 무력증은 실로 매우 특이하다. 그것은 일반적인 것이 아니라 매우 특별한 것이고, 그 자체의 영역에서 전능하지는 않지만 그렇더라도 신경증 증상이 생겨난 뒤에까지 남아 있는 발전과 회복 경향에 대항해서 싸운다. 만일 우리가 이 특별한 무력증의 출발점을 찾아본다면 우리는 그것이 본능과 느낌, 그리고 그 느낌에 포함된 대상 사이에서 매우 이르게 생겨나는 결합 — 풀기 어려운 결합 — 의 징후라는 것을 알게 된다. 이러한 결합은 관련된 본능들이 발전하지 못하게 막는 효과를 갖고 있다. 또는 달리 말하자면, 이 특별한 〈심리적 무력증〉은 심리학에서 우리가 〈고착〉이라고 부르는 데 익숙해진 현상의 다른 용어일 뿐이다.[5]

5 이 고착 경향 또는 프로이트가 어딘가에서 불렀던 대로라면 〈리비도에 대한 집착〉은 「성욕에 관한 세 편의 에세이」 초판에서 프로이트에 의해 암시되었다. 이 경향은 「늑대 인간」의 병력 마지막 부분과 『정신분석 강의』의 스물두 번째 강의와 스물여덟 번째 강의에서 더 자세히 논의되었는데, 그 두 가지 저술은 모두 이 논문과 거의 동시대에 쓰인 것이다. 〈리비도의 무력증〉이라는 특별한 사례는 「문명 속의 불만」(프로이트 전집 12, 열린책들)에서 거론된다. 〈심리적인 무력증〉에 대한 마지막 암시는 그의 사후에 출판된 「정신분석학 개요」(프로이트 전집 15, 열린책들)에 나온다.

〈어떤 아이가 매를 맞고 있어요〉
— 성도착의 원인 연구에 기고한 논문

"Ein Kind wird geschlagen" — Beitrag zur Kenntnis der
Entstehung sexueller Perversionen(1919)

프로이트는 1919년 1월 24일 페렌치에게 보낸 편지에서 마조
히즘에 관한 논문을 집필 중이라고 밝혔다. 그 논문은 1919년 3월
중순에 완성되어 현재의 제목이 붙었고, 같은 해 여름에 출판되
었다.

이 논문은 대부분이 특별한 종류의 성도착을 매우 상세히 다룬
임상 연구로 이루어져 있다. 프로이트가 발견한 사실들은 마조히
즘의 문제를 해결하는 데 커다란 도움이 되었는데, 부제(副題)에
서 암시되었듯이 이 논문은 또한 성도착 전반에 대한 우리의 지
식을 확장시키려는 것이기도 했다.

또 그 외에도 이 논문에는 프로이트가 상당히 중요하게 여겼던
주제인 억압이 작용하는 동기에 관한 논의와 그 주제에 대해서
플리스와 아들러가 각각 주장한 두 가지 이론에 대한 특별한 언
급이 포함되어 있다. 억압의 메커니즘은 프로이트가 쓴 두 편의
초심리학적 논문 —「억압에 관하여」와「무의식에 관하여」— 에
서 철저히 논의되었지만, 억압으로 이르는 동기의 문제는, 비록

「늑대 인간」의 분석 마지막 절에서 다루어졌다고는 해도, 이 논문에서처럼 상세히 검토되지는 않았다. 그 문제는 아주 이른 시기부터 프로이트의 관심을 끈 동시에 당황스럽게도 했는데, 플리스에게 보낸 서신에는 그에 관한 언급이 많이 있다(『정신분석의 탄생』, 1950). 프로이트는 만년에 「끝이 있는 분석과 끝이 없는 분석 Die endliche und unendliche Analyse」(1937) 마지막 절에서 한 번 더 그 문제로 돌아와 플리스와 아들러의 이론에 대해 다시 논의했다.

이 논문은 1919년 『국제 정신분석 의학지』 제5권 3호에 처음 발표되었으며, 『신경증에 관한 논문집』 제5권(1922), 『저작집』 제5권(1924), 『전집』 제12권(1947)에 실렸다. 영어 번역본은 앨릭스 스트레이치와 제임스 스트레이치가 번역하여 "A Child is being Beaten' ─ A Contribution to the Study of the Origin of Sexual Perversions"라는 제목으로 『국제 정신분석 저널』 제1권(1920), 『논문집』 제2권(1924), 『표준판 전집』 제17권(1955)에 실렸다.

〈어떤 아이가 매를 맞고 있어요〉
— 성도착의 원인 연구에 기고한 논문

1

히스테리나 강박 신경증으로 정신분석 치료를 받으러 오는 사람들이 〈어떤 아이가 매를 맞는〉 환상에 빠졌다고 그처럼 자주 고백한다는 것은 실로 놀라운 일이다. 정신분석을 받으러 와야 할 정도로 명백한 질환을 보이지 않는 훨씬 더 많은 사람들 가운데는 아마도 틀림없이 그런 예가 더 많이 있을 것이다.

이 환상에는 즐거운 느낌이 수반되는데, 그런 이유로 환자는 과거에 수없이 그 환상을 재현했거나 또는 어쩌면 지금까지도 그러고 있을 것이다. 이 상상적인 상황의 절정은 거의 예외 없이 자위적인 만족 — 즉 말하자면 성기에서 실행되는 — 으로 이루어진다. 이 환상은 처음에는 저절로 생겨나지만 나중에는 환자의 노력에도 불구하고 생겨나서 강박의 특성을 띤다.

이런 환상을 고백하려면 환자는 망설일 수밖에 없고, 따라서 처음 나타나는 환상의 모습은 불확실하게 회상된다. 또 이 문제에 대해 정신분석 치료를 하다 보면 분명한 저항과 마주치게 되는데, 그 점에서 성적인 생활을 시작한 기억에 대해 비슷한 이야기를 할 때보다 수치심과 죄악감이 아마도 더 강하게 일깨워지는 듯싶다.

마침내 우리는 환자들이 아주 어린 시기에, 즉 취학 연령이 되기 전인 5세나 6세 이전에 그런 환상을 처음으로 즐기게 되었다는 것을 확인할 수 있었다. 그러므로 아이가 학교에 들어가서 다른 아이가 선생님에게 맞는 것을 보게 되었을 때 그 환상이 잠복해 있었다면 맞는 장면을 본 경험으로 인해 환상이 다시 일깨워졌을 것이고, 환상이 아직 그대로 존재했다면 경험이 환상을 강화하여 그 내용을 현저히 바꾸었을 것이다. 그 이후로는 맞고 있는 아이들의 숫자가 〈무한히〉 많아졌는데, 이 환상에서는 학교의 영향이 너무도 분명해서 환자들은 처음에는 맞는 환상을 순전히 6세 이후에 시작된 학교 생활에서 받은 느낌으로 돌리려고 했지만 누구도 그런 입장을 계속 유지하지는 못했다. 환상은 그 전부터 이미 존재했기 때문이다.

고학년이 된 아이들은 더 이상 매를 맞지 않았지만, 그런 일의 영향은 아이들이 독서의 중요성을 느끼게 되자 곧 독서의 효과로 대체되어 그 정도가 더 심해졌다. 내가 면담했던 환자들의 경우, 맞는 환상에 새로운 자극을 준 책들은 거의 언제나 같은 것들, 즉 〈장미 문고〉,[1] 『톰 아저씨의 오두막』[2] 등 아이들이 쉽게 접할 수 있는 책들이었다. 그리고 아이는 저 스스로 환상을 불러일으켜 다른 아이들이 장난을 치거나 나쁜 짓을 했다는 이유로 매를 맞거나 또는 다른 방법으로 벌을 받거나 징계를 받는 여러 가지 상황과 시설을 마음속에 그림으로써 그런 소설들과 경쟁하기 시작했다.

〈어떤 아이가 매를 맞는〉 환상에는 예외 없이 상당한 즐거움이

1 세귀르Ségur 부인(1799~1874)이 쓴 유명한 연작 소설로 그중에서 『소피의 불행』이 가장 인기 있었다.
2 스토H. B. Stowe(1811~1896)가 미국의 흑인 노예를 소재로 쓴 소설로 1852년에 출판되었다.

따랐고, 그 결과는 즐거운 느낌을 주는 자가 성애적 만족 행위로 표출되었다. 그러므로 학교에서 다른 아이가 맞는 장면을 보는 것 역시 그와 유사한 즐거움의 원천으로 여겨질 수도 있었지만, 사실은 전혀 그렇지가 않았다. 학교에서 실제로 맞는 장면을 목격한 아이들은 그 경험으로 인해 특별히 흥분된 느낌, 아마도 혐오감이 큰 몫을 차지하는 혼합된 특성을 띤 느낌을 갖게 되었다. 그리고 몇몇 사례에서는 맞는 장면을 직접 목격한 경험이 견딜 수 없는 것으로 느껴졌다. 더군다나 그 경험은 항상 나중에 처벌이 아이들에게 어떤 심각한 상처도 입히지 않는다는, 더 궤변적인 환상의 조건이 되었다.

여기에서 우리는 매를 맞는 환상의 중요성과 집에서 아이를 키울 때 가해지는 실제의 체벌이 수행하는 역할 사이에 어떤 관계가 있는지 의문을 품지 않을 수 없었다. 그러나 우리의 자료가 한쪽으로 치우쳐 있던 탓으로 그 관계가 역비례하지 않을까 하는 첫 번째 의심을 확증하기란 불가능했다. 왜냐하면 우리가 그런 분석 자료를 끌어낸 사람들은 어렸을 때 거의 맞지 않았거나 또는 매의 도움이 전혀 없이 자라났기 때문이다. 물론 그런 아이들도 조만간 부모나 교사의 힘이 월등히 더 강하다는 것을 알게 되기 마련이고, 모든 육아 시설에서 아이들이 때로는 서로 치고받고 싸운다는 사실 또한 특별히 강조할 필요가 없는 일이다.

학교에서 받은 느낌이나 책에서 본 장면의 영향을 명백한 원인으로 볼 수 없는 초기의 단순한 환상들에 대해 우리는 더 많은 정보를 기꺼이 받아들여야 할 것이다. 맞고 있는 아이는 누구였는가? 환상을 일으키고 있던 아이 자신이었는가, 아니면 다른 아이였는가? 맞고 있는 아이가 항상 같은 아이였는가, 아니면 때로는 다른 아이였는가? 아이를 때리고 있는 사람은 누구였는가? 어른이었는가? 그렇다면 누구였는가? 아니면 환상을 일으킨 아이는 자기가 다른 아이를 때리고 있다고 상상했는가? 하지만 그중 어느 것도 이 모든 의문을 밝혀내는 데 도움이 되지는 못했다. 단지 머뭇거리는 대답이 있을 뿐이었다. 〈나는 거기에 대해서 더는 아무것도 모릅니다. 어떤 아이가 맞고 있습니다.〉

매를 맞는 아이가 남자였느냐 여자였느냐 하는 질문에 대한 답은 좀 더 명확했지만, 그렇더라도 별 도움이 되지는 못했다. 때때로 그 대답은 〈언제나 남자아이들이었어요〉 또는 〈여자아이들만이었어요〉라는 것이었지만, 그보다는 〈잘 모르겠어요〉 또는 〈그건 문제가 되지 않아요〉라는 대답이 더 많았다. 그러나 질문의 주안점, 즉 환상을 일으키는 아이의 성과 맞고 있는 아이의 성 사이에 어떤 일정한 관계가 있느냐 없느냐는 전혀 밝혀지지 않았다. 하지만 이따금씩은 환상의 내용에서 특징적인 세부 사항이 밝혀졌는데, 그것은 〈조그만 아이가 아랫도리가 벗겨진 채 맞고 있다〉는 것이었다.

그런 상황에서 나는 매를 맞는 환상에 따르는 즐거움이 가학적인 것이지 피학적인 것인지조차 결정할 수가 없었다.

2

이 환상은 어린 시절에 아마도 우연한 원인으로 생겨나 자가 성애적 만족을 일으키기 위해 유지되는 것 같은데, 우리가 현재 알고 있는 지식으로는 성도착의 1차적인 경향으로만 간주될 수 있을 뿐이다. 성적 기능의 구성 요소들 가운데 한 가지는 그 밖의 다른 것들보다 먼저 발달하고 때 이르게 독립해서 고착을 거치며, 그 결과 나중에 이루어지는 발달 과정에서 제외되어 환자에게 특이하고 비정상적인 기질의 흔적을 남기는 것으로 보인다. 그러나 우리는 어린 시절의 성도착이 반드시 평생 동안 지속되지는 않는다는 것을 알고 있다. 그런 성도착은 나중에 억압을 받아 반동 형성으로 대체되거나 또는 승화로 바뀔 수도 있다(승화는 억압을 받아 저지당한 어떤 특별한 과정으로부터 생길 수도 있다).[3] 그러나 만일 이러한 과정이 일어나지 않는다면 성도착은 성숙기까지 지속되는데, 우리가 성인들에게서 성적 일탈 — 성도착, 페티시즘, 성 대상 도착 — 을 발견할 때마다 병력을 조사해 본다면 내가 앞서 얘기했듯이 어린 시절의 고착으로 거슬러 올라가는 어떤 사건이 드러날 것이다. 실로 정신분석이 탄생하기 오래전부터 비네와 같은 학자들은 성인들이 보이는 기묘한 성적 일탈의 원인을 그들이 어린 시절, 즉 5세나 6세 무렵에 느꼈던 이상야릇한 느낌들에서 찾을 수 있었다.[4] 그러나 현시점에서 그 질문은 우리의 지식이 제한되어 있다는 문제와 마주친다. 왜냐하면 고착을 일으킨 느낌들에 외상성인 힘이 전혀 없었기 때문이다. 즉 다른 사람들에게는 그런 느낌들이 대체로 일상적이고 흥미를 끌지 못하는 것들이었다. 그러므로 우리는 성적 충동이 어째서 특히 그들에게서만 고착을 거쳤는지 알 수 없었다. 하지만 그런 느낌들이 때 이르게 발달되어 표출될 준비가 되어 있는 바로 그 구성 요인에 고착의 기회(비록 그것이 우연한 것이라고 하더라도)를 제공했다는 사실에서 그 느낌들의 의미를 찾아볼 수는 있었다. 우리는 어느 경우에나 우연한 연결 고리를 거슬러 추적하는 데서 이런저런 잠

3   이것은 「자아와 이드」(프로이트 전집 11, 열린책들) 제3장에서 다루어진 승화의 이론과 관련될 수도 있다.
4   비네의 이 관찰(『실험 심리학 연구: 사랑에서 나타나는 페티시즘 *Études de psychologie expérimental: le fétichisme dans l'amour*』, 1888)은 프로이트가 「성욕에 관한 세 편의 에세이」에서 거론했고, 1920년에 추가된 각주에서 논평했다.

정적인 결과에 대처할 준비가 되어 있어야 했는데, 선천적인 기질은 그런 잠정적인 결과에 필요한 조건과 정확히 일치하는 것으로 보였다.

때 이르게 풀려난 성적 구성 요소가 가학적인 것이라면 우리는 다른 자료들에서 얻어 낸 지식에 근거해서 그다음에 뒤따르는 억압으로 인해 강박 신경증에 걸리기 쉬운 소인이 생겨날 것이라고 예상할 수 있다. 그 예상이 조사의 결과와 상반된다고 할 수는 없다. 왜냐하면 이 짧은 논문은 여섯 가지 사례(4명의 여성과 2명의 남성)의 철저한 연구를 근거로 한 것이기 때문이다. 그중에서 두 사례는 강박 신경증이었는데, 하나는 증세가 몹시 심해서 손을 쓸 수 없었고, 다른 하나는 중간 정도의 증세에 치료 효과가 좋았다. 그리고 강박 신경증이 어느 모로 보나 명백히 현저한 개인적 경향을 보이는 세 번째 사례도 있었다. 네 번째 사례는 고통과 억제가 수반된 명백한 히스테리였고, 단지 살아가는 데서 우유부단한 태도를 보인다는 이유로 정신분석을 받으러 온 다섯 번째 환자는 조야한 임상적 진단으로는 전혀 분류가 되지 않거나 〈정신 쇠약증 환자〉로 다루어질 수 있었다.[5] 그러나 이런 통계에 실망할 필요는 없다. 우선 첫째로 우리는 모든 소인이 반드시 장애로 진전되지 않는다는 것을 알고 있으며, 둘째로 우리 앞에 제시된 사실들을 설명하는 데 만족하고 어떤 일이 어째서 일어나지 않았는가를 분명히 밝히는 가외의 일을 되도록이면 피해야 한다.

현재 우리의 지식 수준으로는 매를 맞는 환상들에 대해서 지금까지 알려진 것보다 더 많은 것을 알아낼 수 없다. 그러나 정신분석을 하는 의사의 마음에는 이것이 문제의 최종적인 해결책은 아니라는, 편치 못한 의심이 남아 있는 게 사실이다. 그는 어쩔 수

5 여섯 번째 사례에 대한 언급은 없다.

없이 자기 스스로에게 이러한 환상들은 대부분 신경증의 다른 내용들과 동떨어져 존재하며, 그 구조에서 적당한 자리를 찾지 못했다고 인정해야 한다. 그러나 내가 경험을 통해서 알게 된 바로는, 그런 느낌들을 너무도 쉽게 한옆으로 제쳐 놓는다는 것이다.

3

엄밀히 고찰해 보면 ─ 그런데 어째서 이 문제는 가능한 한 최대한으로 엄밀하게 고찰되지 않는 것일까? ─ 분석 작업은 성인들에게서 아동기가 시작될 무렵(즉 대략 2세에서 5세까지)에 알고 있던 일들을 숨기는 기억 상실이 제거될 수 있을 때에만 진정한 정신분석으로 인정받을 만한 가치가 있다. 정신분석자들 사이에서는 이 말을 아무리 강조하고 아무리 자주 반복하더라도 지나치지 않다. 그러나 많은 학자들이 이 조언을 고려하지 않는데, 그 이유는 실로 자명하다. 더 짧은 기간에 수고를 덜 들이고 실제적인 결과를 얻는 것이 바람직할 것이기 때문이다. 그러나 현재로서는 이론적인 지식이 우리 모두에게 성공적인 치료보다 훨씬 더 중요하며, 어린 시절에 대한 분석을 소홀히 하는 사람은 누구나 중대한 오류를 범하게 될 것이다. 내가 어린 시절의 경험이 중요하다는 점을 강조한다고 해서 그것이 나중에 하게 된 경험의 영향을 조금이라도 과소평가하겠다는 뜻은 아니다. 그러나 나중에 받은 느낌들은 환자의 입을 통해 얼마든지 이야기될 수 있는 반면, 어린 시절의 주장을 대신해서 목소리를 높여야 하는 사람은 바로 의사인 것이다.

선천적인 리비도적 요인들은 2세에서 4세 또는 5세 사이의 아동기에 실질적인 경험에 의해서 처음 일깨워지고 특정한 콤플렉스에 종속된다. 그런데 현재 논의되고 있는 매를 맞는 환상은 그 시기가 끝날 무렵이나 또는 끝난 뒤에야 나타난다. 따라서 그 환상은 더 이른 시기에 시작되어 발달 과정을 거쳤고, 그 환상이 나타내는 것은 원초적인 발현이 아니라 최종적 산물이라는 점이 어쩌면 당연한 결론일 것이다.

이 의심은 분석으로 확인된다. 분석을 체계적으로 적용해 보면 매를 맞는 환상은 결코 단순하지 않은 발달 과정을 거쳤으며, 그러는 동안 거의 모든 면에서 ─ 환상과 환상을 일으키는 당사자와의 관계, 그리고 환상의 대상과 내용 및 그 의미와 관련해서 ─ 여러 번 바뀌었음을 알 수 있다.

매를 맞는 환상에서 생겨난 변화들을 좀 더 쉽게 이해할 수 있도록 하기 위해 나는 이제부터 여성들의 사례에만 국한시켜 설명하고자 한다. 그 사례들은 남성의 사례가 두 가지인 데 비해 네 가지이므로 어쨌든 내 자료에서 더 큰 부분을 차지한다. 더군다나 남자들의 경우에는 매를 맞는 환상이 내가 이 논문에서는 한옆으로 제쳐 놓을 또 다른 주제와 관련되어 있다.[6] 지금부터 하게 될 설명에서 나는 평균적인 사례를 제시하는 데 필요 이상으로 장황해지지 않도록 조심할 것이다. 따라서 더 많은 관찰로 더 복잡한 상황이 밝혀진다고 하더라도 나는 전형적인, 아니 그뿐만이 아니라 예외적이지 않은 사례들만을 제시할 것이다.

여자아이들의 맞는 환상에서 첫 단계는 틀림없이 아주 이른 유년기에 속한다. 그래서 몇 가지 모습은, 마치 그것들이 무관한 문제인 것처럼 지극히 불명확한 채로 남아 있다. 환자들이 첫 번째

─────

6 프로이트는 사실 이 논문에서 남자들의 매 맞는 환상을 논의한다. 아마도 그는 매를 맞는 환상이 특히 여성적인 성질의 것이기 때문에 〈또 다른 주제〉라는 말을 염두에 두었던 것 같다.

진술에서 〈어떤 아이가 맞고 있어요〉라는 말로 제공한 빈약한 정보는 이 단계에 비추어 당연한 것으로 보인다. 그러나 환상의 또 다른 모습이 분명하게, 그리고 모든 사례에서 같은 것으로 확인될 수 있다. 즉 맞고 있는 아이는 절대로 환상을 일으킨 당사자가 아니라 예외 없이 다른 아이이고, 대개는 남자 형제나 여자 형제이다. 그런데 이 다른 아이는 남자아이일 수도 있고 여자아이일 수도 있으므로, 환상을 일으키는 아이의 성과 맞고 있는 아이의 성 사이에는 일정한 관계가 없다. 그러므로 맞는 환상은 분명히 피학적인 것이 아니다. 어쩌면 그 환상을 가학적이라고 말하고 싶은 생각이 들 수도 있다. 또 환상을 일으키는 아이가 절대로 때리는 장본인이 아니라는 사실도 무시할 수 없다. 그러다 보니 우선 때리는 사람의 실체가 불명확한 상태로 남는다. 우리는 단지 이것만을 확인할 수 있다. 즉 때리는 사람은 아이가 아니라 어른이라는 것이다. 그리고 나중에 가서는 이 때리는 어른이 명확하고 분명하게 (여자아이의) 아버지로 인식된다.

그러므로 매를 맞는 환상의 첫 번째 단계는 〈우리 아버지가 그 아이를 때리고 있었어요〉라는 말로 완전하게 표현된다. 그런데 나는 그 말 대신 〈우리 아버지는 내가 미워하는 아이를 때리고 있었어요〉라는 말로 나중에 제시될 많은 것들을 드러내고자 한다. 더군다나 우리는 〈환상〉의 특징들이 아직까지도 나중의 환상을 향한 이 첫 번째 단계로 돌려질 수 있는지 어떤지를 분명히 하기가 망설여질 수도 있다. 그 환상은 어쩌면 목격된 사건들이나 여러 가지 경우에 생겨난 욕망을 회상하는 것일 수도 있지만, 그런 의문은 중요하지 않다.

이 첫 번째 환상과 다음번 환상 사이에는 상당한 변화가 생겨난다. 때리는 사람은 동일인(즉 아버지)으로 남아 있지만, 맞는 아이는 다른 아이로 바뀌어 이제는 예외 없이 환상을 일으키는 아이가 된다. 그 환상에는 많은 즐거움이 따르고, 이제는 상당한 만족을 얻었는데, 그 이유에 대해서는 나중에 다루게 될 것이다. 그러므로 이제 환상을 일으킨 사람의 말은 이런 것이 된다. 〈나는 아버지에게 맞고 있어요.〉 이것은 분명한 피학적 특성이다.

이 두 번째 단계는 모든 단계 중에서 가장 중요하고 가장 예사롭지 않은 것이다. 그러나 우리는 어떤 의미에서 그 단계가 실제로는 전혀 존재하지 않았다고 볼 수도 있다. 왜냐하면 그 단계는 절대로 기억되지 않았고, 또 결코 의식적으로 될 수도 없었기 때문이다. 그 단계는 분석적 구조이지만 그렇다고 해서 조금이라도 덜 필요한 것은 아니다.

세 번째 단계는 다시 첫 번째 단계와 비슷한데, 이 단계에서는 환자의 진술을 통해 우리에게 잘 알려진 말이 있다. 이 세 번째 단계에서 때리는 사람은 이제 아버지가 아니라 첫 번째 단계에서처럼 불명확한 채로 남아 있거나, 또는 특징적인 방법으로 선생님 등과 같이 아버지를 대신하는 사람으로 바뀐다. 또 매 맞는 환상을 일으키는 아이의 모습도 더 이상 그 환상에 나타나지 않는다. 그래서 거듭된 질문에 환자는 이렇게만 대답할 뿐이다. 〈나는 아마 구경을 하고 있어요.〉 그리고 이제는 한 아이가 맞고 있는 대신 대체로 여러 명의 아이가 나타난다. 여자아이들의 환상에서는 대부분의 경우 맞고 있는 것이 남자아이들이기는 해도 환상을 일으킨 당사자는 그 아이들 가운데 누구도 직접적으로 알지는 못한다. 이 매를 맞는 상황은 원래 단순하고 단조로운 것이지만 아주 복잡한 변경과 수정을 거칠 수 있고, 다른 종류의 처벌과 모욕이 매를 맞는 일 그 자체를 대신할 수도 있다. 첫 번째 단계의 환상으로부터 이 세 번째 단계의 가장 단순한 환상까지도 구분해 주는,

그리고 중간에 낀 두 번째 단계와의 관계를 확립하는 본질적인 특징은 이런 것이다. 즉 이 환상에는 이제 강하고 분명한 성적 흥분이 추가되었고, 따라서 자위적인 만족의 수단을 제공한다는 것이다. 그러나 바로 그것이 당황스러운 점이다. 어떤 경로를 통해서 낯모르는 아이가 맞고 있다는 환상(이때쯤에는 가학적이 된 환상)이 어린 여자아이의 리비도적 경향을 영구적으로 지배할 수 있게 되었을까?

그 외에도 우리는 매를 맞는 환상의 다른 모든 특성들뿐 아니라 세 단계의 상호 관계와 연속성도 이제까지 전혀 알려지지 않은 채로 남아 있다는 사실을 부인할 수 없다.

4

매를 맞는 환상과 관련된, 그리고 그 환상들에 대한 기억이 되살아나는 어린 시절을 분석해 보면 아이가 어버이 콤플렉스 *Elternkomplex*로 불안해하고 있었다는 사실이 드러난다.

어린 여자아이의 애정은 딸의 사랑을 얻기 위해 아마도 할 수 있는 모든 일을 다 하려는 아버지에게 쏠려 있는데, 그렇게 해서 여자아이는 어머니를 미워하고 어머니와 경쟁하는 태도의 싹을 보인다. 이 태도는 어머니에 대한 애정 어린 의존 경향과 나란히 존재하는데, 이 경향은 시간이 흐를수록 분명하고 강력하게 의식으로 배어들거나 또는 어머니에게 지나친 애착을 갖도록 자극하기도 한다. 그러나 매를 맞는 환상이 관련되는 것은 어머니에 대한 딸의 관계가 아니다. 아이들 방에서는 불과 몇 살 더 많거나 어린 아이가 모든 면에서 미움을 받는 일이 있는데, 미움을 받는 이유는 주로 그 아이가 부모의 사랑을 독차지하기 때문이며, 바로 그런 이유로 그 아이는 그 시기의 정서 생활에서 특징적인 온갖 난폭한 태도로 퇴짜를 맞는다. 만일 그 아이가 (나의 네 가지 사례 중 세 가지 사례에서처럼) 남동생이나 여동생이라면 미움을 받을 뿐 아니라 얕보이기도 한다. 그러나 이 아이는 사랑에 눈먼 부모가 항상 막내에게 줄 준비가 되어 있는 제 몫의 애정을 끌기 마련이고, 다른 아이들은 그 장면을 보게 되지 않을 수 없다. 그런데 아이들은 얼마 안 가서 곧 매를 맞는 것이, 비록 별로 아프지는 않더라도 사랑을 빼앗기고 모욕당하는 의미라는 것을 알게 된다. 그래서 부모의 흔들리지 않는 애정으로 단단히 떠받쳐졌다고 믿었던 많은 아이들이 단 한 차례 매를 맞는 것으로 천국으로부터, 저희들의 상상으로 이루어진 전능의 왕국으로부터 추방당하는 것이다. 그러므로 아버지가 미운 아이를 때리고 있다는 관념은 실제로 아버지가 그렇게 했었느냐 아니냐와 전혀 상관없이 기분 좋은 관념이다. 왜냐하면 그것은 이런 뜻이기 때문이다. 〈우리 아버지는 다른 아이를 사랑하는 게 아니라 나만 사랑해요.〉

바로 이것이 매를 맞는 환상의 첫 번째 단계에서 나타난 내용과 의미이다. 또 이 환상은 분명히 아이의 질투심을 만족시키고 삶의 에로틱한 측면에 의존하지만, 또한 아이의 자기 본위적 관심으로 강력하게 강화되기도 한다. 따라서 그 환상이 순전히 〈성적인〉 것으로 설명되어야 하느냐, 아니면 그것을 〈가학적인〉 것이라고 해도 되느냐 하는 의문이 남는다.

잘 알려져 있듯이, 우리에게 구분을 하는 근거로 익숙해진 모든 조짐들은 그 근원에 접근할수록 명료성을 상실해 가는 경향이 있다. 그것을 우리는 세 마녀가 뱅쿠오에게 했던 예언[7]을 떠올려

---

7 맥베스보다 작으면서도 더 크고 / 별로 행복하지 않으면서도 훨씬 더 행복하고 / 그대는 왕을 잡을 것이나 아무것도 되지 못한다 ─ 『맥베스』 제1막 3장.

주는, 다음과 같은 말로 표현할 수도 있을 것이다. 〈분명하게 성적인 것도 아니고 그 자체로 가학적인 것도 아니지만, 그 두 가지 모두에서 생긴 것이 나중에 오게 된다.〉 그러나 어느 경우에건 이 첫 번째 단계에서 이미 환상이 성기가 포함된 흥분에 이바지하고, 자위행위로 배출구를 찾는다고 생각할 근거는 전혀 없다.

이제 근친상간적 애정이 때 이르게 대상의 선택을 완료한 만큼, 아이의 성적 생활이 성기 조직 단계에 도달했다는 것은 분명하다. 이것은 남자아이들의 경우에 더 쉽게 나타날 수 있지만, 여자아이들의 경우에도 논란의 여지가 없다. 그래서 나중에 최종적이고 정상적인 성 목적이 되는 것의 전조 비슷한 것이 리비도적인 경향을 지배한다. 우리는 당연히 어째서 그런 현상이 생겨나는지 의아해할 수도 있지만, 그것을 성기가 이미 흥분 과정에서 제 역할을 하기 시작했다는 증거로 간주할 수도 있다. 남자아이들의 경우는 어머니에게서 자식을 보려는 소망이 반드시 있고, 여자아이들에게도 아버지의 자식을 낳으려는 소망이 똑같이 상존한다. 이것은 아이들이 소망을 이루는 수단에 대해 분명한 관념을 형성할 능력이 전혀 없다고 하더라도 그러하다. 아이들은 언제나 골똘히 생각하면서 부모가 함께 잠을 자거나 서로 보는 앞에서 오줌을 누거나 하는 등의 다른 일과 관련해서 부모 사이에 존재하는 친밀감의 본질을 찾아보려고 하지만, 그러면서도 성기가 자식을 낳는 일과 어떤 관계가 있음을 알고 있는 것처럼 보인다. 아이들에게 부모가 함께 잠을 자거나 하는 일을 말로 설명해 준다면 성기와 관련된 수수께끼보다 훨씬 더 쉽게 이해시킬 수 있다.

그러나 이러한 때 이르게 핀 꽃이 서리를 맞는 때가 오게 된다. 근친상간적 애정은 억압당하는 운명을 피할 수 없기 때문이다.

그런 애정은 결국 미몽에서 깨어나게 하는 어떤 외부적인 사건 ─ 뜻밖의 냉담한 반응, 반갑지 않은 동생의 출생(배신으로 느껴지는) 등과 같은 ─ 으로 억압을 받는다거나, 또는 그런 일과는 무관하게 어쩌면 단지 그들의 열망이 너무 오랫동안 충족되지 못한 채로 남아 있다거나 하는 외부적인 조건 때문에도 같은 일이 일어난다. 물론 그와 같은 일이 눈에 잘 띄지 않는 것은 사실이지만 근친상간적 애정은, 비록 우리가 언제라고 딱 잘라 말할 수는 없어도 조만간 실패로 돌아가기 마련이다. 대체로 아이들은 때가 되었기 때문에 밀려난다. 왜냐하면 그 아이들은 좀 더 이른 단계에서 근친상간적 대상 선택을 하지 않을 수 없었던 것과 마찬가지로, 인류의 역사가 시작된 이래 그런 대상 선택에 대한 억압이 반복될 수밖에 없는 새로운 발달 단계로 들어섰기 때문이다.[8]

그 새로운 단계에서는 무의식적으로 존재하는 근친상간적 애정 충동의 어떤 정신적 산물도 의식으로 떠넘겨지지 않으며, 이미 의식에 들어와 있던 것들은 모두 잊게 된다. 그리고 이 억압 과정이 시작되는 것과 동시에 죄악감이 나타난다. 이 죄악감 역시 원인을 알 수 없지만, 그것이 근친상간적 소망과 관련되어 있으며, 무의식에 계속 남아 있는 끈질긴 소망들에 의해 정당화된다는 데에는 의심의 여지가 없다.[9]

근친상간적 애정기에 환상은 이런 말을 했다. 〈우리 아버지는 나만 사랑하고 다른 아이들은 사랑하지 않아. 아버지는 그 아이를 때리니까.〉 죄악감은 이 승리감을 역전시키는 것보다 더 심한

---

8 오이디푸스 신화에 나오는 운명의 역할과 비교할 것.
9 (1924년에 추가된 각주) 「오이디푸스 콤플렉스의 소멸」(프로이트 전집 7, 열린책들)에서 이와 같은 생각이 계속되는 것을 참조할 것 ─ 원주.

벌을 찾아낼 수 없다. 〈아니, 아버지는 나를 사랑하지 않아. 아버지는 나를 때리니까.〉 이런 식으로 아버지에게 매를 맞는 두 번째 단계의 환상은 여자아이가 느끼는 죄악감의 직접적인 표현이며, 아버지에 대한 애정은 이제 죄악감에 압도당한다. 그러므로 이 환상은 피학적인 것이 되는데, 내가 알기로는 언제나 그런 식이어서 죄악감은 예외 없이 사디즘을 마조히즘으로 바꾸는 요인이 된다. 그러나 분명히 죄악감이 마조히즘의 전부는 아니다. 죄악감이 모든 영역을 다 차지할 수는 없으며, 애정 충동도 한몫을 담당하기 마련이다. 그런데 우리는 지금 우리가 논의하고 있는 것이 기질적인 이유로 가학적 구성 요인이 조숙하게 발달했다가 고립될 수 있었던 아이들이라는 것을 기억해야 한다. 우리는 이 견해를 포기할 필요가 없다. 성적 생활에서 전성기기의 가학적 항문기 조직으로 억압하기가 특히 쉬운 것은 바로 이런 아이들이기 때문이다. 만일 성기 조직이 거의 이루어지지 않았을 때 억압을 받게 되면 그 결과로 근친상간적 애정의 심리적인 표현이 거의 모두 무의식적으로 바뀌거나, 또는 그대로 남더라도 다른 결과가 생겨난다. 즉 성기 조직 자체가 더 낮은 수준으로 억압적인 타락을 보이는 것이다. 〈아버지는 나를 사랑한다〉라는 말은 성기적인 의미로 말해진 것인데, 억압을 받게 되면 그것은 〈아버지가 나를 때리고 있다(나는 아버지에게 맞고 있다)〉로 바뀐다. 매를 맞는 일은 이제 죄악감과 성적 사랑의 수렴(收斂)이다. 즉 그것은 금지된 성기적 관계에 대한 처벌일 뿐 아니라 그 관계를 대신하는 억압적인 대체물이기도 하며, 그 대체물로부터 리비도의 흥분을 끌어낸다. 이후로 리비도의 흥분은 매를 맞는 일에 종속되고 자위 행위로 배출구를 찾아내는데, 여기에서 우리는 처음으로 마조히즘의 본질을 찾게 된다.

이 두 번째 단계 — 아버지에게 매를 맞는 환상 — 는 대개 무의식 상태로 남는다. 아마도 강한 억압을 받은 결과일 것이다. 그렇지만 내가 관찰했던 여섯 사례 중 한 남자의 사례에서는 그 단계가 의식적으로 기억되었는데, 나로서는 그 이유를 설명할 수 없다. 이제 성인이 된 그 남자는 자위를 하기 위해서 늘 어머니에게 — 하지만 그는 곧 자기의 어머니를 급우들의 어머니, 아니면 자기 어머니와 얼마쯤 닮은 다른 여자들로 바꾸었다 — 매 맞는 생각을 하곤 했던 사실을 분명히 기억하고 있었다. 우리는 남자아이의 근친상간적 환상이 그에 해당하는 가학적 환상으로 바뀔 때 여자아이들의 경우보다 역전이 한 가지 더 일어난다는 것을 잊어서는 안 된다. 즉 그것은 능동성이 수동성으로 바뀌는 것인데, 이 부가적인 왜곡 덕분에 환상이 억압의 결과로 반드시 무의식에 남지 않을 수도 있다. 그런 식으로 죄악감은 억압에 의해서가 아니라 퇴행에 의해서 만족될 것이다. 여자들의 경우에는 죄악감 — 어쩌면 그 자체로서 더 자극적인 — 이 억압과 퇴행의 결합으로만 수그러들 수 있다.

네 명의 여성 환자 가운데 두 사례에서는 피학적인 매를 맞는 환상 외에도, 관계된 사람의 삶에서 상당히 중요한 의미를 지닌 백일몽의 정교한 상부 구조가 형성되었는데, 이 상부구조의 기능은 자위행위를 그만두더라도 만족스러운 흥분감을 얻을 수 있도록 해주는 데 있었다. 또 한 사례에서는 환자 자신의 자아가 얇은 베일에 가려져 알아볼 수 없게 되는 한 그 내용 — 아버지에게 매를 맞는 — 이 다시 무의식으로 흘러들 수 있었다. 이 세 가지 사례에서 환상의 주인공들은 예외 없이 아버지에게 매를 맞았고, 아니면 나중에는 단지 처벌을 받거나 모욕을 당했다.

하지만 나는 그런 환상이 대개는 무의식적으로 남으며 분석 과정에서만 재구성된다는 점을 거듭 강조하겠다. 이 사실은 어쩌면 자기네들은 매를 맞는 환상의 세 번째 단계 이전에 자위를 했던 기억이 있다고 하는 환자들의 말을 입증해 주는 듯하다. 잠시 뒤에 논의하게 될 세 번째 단계는 학교 수업 장면에서 받은 느낌의 영향으로 이루어진, 나중에 추가된 단계일 뿐이다. 나는 그런 환자들의 말에 믿음이 갈 때마다 자위가 처음에는 무의식적인 환상의 지배를 받다가 나중에는 의식적인 환상이 무의식적인 환상을 대신한다는 가정을 하고 싶어졌다.

매를 맞는 환상의 세 번째 단계에서는 환상을 일으키는 아이가 거의 언제나 구경꾼으로 나타나는 반면, 아버지는 선생님이나 권위를 지닌 다른 어떤 사람의 형태를 띠고 계속 존재한다. 이제는 첫 단계의 환상과 비슷해진 이 환상은 다시 한번 가학적인 것이 된 것으로 보인다. 〈우리 아버지는 그 애를 때리고 있어. 아버지는 오로지 나만 사랑해〉라는 말에서는 마치 뒤에 나온 부분이 억압을 받은 뒤로 강세가 앞에 나온 부분으로 옮겨진 것처럼 보인다. 그러나 이 환상은 단지 형태만이 가학적이고, 그 만족은 피학적인 것에서 도출된다. 이 환상은 억압된 부분의 리비도 집중과 그 부분의 내용에 속하는 죄악감을 모두 대신 떠맡았다는 점에서 중요하다. 선생님에게 매를 맞고 있는 불특정 다수의 모든 아이들은 결국 환상은 일으키는 아이 자신을 대신한 것에 지나지 않는다.

여기에서 우리는 또한 처음으로 환상에서 역할을 수행하는 사람들의 성이 대체로 일정하다는 것도 알게 된다. 매를 맞고 있는 아이들은 여자아이들의 환상에서뿐 아니라 남자아이들의 환상에서도 거의 예외 없이 남자아이들이다. 이 특성은 당연히 남성과 여성 사이의 어떤 경쟁 관계로도 설명이 되지 않는다. 그렇지 않다면 남자아이들의 환상에서는 매를 맞고 있는 것이 여자아이들일 것이기 때문이다. 또 이 환상은 첫 번째 단계에서 미움을 받았던 아이의 성과도 아무런 관련이 없다. 그러나 여자아이들의 경우에는 이 환상이 좀 더 복잡해진다. 여자아이들은 아버지와 그 성기적 의미에 대한 근친상간적 애정으로부터 방향을 돌리면 쉽사리 여자다운 역할을 포기한다. 그래서 〈남성다움 콤플렉스 *Männlichkeitskomplex*〉[10]가 행동으로 옮겨지도록 박차를 가하고, 이후로 오로지 남자아이가 되기만을 원한다. 그런 이유로 그들 자신을 뜻하는, 때리는 아이들 역시 남자아이들이다. 백일몽의 두 가지 경우 ─ 그중 하나는 거의 예술 작품 수준으로까지 올라간 ─ 모두에서 주인공은 언제나 어린 남자들이다. 여자들은 그 창작물에 전혀 들어오지 않고 단지 여러 해 뒤에, 그것도 단역으로만 모습을 나타낼 뿐이다.

5

나는 내 분석적인 관찰 자료들을 충분히 상세하게 제시하고 싶다. 그리고 또 내 자료는 내가 그처럼 자주 언급한 여섯 가지 사례에 국한되지 않는다고 덧붙이고도 싶다. 나는 덜 철저하게 연구된 훨씬 더 많은 사례들을 다른 분석들과 마찬가지로 얼마든지 이용할 수 있다. 그런 관찰 자료들은 전반적인 성도착과 특별한 피학대 음란증의 기원을 밝히기 위해, 그리고 신경증의 역동 *Dynamik*에서 성의 차이에 의해 수행되는 역할을 평가하기 위해 다양한 방법으로 이용될 수 있다.

그런 논의의 가장 명백한 결과는 그것이 성도착의 원인에 적용

10 J. H. W. van Ophuijsen, 「여성의 남성다움 콤플렉스에 대한 기고 Beiträge zum Männlichkeitskomplex der Frau」(1917) 참조.

된다는 것이다. 그 점에서 단일한 성적 구성 요소가 기질적으로 강화된다거나 때 이르게 성장한다는 것을 부각시킨 견해는 사실상 흔들리지 않지만, 모든 진실을 포함하지는 않는 것으로 보인다. 성도착은 이제 더 이상 어린아이의 성적인 생활에서 고립된 사실이 아니라 우리에게 잘 알려져 있는 전형적인 — 정상적이라고까지는 할 수 없더라도 — 발달 과정들 중의 하나이다. 성도착은 어린아이의 근친상간적 애정 및 오이디푸스 콤플렉스와 관련되는데, 처음에는 오이디푸스 콤플렉스의 범주에서 두드러지게 나타난다. 그리고 오이디푸스 콤플렉스가 사라진 뒤에는 종종 완전히 독자적으로 남아 그 콤플렉스에서 생겨난 리비도를 대신 떠맡았다가 그 리비도에 수반된 죄악감으로 인해 수그러든다. 결국, 비정상적인 성적 기질은 오이디푸스 콤플렉스를 특정한 방향으로 몰아가 그 뒤에 이상한 잔존물을 남기도록 함으로써 그 힘을 과시한 셈이다.

잘 알려져 있듯이 어린 시절의 성도착은 환자의 모든 성생활을 소진시키는 성도착의 구조가 비슷한 느낌을 지니고 평생 동안 지속되도록 하는 근거가 될 수도 있다. 그리고 다른 한편으로는 성도착이 사라져 정상적인 성 발달의 이면에 남을 수도 있지만, 이 경우에도 성도착은 계속해서 어느 정도의 에너지를 빼앗아 간다. 이 두 가지 경우 가운데 첫 번째는 정신분석이 생겨나기 전부터 이미 알려져 있었다. 그러나 충분히 진전된 사례들을 분석해 보면 그 두 가지 경우를 분명히 구분할 수 없게 된다. 왜냐하면 우리는 성도착자들에게서 그들 역시 대개는 사춘기에 정상적인 성 행동을 발달시키려고 애썼지만 그들의 시도는 충분한 힘을 갖고 있지 못해서 필연적으로 생겨나는 첫 번째 장애에 직면하자 포기되었고, 그 이후로는 영원히 유년기의 고착에 의존했다는 사실을 발견하는 일이 매우 많기 때문이다.

그러므로 우리는 당연히 오이디푸스 콤플렉스에서 생겨나는 유년기 성도착의 원인을 일반적인 원칙으로 주장할 수 있는지 알아내야 한다. 이것은 더 조사해 보지 않고는 결정지을 수 없는 문제이지만 불가능하게 보이지는 않는다. 만일 우리가 성인들의 성도착 사례에서 얻은 병력을 떠올려 본다면 모든 성도착과 페티시즘 등에서 결정적인 느낌, 즉 〈첫 번째 경험〉이 여간해서 6세 이전의 시기로 거슬러 올라가지 않는다는 것을 분명히 알 수 있다. 하지만 그때는 이미 오이디푸스 콤플렉스의 지배가 끝나 있고, 기억에 떠오른 그처럼 놀랄 만큼 인상적이었던 경험은 당연히 그 콤플렉스의 여파를 의미한다. 그 무렵에 억압된 콤플렉스와 경험 사이의 관계는 정신분석을 통해 〈병적인〉 느낌을 처음 받았을 때 이전의 시기를 밝히지 않는 한 불명료한 채로 남아 있을 수밖에 없다. 그러므로 예를 들어 어떤 동성애 사례가 선천적이라는 주장이, 더군다나 그와 같은 주장의 근거가 환자의 관심이 여섯 살이나 여덟 살 이후로는 내내 자신과 같은 성의 사람에게만 끌렸다는 것일 때에는, 얼마나 무가치한 것인지 상상이 될 것이다.

그러나 만일 오이디푸스 콤플렉스에서 생겨나는 성도착의 원인이 일반적으로 확증될 수 있다면 그 콤플렉스가 중요하다는 우리의 평가는 좀 더 설득력을 얻게 될 것이다. 왜냐하면 우리의 견해로는 오이디푸스 콤플렉스가 신경증의 실질적인 핵심이며, 이 콤플렉스에서 절정을 이루는 유년기의 성욕은 신경증의 진정한 결정 요인이기 때문이다. 무의식에 남은 그 콤플렉스의 여파는 나중에 성인이 되었을 때 신경증이 발현될 경향을 나타낸다. 그러므로 매를 맞는 환상과 그와 유사한 성도착적 고착 역시 오이디푸스 콤플렉스의 침전물, 말하자면 그 과정이 끝난 뒤에 남은 상처 ─ 해로운 〈열등감〉이 같은 종류의 자기애적 상처에 해당하는 것과 마찬가지로 ─ 에 지나지 않는다. 이와 같은 견해를 취하면서 나는 이 열등감을 가장 적절하게 제시한 마르치노프스키 Marcinowski[11]에게 아낌없는 동의를 보내지 않을 수 없다. 잘 알려져 있듯이 열등감의 신경증적 망상은 한쪽으로만 치우친 것이며, 따라서 다른 원인들로부터 생겨나는 자기 과대평가와 완전하게 양립할 수 있다. 오이디푸스 콤플렉스의 기원과 인간에게 강요된 운명 ─ 모든 동물들 가운데서 아마도 유일하게 성적인 생활을 두 번에 걸쳐서, 즉 첫 번째는 다른 모든 동물들과 마찬가지로 유년기에, 그리고 다음에는 한동안 중단되었다가 사춘기에 이르러 다시 한번 시작하는 인류의 〈진부한 유산〉과 관련된 모든 문제들 ─ 은 내가 어딘가에서 논의를 했던 것이므로, 여기에서는 그것들을 다시 논의할 생각이 없다.[12]

매를 맞는 환상에 관한 논의에서는 마조히즘의 원인이 조금밖에 밝혀지지 않았다. 그러나 적어도 마조히즘이 1차적 본능의 발현이 아니라 갑자기 방향을 돌려 자기를 습격하는 사디즘에서 기원한다는 ─ 말하자면 대상에서 자아로 억압하는 ─ 견해는 확인된 것으로 보인다.[13] 수동적 목적을 지닌 본능들은 특히 여자들 사이에서는 당연히 존재하는 것으로 간주되어야 한다. 그러나 수동성이 마조히즘의 전부는 아니다. 불쾌한 특성 ─ 본능의 만족

11 「열등감에서 솟아나는 욕정 Erotische Quellen der Minderwertigkeitsgefühle」 (1918) 참조.
12 프로이트는 『정신분석 강의』의 스물한 번째 강의와 스물세 번째 강의에서 이 문제들을 상세히 논의했다.
13 「본능과 그 변화」 참조 ─ 원주. 프로이트는 「쾌락 원칙을 넘어서」(프로이트 전집 11, 열린책들) 제6장에서 결국 1차적 마조히즘이 있을 수 있음을 암시했다.

에 수반되는 혼란스러운 동반자 — 도 역시 마조히즘에 속한다. 사디즘이 마조히즘으로 바뀌는 것은 억압 행위에 끼어드는 죄악감의 영향 때문인 것으로 보인다. 그러므로 여기에서 억압은 세 가지 방식으로 작용한다. 즉 첫째로는 생식기 조직의 결과를 무의식으로 돌리고, 둘째로는 생식기 조직 그 자체를 더 이른 시기의 가학적 항문 단계로 억압시키며, 셋째로는 그 단계의 사디즘을 다시 수동적, 즉 어떤 의미에서는 자기애적인 마조히즘으로 바꾸는 것이다. 이 세 가지 결과 가운데서 두 번째는 생식기 조직이 약화됨으로써 생겨날 수 있으며, 분명히 그런 사례들의 전제 조건이 된다. 세 번째는 죄악감이 성기적 의미를 띤 근친상간적 대상 선택에 저항하는 것처럼 사디즘에도 저항하기 때문에 필요해진다. 그러나 죄악감 그 자체의 원인은 정신분석으로도 밝혀낼 수가 없다. 죄악감은 아이가 새로운 단계로 접어드는 시기와 때를 같이해서 생겨나는 듯한데, 만일 이 죄악감이 나중에까지 지속된다면 열등감과 비슷한 상처가 되는 것으로 보인다. 우리가 아직까지는 불확실한 자아의 구조에 대해서 현재 취하고 있는 태도에 따른다면, 우리는 죄악감을 나머지 다른 자아 — 꿈에서 질베러Silberer의 기능적 현상을 일으키는,[14] 그리고 감시당한다는 망상에 빠진 자아와의 관계를 끊는[15] — 에 대항하여 일종의 비판적 양심으로 생겨나는 정신 작용으로 보아야 한다.

지나가는 길에 우리는 여기에서 다룬 유년기의 성도착에 대한 분석이 오래된 수수께끼 — 사실 분석가들보다는 오히려 정신분석을 받아들이지 않는 사람들을 항상 괴롭혀 온 문제 — 를 푸는

---

14 「환상과 신화Phantasie und Mythos」(1910) 참조.
15 「나르시시즘 서론」 참조. 이 작용은 물론 나중에 〈초자아〉로 설명되었다. 「자아와 이드」 참조.

데에도 도움이 된다는 점을 특별히 언급할 수 있을 것이다. 더군다나 최근에는 블로일러[16]까지도 신경증 환자들이 자위를 그들의 죄악감에서 중심적인 것으로 본다는 사실을 놀랍고도 설명할 수 없는 것으로 간주한다. 우리는 오래전부터 그런 의미의 죄악감이 사춘기의 자위행위가 아니라 어린 시절의 자위행위와 관련되며, 대체로는 자위행위와 관련되는 것이 아니라 비록 무의식적인 것이더라도 그 근원에 놓여 있는 환상, 즉 오이디푸스 콤플렉스와 관련된다고 가정해 왔었다.[17]

매를 맞는 환상의 세 번째 단계이자 분명히 가학적인 단계에 대해서 나는 그것이 자위행위를 촉진하는 자극 매체로서 얻은 의미를 논의했다. 또 그것이 어떻게 상상적인 활동을 불러일으켜 한편으로는 환상을 같은 방향으로 계속시키고, 다른 한편으로는 보상을 통해 중화시키는지도 보여 주었다. 그럼에도 불구하고 환상 속에서 아이 자신이 아버지에게 매를 맞는 무의식적이고 가학적인 두 번째 단계는 세 번째 단계와 비교할 수도 없을 만큼 중요하다. 왜냐하면 그 환상은 대신 들어선 단계를 매개로 해서 계속 작용할 뿐 아니라 성격 ─ 그 환상의 무의식적인 형태로부터 직접 도출되는 ─ 에도 영향을 미치기 때문이다. 따라서 그런 환상을 품고 있는 사람들은 그들이 아버지의 부류에 포함시킬 수 있는 사람들 모두에 대해 특히 민감하고 참을성 없는 반응을 보이게 된다. 그런 부류의 사람들에게 쉽사리 마음이 상하고 그런 식

16 「성적 저항 Der Sexualwiderstand」(1913) 참조.
17 프로이트가 1915년 「성욕에 관한 세 편의 에세이」에 추가했고 1920년에 그 개념을 확대한 각주 참조. 이 책에 실린 불안 신경증에 관한 논문(「신경 쇠약증에서 〈불안 신경증〉이라는 특별한 증후군을 분리시키는 근거에 관하여」)에서 자위행위를 다룬 다른 논의들에 대해서 언급한 각주도 참조할 것.

으로(그들 자신이 슬퍼지고 손해를 입도록) 아버지에게 매를 맞는 상상적인 상황을 현실화시키는 것이다. 그러므로 나는 어느 날엔가 그 환상이 바로 편집증의 망상적 소송광(訴訟狂)의 기초라는 것이 밝혀지게 된다고 하더라도 놀라지 않을 것이다.

6

만일 내가 어린 시절의 매 맞는 환상을 한두 가지 관련된 사항만 제외하고 여자들에게 국한시키지 않았더라면, 그 환상에 대해서 분명한 조망을 제시하기가 전혀 불가능했을 것이다. 이제 나는 내 결론들을 간단히 요약하고자 한다. 어린 여자아이의 맞는 환상은 세 단계를 거치는데, 첫 번째 단계와 세 번째 단계는 의식적으로 기억되고, 중간 단계는 무의식으로 남는다. 그리고 두 의식적인 단계는 가학적인 것으로 나타나는 반면, 중간 단계이자 무의식적인 단계는 의심할 바 없이 피학적인 성질을 띤다. 그 내용은 아이가 아버지에게 매를 맞는 것으로 이루어지고 리비도의 흥분과 죄악감을 수반한다. 첫 번째와 세 번째 환상에서 매를 맞는 아이는 항상 본인이 아닌 다른 누구이지만, 중간 단계에서는 그것이 언제나 환상을 일으키는 아이 자신이다. 그리고 세 번째 단계에서 매를 맞는 것은 거의 예외 없이 남자아이들이다. 때리는 사람은 첫 번째 단계에는 아버지였다가 나중에는 아버지의 부류에서 선택된 다른 사람으로 바뀐다. 중간 단계의 무의식적인 환상은 1차적으로 성기에 중점을 두며, 억압과 아버지에게 사랑받고 싶은 근친상간적 소망으로부터 생겨난 회귀로 발전된다. 비록 다른 것들과의 관계가 밀접해 보이지는 않더라도 또 하나의 사실은 두 번째 단계와 세 번째 단계 사이에서 여자아이들이 성을 바꾼다는 것이다. 왜냐하면 마지막 단계의 환상에서는 여자아이들이 남자아이들로 바뀌기 때문이다.

남자아이들에게서는 매를 맞는 환상에 대한 지식을 충분히 얻을 수 없었는데, 그것은 아마도 내 자료가 바람직하지 못했기 때문일 것이다. 그래서 나는 당연히 남자아이들의 환상과 여자아이들의 환상 사이에 완전한 유사성 — 환상 속의 어머니가 아버지를 대신하는 — 을 찾을 수 있을 것으로 기대했다. 그 기대는 실현되는 것처럼 보였다. 왜냐하면 여자아이의 환상과 일치하는 것으로 여겨지는 남자아이의 환상에서 그 내용은 실제로 어머니에게 (또는 나중에는 어머니를 대신한 사람에게) 매를 맞는 것이었기 때문이다. 그러나 매를 맞는 사람이 계속 남자아이 자신이었던 이 환상은 두 번째 단계가 의식적이 될 수 있었다는 점에서 여자아이의 환상과 달랐다. 하지만 만일 그 때문에 우리가 남자아이의 두 번째 단계 환상과 여자아이의 세 번째 단계 환상 사이에서 유사성을 끌어내려고 한다면 다른 점이 또다시 발견된다. 왜냐하면 이 경우에는 남자아이 자신의 모습이 누군지 모를 불특정 다수의 아이들, 적어도 여러 명의 여자아이로는 바뀌지 않기 때문이다. 그러므로 완전한 유사성이 있으리라는 기대는 잘못된 것이었다.

어린 시절에 매 맞는 환상을 품었던 남자들의 경우, 성적인 행동에서 심각한 손상을 보이지 않은 사람은 불과 몇 명뿐이었다. 다시 말해서 그들 가운데 성도착이라는 의미에서 진정한 피학대 음란증 환자라고 불려야 할 사람이 상당수였다. 그들은 성적으로 피학적 환상이 수반된 자위행위로부터 성적 만족을 얻는 사람들이거나 또는 피학대 음란증을 그들의 성기적 행동에 다음과 같은 식으로, 즉 피학적 상황 및 그와 유사한 상황에서는 발기와 사정을 할 수 있거나 또는 정상적인 성교를 할 수 있도록 결합시킬 수 있는 사람들이었다. 그리고 드물기는 하지만, 견딜 수 없이 강한 강박적 관념이 생겨난 탓으로 성도착적 행위를 방해받는 피학대 음란증 환자도 있었다. 그런데 만족을 얻을 수 있는 성도착자들은 분석을 받으러 오는 일이 많지 않다. 하지만 지금까지 얘기한 피학대 음란증 환자들의 세 부류와 관련해서 그들에게 분석자를 찾아가도록 강력히 권할 만한 이유가 있다. 왜냐하면 피학적 자위행위자는 여자와 성교를 시도해 본다면 자기가 완전히 불능이라는 것을 알게 될 테고, 지금까지 가학적인 관념이나 상황의 도움을 받아 성교를 해온 사람은 자기에게 그처럼 편리했던 결연이 깨어졌고 그의 생식 기관이 이제는 가학적 자극에 반응하지 않는다는 사실을 갑자기 알아차릴 수도 있기 때문이다. 우리는 치료를 받으러 오는 심리적으로 불능인 환자들에게 회복시켜 줄 테니까 걱정 말라고 단언하는 습관이 있지만, 장애의 역동이 우리에게 알려져 있지 않은 한 그런 진단을 하는 데 좀 더 신중해져야 할 것이다. 만일 정신분석이 〈단지 심리적인〉 불능을 어쩌면 어린 시절부터 깊이 뿌리내리고 있는 전형적인 가학적 태도에서 기인한 것으로 밝혀낸다면, 그 일은 즐거운 놀라움으로 다가올 것이다.

그러나 남성 피학대 음란증 환자들과 관련하여 이제부터는 그들의 사례와 여자들의 사례 사이에서 유사성을 추구할 것이 아니라 각각의 사례들을 독자적으로 판단해야 한다고 우리에게 경고하는 사항을 발견해 냈다. 왜냐하면 그들은 가학적 환상뿐 아니라 그들이 환상을 실현하기 위해 거치는 상황에서도 예외 없이 자신을 여자의 일부로 바꾸기 때문이다. 즉 그들의 태도는 가학적인 여성의 태도와 일치한다고 할 수 있다. 이것은 환상의 세세한 사항들로 쉽게 설명될 수 있지만, 많은 환자들은 그것을 스스로 알고 주관적인 확신으로 표명하기까지 한다. 그들이 가학적인 장면을 기발하게 윤색해서 어떤 못된 아이나 사환 또는 견습생이 벌을 받는 이야기를 계속하더라도 달라질 것은 없다. 그러나 다른 한편으로, 벌을 내리는 사람은 환상과 연기 모두에서 언제나 여자들이었다. 이것은 매우 혼란스러운 일이다. 그리고 이 여성적인 태도가 어린 시절의 매를 맞는 환상에서 가학적 요인의 근거를 이미 형성했는지에 대해서도 더 많은 의문이 제기되어야 한다.[18]

그런 만큼 명확히 하기가 매우 어려운 성인들의 마조히즘 사례에서 상황을 고찰하는 일은 잠시 미루고 남자들의 어린 시절에 매를 맞는 환상으로 돌아가기로 하자. 우리는 가장 이른 유년 시절을 분석함으로써 한 번 더 그 분야에서 놀라운 발견을 할 수 있었다. 그것은 어머니에게 매를 맞는 내용을 지닌 의식적이거나 또는 의식적이 될 수 있는 환상은 1차적인 것이 아니라는 사실이다. 왜냐하면 이 환상에는 예외 없이 〈나는 아버지에게 맞고 있다〉라는 내용을 지닌 무의식적인 선행 단계가 있기 때문이다. 그러므로 이 선행 단계는 사실상 여자아이들의 두 번째 단계의 환상과 일치한다. 여자아이들에게서는 우리에게 잘 알려진 〈나는 어머니에게 맞고 있다〉라는 의식적인 환상이 세 번째 단계에서 생겨나는데, 그 환상에서 매를 맞고 있는 객체는 내가 이미 말했듯이 누군지 모를 남자아이들이다. 나는 남자아이들에게서는 여자아이들의 첫 번째 단계 환상과 같은 것으로 간주될 수 있는 가학적 성질을 띤 예비 단계를 보여 줄 수 없었지만, 그 단계가 존재하지 않는다고 최종적으로 말할 생각은 없다. 왜냐하면 나는 좀 더 복잡한 유형들과 마주치게 될 가능성이 있음을 충분히 알고

18 (1924년에 추가된 각주) 이 주제에 관한 더 자세한 언급은 「마조히즘의 경제적 문제」(프로이트 전집 11, 열린책들)에서 찾아볼 수 있다 ─ 원주.

있기 때문이다.

남자의 환상 ─ 나는 이제부터 남자아이들의 환상을 간단히 그렇게 부르고자 하는데, 오해될 소지는 전혀 없을 것으로 생각한다 ─ 에서 매를 맞는 것은 비록 그것이 억압 때문에 더 낮은 수준으로 격하되었다고는 해도 사랑받는 것(성기적인 의미로)을 뜻하기도 한다. 그러므로 남자의 무의식적 환상의 원초적인 형태는 우리가 지금까지 제시했던 잠정적인 형태가 아니었다. 즉 〈나는 아버지에게 맞고 있다〉라기보다는 〈나는 아버지에게 사랑받고 있다〉라는 것이었다. 그 환상은 우리가 잘 알고 있는 과정에 의해서 의식적인 환상 〈나는 어머니에게 맞고 있다〉로 바뀌었다. 남자아이의 매를 맞는 환상은 그러므로 맨 처음부터 수동적이며 아버지에 대한 여성적인 태도에서 비롯된다. 이 환상은 여자의 환상(여자아이들의 환상)과 마찬가지로 오이디푸스 콤플렉스와 일치하지만, 우리가 두 가지 사이에서 발견하리라고 기대했던 대등한 관계는 다른 종류의 공통적인 특성을 위해 포기되어야 한다. 두 가지 경우 모두 매를 맞는 환상은 아버지에 대한 근친상간적 애착에 그 기원을 둔다.[19]

지금 내가 남성과 여성의 매 맞는 환상들 사이에서 그 밖의 유사점들과 상이점들을 열거한다면 문제를 명확히 하는 데 도움이 될 것이다. 여자아이의 경우 무의식적인 가학적 환상은 정상적인 오이디푸스적 태도*Ödipuseinstellung*로부터 시작되지만, 남자아이의 경우는 그 환상이 아버지가 애정의 대상으로 선택된 성 대상 도착적인 태도로부터 시작된다. 또 여자아이의 경우 이 환상에는 예비 단계(첫 번째 단계)가 있고, 그 단계에서 매를 맞는 일은 어떤 특별한 중요성을 지니지 않으며 시기와 미움을 받는 사람에게

19 매를 맞는 환상은 「늑대 인간」의 분석에서 어느 정도의 역할을 했다.

로 돌려진다. 남자아이의 경우에는 그런 특징이 없지만, 이 특별하게 다른 점은 좀 더 적절한 관찰이 이루어진다면 제거될 수도 있을 것이다. 여자아이는 무의식적 환상을 대신하는 의식적 환상(세 번째 단계)으로 옮아가면서 아버지의 모습을 그대로 간직하므로 때리는 사람의 성은 바뀌지 않고 지속되지만, 매를 맞는 사람의 모습과 성은 바뀌므로 결국 남자가 남자아이를 때리고 있는 것이 된다. 그와는 반대로 남자아이는 아버지의 자리에 어머니를 대신 앉힘으로써 때리는 사람의 모습과 성을 바꾸지만, 그 자신의 모습을 유지하므로 때리는 사람과 맞는 사람의 성은 서로 다르게 된다. 여자아이의 경우에는 원래 피학적(수동적) 상황이었던 것이 억압이라는 수단에 의해 가학적으로 바뀌고 그 성적 특징은 거의 지워진다. 그러나 남자아이의 경우에는 그 상황이 가학적인 것으로 남아 있고, 때리는 사람과 매를 맞는 사람의 성이 다르다는 점에서 성기적 중요성을 지닌 원래의 환상과 더 큰 유사성을 보인다. 남자아이는 무의식적인 환상을 억압하고 변경함으로써 동성애를 피하는데, 나중에 생겨나는 의식적 환상에서 주목할 만한 것은 그 반응 내용으로 동성애적 대상 선택이 없는 여성적인 태도를 지닌다는 것이다. 그러나 다른 한편으로 여자아이는 같은 과정을 거쳐 그녀의 삶에서 성욕을 일으키는 측면의 요구에서 완전히 벗어난다. 말하자면 여자아이는 남성적인 방법으로 적극적이 되지 않고도 환상 속에서 자신을 남자로 바꿈으로써, 이제는 성적인 행위를 대신한 모든 일을 방관하는 구경꾼에 지나지 않는다.

우리는 당연히 원래의 무의식적 환상을 억압함으로써 많은 변화가 초래되지 않는다고 가정할 수 있다. 의식으로부터 억압되거나 의식에서 다른 것으로 대치된 것은 무엇이건 손상되지 않고 남아 무의식에 잠재적으로 존재한다. 그러나 성적 조직의 초기 단계에서 이루어진 억압의 효과는 전혀 별개의 것이다. 그 점에서 우리는 무의식에서도 마찬가지로 상황이 변한다고 믿게 되었다. 그러므로 남성과 여성의 경우 모두 아버지에게 매를 맞는 가학적 환상은, 비록 그에게서 사랑받는 수동적 환상은 아닐지라도 억압이 일어난 뒤 무의식에 그대로 남는다. 또 그 후에 억압이 단지 매우 불완전하게 그 대상을 획득한 징후들도 많이 있다. 동성애적인 대상 선택을 탈피하려고 애쓰면서 성을 바꾸지 않는 남자아이는 그럼에도 불구하고 의식적인 환상에서는 여자처럼 느끼며, 자기를 때리는 여자에게 남성적인 속성과 특징을 부여한다. 그리고 자기의 성을 부인하면서까지 전반적으로 좀 더 철저한 억압을 달성하는 여자아이는 그럼에도 불구하고 아버지에게서 벗어나지 못하며, 과감하게 자기 스스로 때리는 일을 하지 못한다. 또 그 여자아이는 남자아이가 되었으므로 그녀가 매를 맞도록 만드는 것은 원칙적으로 남자아이들이다.

나는 내가 지금까지 매를 맞는 환상의 성질과 관련해서 설명한 남성과 여성 사이의 차이점이 극명하게 밝혀지지 않았다는 것을 알고 있다. 하지만 나는 이 복잡한 문제들을 풀어내기 위해서 다른 요인들에 의존하는지 어떤지까지 밝혀내고 싶지는 않다. 관찰을 위한 자료들이 철저하다고 생각하지는 않기 때문이다. 하지만 나는 그 자료들을 가능한 한 두 가지 이론을 위한 시금석으로 이용하고 싶다. 그 두 이론은 서로 대립되기는 하지만 둘 다 억압과 성적 특성 사이의 관계를 다루고 있으며, 각각의 관점에 따라 그 관계를 매우 밀접한 것으로 제시한다. 지금 이 자리에서 하는 말이지만 나는 항상 그 두 가지 이론을 모두 부정확하고 잘못된 것으로 간주해 왔다고도 할 수 있을 것이다.

그 이론들 가운데 첫 번째 것은 주창자가 알려져 있지 않다. 내가 그 이론에 관심이 끌린 것은 당시에 나와 친밀한 관계를 맺고 있던 한 동료 덕분이었다.[20] 그 이론은 대담하리만큼 단순하고 너무도 매력적이어서, 나는 몇 가지 단편적인 암시를 제외하고는 그 주제를 다룬 문헌에 왜 그 이론이 편입될 수 없었는지 의아했다. 인간의 양성적 기질이라는 사실에 근거를 둔 그 이론이 주장하는 바는 하나하나의 개인에게 작용한 억압의 원동력이 두 가지 성적 특징 사이의 투쟁이라는 것이었다. 즉 어느 사람에게서 더 강력하게 발달된 지배적인 성이 종속적인 성의 정신적 표현을 억압하여 무의식으로 밀어 넣는다는 것이다. 그러므로 무의식(말하자면 억압된 것)의 핵심은 각 개인에게서 반대되는 성에 속하는 측면이다. 이와 같은 이론은 우리가 어느 한 개인의 성이 생식기의 형성에 따라 결정된다고 가정할 때에만 이해되며 의미를 지닐 수 있다. 그렇지 않다면 한 개인에게서 어떤 성이 더 강한지가 분명치 않을 것이고, 우리는 연구 결과가 그 연구의 출발점이 된 바로 그 사실로 되돌아가는 위험을 겪게 될 것이다. 그 이론은 간단히 말하자면 남자에게 무의식적이고 억압된 것은 여성의 본능적 충동으로 격하될 수 있고, 여자들의 경우는 그 반대라는 것이다.

두 번째 이론은 좀 더 최근의 것인데,[21] 이 이론 역시 양성 사이의 갈등을 억압의 결정적인 원인으로 제시한다는 점에서는 첫 번째 이론과 일치한다. 그러나 다른 점에서는 첫 번째 이론과 상반되며, 더군다나 사회학적 원인보다 생물학적 원인을 지지하는 것

20 빌헬름 플리스를 말한다. 책 뒤에 실린 「프로이트의 삶과 사상」 참조.
21 아들러의 억압 이론은 「늑대 인간」뿐만 아니라 「편집증 환자 슈레버」에서도 짤막하게 논의되었다.

으로 보인다. 알프레트 아들러[22]에 의해 공식화된 〈남성 항거 *der männliche Protest*〉를 다룬 이 이론에 따르면, 모든 개인은 열등한 〈여성적 (발달) 경향 *die weibliche Linie*〉에 남아 있지 않으려고 애쓰면서 유일하게 만족을 얻을 수 있는 〈남성적 경향〉을 향해 매진한다는 것이다. 아들러는 이 남성 항거를 성격 형성과 신경증 형성의 원인으로 보았다. 그러나 불행히도 그는 분명하게 분리되어야 할 두 과정을 거의 구분하지 못했고, 전체적으로 억압이라는 사실을 전혀 중요시하지 않은 탓에 남성 항거의 원칙을 억압에 적용하려는 시도는 오해의 소지를 불러일으킨다. 내가 보기에 그런 시도는 우리로 하여금 남성 항거, 즉 여성적인 경향으로부터 탈피하려는 욕구가 어느 모로 보나 억압의 원동력이라는 추측을 하지 않을 수 없게 한다. 그러므로 억압하는 힘은 언제나 남성적인 본능적 충동일 것이고 억압당하는 것은 여성적인 충동일 것이다. 그러나 증상은 여성적 충동의 결과일 수도 있다. 왜냐하면 우리는 증상의 특징적인 모습 — 즉 그 증상은 억압당한 것의 대용물, 억압에도 불구하고 밖으로 표출된 대용물들이라는 — 을 무시할 수 없기 때문이다.

이제 억압 과정에서 성적 특징을 공통적으로 가지고 있다고 할 수 있는 두 가지 이론을 취해, 그 이론들에 우리가 연구해 온 매맞는 환상의 예를 적용함으로써 그 이론들을 시험해 보기로 하자. 남자아이의 경우 〈나는 아버지에게 맞고 있다〉라는 원래의 환상은 여성적인 태도에 해당하므로 그의 소인 가운데서 반대되는 성에 속하는 부분이 표현된 것이다. 그런데 만일 그 아이의 반대되는 성에 속하는 부분이 억압을 받는다면 첫 번째 이론이 옳은 것

---

22 「일상생활과 신경증에서 나타나는 심리적 자웅동체 Der psychische Hermaphroditismus im Leben und in der Neurose」(1910) 참조.

으로 보인다. 왜냐하면 그 이론은 대체로 반대되는 성에 속하는 것이 억압된 것과 동일하다는 입장을 취하기 때문이다. 물론 그 이론은 우리가 억압이 완료된 뒤에 생겨나는 의식적인 환상이 한 번 더 — 비록 이번에는 어머니에게로 향하지만 — 여성적인 태도를 보인다는 것을 발견할 때면 우리의 기대에 거의 부응하지 못하는 것이 사실이다. 그러나 모든 의문이 그처럼 신속하게 해결될 수 있다면 우리는 그런 의심스러운 점을 파고들지 않을 것이다. 여자아이들의 경우 〈나는 아버지에게 매를 맞고(즉 사랑받고) 있다〉라는 원래의 환상은 여성적인 태도를 나타내므로 명백하고 지배적인 성과 일치하는 것이 분명하다. 따라서 이 이론에 따르면 원래의 환상은 억압받지 않아야 하고 무의식적이 될 필요가 전혀 없다. 그러나 사실 그 환상은 분명히 무의식적이 되고, 다음에는 여자아이의 명백한 성적 특징을 부정하는 의식적 환상으로 바뀐다. 그러므로 이 이론은 매를 맞는 환상의 설명으로는 쓸모가 없으며, 사실과 모순된다. 그런 이유로 다음과 같은 반론, 즉 매를 맞는 환상이 나타나고 그런 변화를 겪는 것이 정확히 남자답지 못한 남자아이들과 여자답지 못한 여자아이들이라거나, 또는 남자아이들에게 수동적인 환상이 생겨나고 여자아이들에게서 그 환상의 억압이 생겨나는 이유는 남자아이들의 여자다운 경향과 여자아이들의 남자다운 경향 때문이라는 반론이 제기될 수도 있다. 우리는 당연히 그 견해에 동의하고 싶은 생각이 들겠지만, 그렇더라도 분명한 성적 특징과 억압받도록 되어 있는 것의 선택 사이에서 가정된 관계를 옹호하는 일이 조금이라도 더 가능해지지는 않을 것이다. 결국 우리는 남자와 여자 모두에게서 남성적인 성적 특징뿐 아니라 여성적인 성적 특징도 발견된다는 것을 알 수 있을 뿐인데, 그 특징들은 모두 똑같이 억압을 받아 무의식적으로 될 수 있다.

남성 항거 이론은 매를 맞는 환상과 관련해서 시험해 보면 그 근거를 훨씬 더 잘 유지하는 것처럼 보인다. 남자아이와 여자아이의 사례에서 모두 매를 맞는 환상은 여성적인 태도 — 즉 〈여성적인 경향〉에서 머뭇거리는 태도 — 에 해당하고, 양성 모두 매 맞는 환상을 억압함으로써 그 태도에서 벗어나려고 한다. 그럼에도 불구하고 남성 항거가 완전한 성공을 거두는 것은 여자아이들의 경우뿐인 듯 보인다. 또 그런 예에서는 실제로 남성 항거의 작용에서 이상적인 예가 관찰되기도 한다. 그러나 남자아이의 경우에는 그 결과가 완전히 만족스럽지는 못해서 여성적인 경향이 포기되지 않으므로, 남자아이는 자기의 의식적인 가학적 환상을 정복하지 못하는 것이 분명하다. 따라서 만일 우리가 그 환상이 남성 항거의 실패로 인해 생겨난 증상이라는 것을 인정하려고 한다면, 그 결과는 그 이론에서 도출된 예상과 일치할 것이다. 억압력 때문에 생겨나는 여자아이들의 환상 역시 증상의 가치와 의미를 지니고 있다는 것은 분명히 혼란스러운 사실이다. 남성 항거가 그 목적을 완전히 달성한 이 예에서는 증상이 형성되는 데 필요한 결정적인 조건이 분명 존재하지 않기 때문이다.

이 어려움 때문에 생겨나는 의심, 즉 남성 항거의 모든 개념은 신경증과 성도착의 문제를 대처하기에는 부적절하며 남성 항거를 그런 증상에 적용해 봤자 소용이 없을 것이라는 의심을 하기에 앞서, 수동적인 매 맞는 환상을 잠시 뒤로 미뤄 두고 유아기 성생활의 다른 본능적 징후들(똑같이 억압을 받은 징후들)로 관심을 돌리기로 하자. 소망과 환상 가운데는 타고난 본성으로 남성적인 경향을 고수하는 본능적 충동 — 예를 들면 가학적인 경향이나 남자아이가 어머니에 대해 느끼는 정상적인 오이디푸스 콤플렉스로부터 생겨난 에로틱한 감정 — 이 표현된 것도 있다는 사실을 부정할 사람은 아무도 없다. 그런 충동들 역시 억압을 받게 된다는 것은 분명하다. 그런데 만일 남성 항거가 수동적인 환상(나중에 가학적으로 되는 환상)의 억압을 만족스럽게 설명한 것으로 받아들여진다면, 바로 그런 이유로 그와 반대되는 사례인 능동적 환상에는 전혀 적용할 수 없게 된다. 즉 남성 항거의 원칙은 억압이라는 사실과 완전히 모순된다. 그러므로 우리는 브로이어가 처음으로 카타르시스 치료를 한 이래 심리학에서 얻은 것들을 모두 버릴 준비가 되어 있지 않은 한, 남성 항거의 원칙이 신경증과 성도착의 측면에서 어떤 중요성을 지니게 될 것이라고 기대할 수는 없다.[23]

정신분석 이론(이 이론은 관찰에 기초를 두고 있다)은 억압의 원동력이 성적 특징을 띠어서는 안 된다는 견해를 고수한다. 무의식적인 생각의 핵심을 형성하는 것은 인류의 진부한 유산인데, 그것의 모든 부분은 더 나중의 발달 단계로 진보하는 과정에서 뒤에 남겨져야만 한다. 왜냐하면 그 유산은 소용이 없거나 또는 새로운 것에 모순되고 해롭기까지 해서 억압 과정의 희생물이 되기 때문이다. 이 선택은 어느 한 그룹의 본능이 다른 그룹에서보다 더 성공적으로 이루어진다. 이미 여러 번 지적되었던 특별한 상황 덕분에[24] 성 본능으로 이루어진 그룹은 억압의 목적을 극복하고 불온한 대체물을 형성함으로써 그 징후를 강화할 수 있다. 이런 이유로 억압을 받는 유년기 성욕은 증상을 형성하는 주된

23 이 언급은 『히스테리 연구』에 실린 〈아나 O.〉의 사례를 말하는 것이다.
24 예를 들면 프로이트의 논문 「정신적 기능의 두 가지 원칙」(프로이트 전집 11, 열린책들)을 참조할 것.

원동력으로 작용하며, 그 내용의 본질적인 부분인 오이디푸스 콤플렉스는 신경증 콤플렉스의 핵심이 된다.[25]

나는 이 논문에서 성인기의 성적 일탈뿐 아니라 아동기의 성적 일탈도 같은 콤플렉스의 결과라는 기대를 제기했으면 싶다.[26]

[25] 프로이트는 유아기의 성 이론에 관한 그의 논문(「어린아이의 성 이론에 관하여」)에서 〈핵심적인 콤플렉스〉를 처음으로 언급했고, 남자들의 대상 선택에 관한 논문(「남자들의 대상 선택에서 나타나는 특이한 유형」, 프로이트 전집 7, 열린책들)에서 〈오이디푸스 콤플렉스〉를 도입했다. 그 두 용어가 하나로 합쳐진 「성욕에 관한 세 편의 에세이」에서 1920년(이 논문이 쓰인 뒤)에 추가된 긴 각주도 참고할 것.

[26] 여자아이들의 매를 맞는 환상의 첫 번째 단계에 관한 좀 더 자세한 언급은 프로이트가 나중에 저술한 양성 사이의 해부학적 구분에 관한 논문(「성의 해부학적 차이에 따른 몇 가지 심리적 결과」, 프로이트 전집 7, 열린책들)에서 찾아볼 수 있을 것이다.

질투, 편집증 그리고 동성애의 몇 가지 신경증적 메커니즘

Über einige neurotische Mechanismen bei Eifersucht, Paranoia und Homosexualität(1922[1921])

우리는 어니스트 존스에게서 이 논문이 1921년 1월에 쓰였고, 같은 해 9월 하르츠산맥에서 열린 비공식 모임에서 프로이트가 몇몇 측근(어니스트 존스 외에 아브라함, 아이팅곤, 페렌치, 랑크 그리고 작스)에게 읽어 준 것이 거의 틀림없다는 사실을 알게 되었다. 편집증적 망상에 관한 몇 가지 논의는 『일상 생활의 정신병리학』 일곱 번째 장에 실린 유사한 언급으로 되돌아간다.

이 논문은 1922년 『국제 정신분석학지』 제8권 3호에 처음 발표되었으며, 『저작집』 제5권(1924), 『전집』 제13권(1940)에 실렸다. 영어 번역본은 존 리비어Joan Riviere가 번역하여 "Certain Neurotic Mechanisms in Jealousy, Paranoia and Homosexuality"라는 제목으로 『국제 정신분석 저널』 제4권(1923), 『논문집』 제2권(1924), 『표준판 전집』 제18권(1955)에 실렸다.

질투, 편집증 그리고 동성애의 몇 가지 신경증적 메커니즘

1

질투 — 이것은 슬픔처럼 정상적이라고 할 수 있는 정서 상태들 중 하나이다. 만일 어떤 사람에게 질투가 없는 것처럼 보인다면 우리는 당연히 질투가 심한 억압을 받았고, 그 결과 무의식적인 정신생활에서 훨씬 더 큰 역할을 한다고 추론할 수 있을 것이다. 비정상적으로 강한 질투를 분석해 보면 세 층으로 이루어져 있음이 드러난다. 질투의 세 층 또는 정도는 (1) 경쟁적 또는 정상적 질투, (2) 투사된 질투, 그리고 (3) 망상적 질투라고 할 수 있을 것이다.

정상적인 질투에 대해서는 정신분석의 견지에서 할 말이 별로 없다. 본질적으로 이 질투에는 사랑하는 대상을 잃을지도 모른다는 생각과 슬픔으로 인한 고통, 자기애적인 상처(그것을 다른 상처들로부터 구분할 수 있는 한에서), 그리고 성공한 라이벌에 대해 느끼는 적대 감정과 자기가 실패한 책임을 자신의 자아로 돌리려고 하는 얼마간의 자기비판이 혼재되어 있다. 그러나 비록 우리가 이 질투를 정상적이라고 하더라도 절대로 완전히 이성적인, 즉 실제 상황에서 생겨나고 현실에 맞게 조절되며 의식적인 자아가 완전히 통제할 수 있는 것은 아니다. 왜냐하면 이 질투는 무의식에 깊이 뿌리박혀 있고, 어린 시절에 가장 이르게 휘저어 진 정서 생활의 연속이자, 첫 번째 성적 시기의 오이디푸스 콤플 렉스나 남매 콤플렉스Geschwisterkomplex에 그 기원을 두기 때문이 다. 더군다나 어떤 사람들에게서는 이 질투가 양성적으로 경험된 다는 것을 주목할 필요가 있다. 즉 어떤 남자는 자기가 사랑하는 여자에 대해서 괴로움을 느끼고 자기의 경쟁자인 남자에 대해서 증오를 느낄 뿐 아니라, 자기가 무의식적으로 사랑하는 남자에 대해서 슬픔을 느끼고 여자를 자기의 경쟁자로 증오하기도 한다. 그리고 후자의 무의식적인 감정들은 그의 질투심을 더욱 강화시 킬 것이다. 심지어 나는 질투심이 끓어오르는 동안 몹시 고통을 겪었던 남자를 알고 있는데, 그의 말에 따르면 자기는 의식적으 로 믿을 수 없는 여자의 입장이 되어 있다는 상상을 함으로써 견 딜 수 없는 고통을 겪었다는 것이다. 그런 고통을 겪은 다음에 그 를 엄습했던 무력감과 그가 마음속으로 그렸던 상황을 설명하기 위해 사용한 이미지 — 프로메테우스처럼 독수리의 부리에 쪼이 거나 꽁꽁 묶여 뱀들이 득실거리는 곳으로 던져지는 — 는 그가 어린아이였을 적에 당했던 몇 차례의 동성애적인 성추행에서 받 았던 느낌으로 설명되었다.

두 번째 층의 질투, 즉 투사된 질투는 남자와 여자의 경우 모두 현실 생활에서 그들 자신이 실제로 불성실했기 때문이거나, 또는 그러고 싶은 충동이 억압을 받은 결과로 생겨난 것이다. 우리는 나날의 경험으로 정조, 특히 결혼 생활에서 요구되는 정도의 정 조는 끊임없는 유혹에 직면하여 겨우 유지될 뿐이라는 것을 익히 알고 있다. 그럼에도 불구하고 자기는 그런 유혹을 받지 않는다 고 부인하는 사람도 유혹의 압력을 너무 강하게 느껴서, 자신이

처한 상황을 완화시키기 위해 기꺼이 무의식적인 메커니즘을 이용하려고 할 것이다. 따라서 그는 불성실해지고 싶은 충동을 성실하게 대해야 할 의무가 있는 상대방에게 투사시킴으로써 상황을 완화할 것이고, 또 그런다고 해서 사실 양심에 별로 거리끼지도 않을 것이다. 이처럼 강한 동기가 있으면 다음에는 상대방에게서 같은 종류의 무의식적 충동을 드러내는 인식 자료를 이용할 수 있고, 환자 본인은 상대방이 어쩌면 자기 자신보다 별로 더 나을 게 없을 것이라는 생각으로 자신을 합리화할 수 있다.[1]

사회적 관습은 현명하게도 결혼한 여자의 유혹하려는 욕구와 결혼한 남자의 정복하려는 갈망을 어느 정도 인정함으로써 이 보편적인 상황을 고려하고 있다. 불성실해지려는 필연적인 경향이 그렇게 함으로써 안전밸브를 찾아내어 해롭지 않은 것이 되도록 하려는 기대 때문이다. 사회적 관습은 불성실한 방향으로 이처럼 사소한 탈선을 한 것에 대해서는 남편이나 아내 어느 쪽에게도 책임을 묻지 않으며, 그런 탈선은 대체로 새로운 대상에 의해서 일깨워진 욕망이 원래의 대상에게 어떤 식으로든 다시 충실해지는 데서 만족을 찾는 것으로 끝난다. 그러나 시기심이 강한 사람은 이 관용의 관습을 깨닫지 못하고 일단 내친걸음이면 절대로 멈추거나 되돌아올 리가 없다고 믿는다. 또 교태가 실제의 불륜을 막는 안전벽이라는 것도 알지 못한다. 이처럼 질투심이 많은 사람을 치료할 때는 그가 의심의 근거로 삼은 자료를 가지고 논쟁하는 일을 삼가야 한다. 단지 그가 문제를 다른 각도에서 보도록 할 수밖에 없다.

---

1 데스데모나의 노래 참조. 〈나는 내 사랑이 거짓되었다고 했지만 다음에 그이가 한 말은 무엇이었지? / 내가 더 많은 여자들에게 구애를 하면 당신은 더 많은 남자들과 동침을 할 거야〉 —원주.『오셀로』제4막 3장에 나온다.

이 투사에서 생겨나는 질투에는 사실상 대체로 망상적인 특성이 있다. 그러나 이 질투는 환자 자신의 무의식적인 불륜 환상을 들추어내는 분석 작업으로 치료될 수 있다. 세 번째 층에 속하는 질투, 즉 진정한 망상적 유형의 질투는 다루기가 더욱 힘들다. 이 질투 역시 불륜을 향한 억압된 충동에 그 원인이 있지만, 이 경우에 대상은 환자 자신과 같은 성이다. 망상적 질투는 저절로 소멸된 동성애의 잔유물이며, 따라서 당연히 편집증의 고전적인 형태에 속한다. 이 질투는 지나치게 강한 동성애적 충동에 대항하려는 시도로서, 남자의 경우는 다음의 공식으로 설명될 수 있다. 〈그 남자를 사랑하는 건 내가 아니라 그 여자야!〉[2]

망상적 사례에서 우리는 질투가 세 번째 층만이 아니라 세 층 모두에 속하는 것을 발견할 준비가 되어 있어야 한다.

2

편집증 ── 편집증의 사례들은 잘 알려진 이유들로 인해 대개는 정신분석 조사가 통하지 않는다. 그럼에도 불구하고 나는 최근에 두 편집증 환자를 철저히 연구함으로써 새로운 사실을 발견할 수 있었다.

첫 번째 사례는 질투 편집증이 충분히 진전된 젊은 남자로, 질투의 대상은 나무랄 데 없이 충실한 그의 아내였는데, 망상이 그를 끊임없이 사로잡았던 힘겨운 시기는 이미 지나 있었다. 나에게 치료를 받으러 왔을 때 그는 며칠씩만 지속되는, 그리고 참으로 이상하게도 아내와 성교 ── 한마디 덧붙이자면 두 사람 모두에게 만족스러운 ── 를 한 다음 날에 정기적으로 나타나는 명백

---

2 「편집증 환자 슈레버」(1911) 참조 ── 원주.

히 분리된 발작만을 겪고 있었다. 이 사례에서 나는 이성애적인 리비도가 물릴 정도로 만족을 한 뒤, 동성애적인 구성 본능이 성행위에 의해서 같이 자극을 받아 질투 발작으로 표출되었다는 추론을 할 수 있었다.

그 질투 발작의 자료들은 그가 관찰한 사소한 조짐들에서 비롯되었다. 그의 아내가 다른 누구도 알아차릴 수 없게 드러내는 완전히 무의식적인 교태가 그의 눈에 띄었던 것이다. 그녀는 아무 생각 없이 옆자리에 앉은 남자를 만졌고, 그에게 너무 가까이 몸을 숙이거나 또는 남편과 단둘이 있을 때보다 더 즐거운 듯한 미소를 지었다. 그는 아내의 무의식이 드러낸 조짐들을 아주 유심히 관찰했고, 항상 그런 조짐들을 정확히 해석할 줄 알았다. 그랬기에 그는 정말로 자기의 판단을 언제나 옳다고 믿었고, 한 걸음 더 나아가 자기의 질투심을 정당화하기 위해서 분석을 요구할 수도 있었다. 그러나 사실 그는 그와 같은 일을 하려고 생각했을 법한 누구보다도 더 세세하게 아내의 무의식적인 정신을 살피고 그것을 훨씬 더 중요시 여길 정도로 비정상적이 되어 있었다.

여기에서 우리는 피해 편집증에 걸린 사람들도 똑같은 식으로 행동한다는 사실을 떠올리게 된다. 그들 역시 다른 사람들의 어떤 행동도 무심하게 보아 넘길 수 없고, 다른 사람들이 보이는 사소한 조짐들을 받아들여 그것들을 〈관계 망상Beziehungswahn〉으로 이용한다. 그 관계 망상의 의미는 모든 낯선 사람들에게서 사랑 비슷한 어떤 행동을 기대하는 것이다. 하지만 낯선 사람들은 그런 행동을 전혀 보여 주지 않는다. 그들은 자기네들끼리 웃고, 지팡이를 휘두르며, 심지어는 지나가면서 길바닥에 침을 뱉기까지 한다. 우호적인 관심을 가지고 대하는 사람이 가까이에 있다면 누구도 그런 짓을 하지 않는다. 그런 짓을 하는 것은 단지 지나가는 사람이 자기와 아무 상관도 없다고 느낄 때, 즉 그를 있으나 마나 한 사람으로 여길 수 있을 때뿐이다. 그런데 〈낯선 사람〉과 〈적〉의 개념이 근본적으로 유사하다는 점을 생각한다면 편집증 환자가 그런 무관심을 사랑받으려는 자신의 요구와 대비시켜 증오로 본다는 것은 크게 잘못된 것이 아니다.

우리는 지금까지 우리가 질투심 강한 사람들과 피해 편집증 환자들이 자기들 스스로 인식하고 싶지 않은 것을 외부로 다른 사람들에게 투사한다고 말함으로써 그들 모두의 행동을 매우 부적절하게 설명했다는 사실을 깨닫게 되었다. 그들은 분명히 그랬지만 그렇다고 해서 아무 데나, 말하자면 이미 그와 비슷한 일이 생기지 않은 곳에다 투사를 하지는 않는다. 그들은 자기네들이 무의식적으로 알고 있는 것에 이끌려 가면서 다른 사람들의 무의식적인 정신에 그들 자신의 무의식으로부터 끌어낸 관심을 대입시킨다. 우리가 치료한 질투심 많은 남편은 자신의 불성실 대신 아내의 불성실을 감지했고, 그녀의 불성실을 의식하게 되자 그것을 엄청나게 확대시킴으로써 자기의 불성실을 무의식 상태에 계속 놓아둘 수 있었다. 만일 우리가 그의 예를 전형적인 것으로 받아들인다면, 우리는 피해 편집증 환자가 다른 사람들에게 보이는 적대감을 그가 다른 사람들에 대해 느끼는 적대적인 충동의 반영이라고 추론할 수 있을 것이다. 그런데 우리는 편집증 환자들의 경우 그의 박해자가 되는 사람은 바로 그가 가장 사랑하는 동성의 사람이라는 것을 알고 있는 만큼, 이 정서의 역전이 어디에서부터 비롯되는가 의문이 생긴다. 그 해답을 찾기는 어렵지 않다. 상존하는 양가감정이 그 원인을 제공하고, 충족되지 못한 사랑받으려는 욕구가 그 감정을 강화시킨다. 그러므로 양가 감정은 질투가 내 환자들이 동성애에 대항하도록 도와주었듯이 피해 편집증 환자에게 같은 목적을 이루도록 해준다.

질투심 많은 내 환자의 꿈들은 내가 보기엔 매우 놀라운 것이었다. 그 꿈들은 발작이 일어난 것과 동시적이지는 않았지만 망상의 지배를 받던 기간 동안에 꾼 것들이었다. 하지만 그 내용은 망상과 완전히 달라서 그 저변에 깔려 있는 동성애적 충동들을 드러냈다. 그러나 나는 편집증 환자들의 꿈에 대해서 경험이 별로 없었으므로, 당시에는 편집증이 일반적으로 꿈속까지는 침투하지 않는다고 가정하는 것이 타당해 보였다.

그 환자의 동성애적 태도는 쉽게 찾아볼 수 있었다. 그는 친구를 사귀지도 않았고, 사회적인 관심사를 개발하지도 않았다. 마치 밀린 연체금을 일부 떠안기기라도 한 듯, 오로지 망상만이 남자들과 그의 관계를 발달시켜 왔다는 느낌이 들었다. 그의 아버지가 집안에서 별로 중요한 인물이 아니었다는 사실이 어린 시절의 모욕적인 동성애적 외상과 결합되어, 그의 동성애가 억압을 받도록 강요하고 승화될 길을 막은 것이다. 그의 어린 시절과 젊은 시절은 모두 어머니에 대한 강한 애착의 지배를 받았다. 그의 어머니는 여러 아들 중에서 그를 가장 좋아했고, 그는 차츰차츰 어머니에 대해서 정상적인 유형의 질투를 뚜렷이 보이게 되었다. 그가 나중에 신부감을 골랐을 때 — 주로 어머니를 편하게 해주고 싶은 충동에서 촉발된 — 동정녀 같은 어머니를 원하는 그의 갈망은 약혼녀의 처녀성에 대한 지나친 의심으로 표현되었다. 결혼 생활 1년 동안은 질투와 무관하게 지나갔다. 그다음에 그는 아내에게 불성실해져서 다른 여자와 내연의 관계를 맺었고, 그 관계는 상당히 오랫동안 지속되었다. 그러다 어떤 의심스러운 생각에 섬뜩해져서 마침내 그는 그 여자와의 정사를 그만두었는데, 투사된 유형의 두 번째 질투 — 그 질투 덕분에 그는 자신의 불성실에 대한 죄책감을 덜 수 있었다 — 가 나타난 것은 그 무렵이었다. 그 질투는 얼마 후 그의 장인을 대상으로 한 동성애적 충동과 결합되어 복잡해졌고, 그런 다음에는 충분히 진전된 질투 편집증이 되었다.

내 두 번째 사례는 분석을 하지 않았더라면 아마도 피해 편집증으로 분류될 수 없었겠지만, 나는 분석을 받은 젊은이가 그 증상의 말기 질환을 앓게 될 사람임을 인식하지 않을 수 없었다. 아버지에 대한 그의 태도에는 상당히 예외적인 양가감정이 존재했다. 한편으로 그는 우리가 상상할 수 있는 가장 분명한 반항아여서 모든 면에서 명백히 아버지의 소망이나 이상과 정반대되도록 자라났지만, 다른 한편으로 마음속 깊은 곳에서는 아직도 가장 순종하는 아들이었고, 아버지가 사망한 뒤에는 애정 어린 죄악감 때문에 여자들과의 모든 즐거움을 멀리했다. 그가 남자들과 맺은 실질적인 관계는 분명히 의심스러움이 주류를 이룬 것이었지만, 그는 지능이 높았던 덕분에 쉽사리 그 태도를 합리화했고, 자기가 어떻게 해서 친구들과 아는 사람들에게 속고 이용당하게 되었는지를 알아냈다. 내가 그를 연구하면서 새로 알게 된 사실은 박해를 받는다는 전형적인 관념이 믿을 만한 근거를 찾아내거나 실제로 박해를 받지 않고도 생겨날 수 있다는 것이었다. 분석을 하는 동안 그는 이따금씩 그런 관념을 내비쳤지만 언제나 그것을 대수롭지 않게 여기고 웃어넘겼다. 그런 일은 편집증의 여러 사례에서 나타날 수 있다. 따라서 그 질환이 갑자기 생겨났을 때 우리가 새로 형성된 것이라고 간주하는 망상들은 어쩌면 예전부터 존재했던 것일 수도 있다.

내가 보기에는 그 시점에서 중요한 발견이 이루어진 것 같았다. 그것은 말하자면 질적인 요인, 즉 특정한 신경증적 형태의 존재가 양적인 요인, 즉 집중의 정도 또는 좀 더 정확히 말하자면 신경증의 구조들이 끌어들일 수 있는 집중의 양보다 실질적인 중요성이 덜하다는 것이었다. 첫 번째 사례인 질투 편집증의 고찰에서 우리는 어떤 사람의 무의식을 해석해 보면 리비도 과잉 집중 *Überbesetzung*이라는 본질적으로 비정상성이 존재한다는 것을 보여 줌으로써 양적인 요인의 중요성에 대해 거의 비슷한 평가를 내렸었다. 히스테리의 분석에서도 그와 비슷한 사실이 있음을 우리는 오래전부터 알고 있었다. 억압된 본능적 충동에서 파생된 병적 환상은 오랫동안 정상적인 정신생활과 함께 용인되어 왔고, 리비도의 경제학에서 획기적인 변화가 일어나 리비도의 과잉 집중을 받기 전, 즉 증상을 일으키는 갈등이 돌발하기 전에는 어떤 병적인 영향도 미치지 않는다. 그러므로 우리의 지식이 증가함에 따라 우리는 점점 더 경제적인 관점을 부각시키지 않을 수 없었다. 나는 또 내가 설명하고 있는 이 양적인 요인이 최근에 블로일러[3]와 다른 학자들이 〈접속*Schaltung*〉이라는 이름으로 제시한 현상을 충분히 커버할 수 있는지 없는지에 대해 의문을 제기하고도 싶다. 그러나 우리는 단지 심적인 흐름을 취하는 과정에서 어느 한 방향의 저항이 증가하면 그 결과 다른 경로에서 리비도의 과잉 집중이 생겨나 흐름이 그 경로로 바뀌게 된다고 가정한다.

　내가 연구한 편집증의 두 사례는 그들이 꾼 꿈에 나타난 행동을 통해서 유익한 대조를 보여 주었다. 첫 번째 사례의 경우는 이미 얘기했듯이 망상이 없었던 반면, 다른 환자는 상당히 여러 번 박해받는 꿈을 꾸었는데, 우리는 그것을 망상적인 관념의 전조 또는 대용물로 간주할 수 있을 것이다. 그가 굉장히 두려움을 느끼면서 가까스로 피할 수 있었던 박해자는 대체로 힘센 황소이거

---

3 「신체적 정신적 병리학Physisch und psychisch in der Pathologie」(1916) 참조.

나 아니면 꿈속에서도 때로는 그의 아버지를 대신할 수 있는 것으로 인식된 다른 어떤 남성적인 상징이었다. 어느 날 그는 매우 특이한 편집증적 전이-꿈*Übertragungstraum*을 꾸었다. 그것은 내가 그의 앞에서 면도를 하는 꿈이었는데, 그는 냄새로 내가 자기 아버지와 같은 비누를 쓰고 있는 것을 알았다. 즉 내가 그로 하여금 아버지를 내게 전이시키도록 그 비누를 쓰고 있었던 것이다. 그 환자가 그런 꿈을 꾸었다는 점에서 나는 그가 자신의 편집증적 환상을 비웃으며 믿지 않는다는 것을 분명히 알 수 있었다. 왜냐하면 그는 매일같이 나를 보면서 내가 면도용 비누를 쓸 일이 없음을 분명히 알 수 있었으므로, 그의 아버지가 내게 전이될 이유는 전혀 없었기 때문이다.

그러나 두 환자의 꿈을 비교해 보면 편집증(또는 다른 어떤 신경증)이 꿈속으로 침투할 수 있느냐 아니냐 하는 문제는 꿈의 잘못된 개념에 근거한다는 것을 알 수 있다. 꿈은 깨어 있을 때 하는 생각에서는 절대로 일어나지 않는 인격적 요소(억압된 영역에 속하는)를 포함한다는 점에서 깨어 있는 동안의 생각과 구별된다. 그러나 이 점을 제외한다면 꿈은 단지 생각의 한 형태, 즉 생각의 전의식*das Vorbewußte*에 속하는 자료를 꿈의 작용과 그 조건에 따라 변형시킨 것에 지나지 않는다. 우리가 사용하는 신경증의 용어들은 억압된 인격적 요소에는 적용되지 않는다. 그러므로 억압된 인격적 요소는 히스테리성이거나 강박적 또는 편집증적이라고 불릴 수 없다. 그러나 이와는 대조적으로 꿈의 형성 과정에 속하는 다른 부분 — 전의식적인 관념 — 은 정상적이거나 또는 신경증의 특징을 띠기도 하는데, 그런 관념들은 신경증의 본질을 이루는 어떤 병적인 과정의 산물일 수도 있다. 이 병적인 관념이 꿈으로 바뀌면 안 될 이유는 없는 듯 보인다. 그러므로 꿈은 아주 간단히 말해서 히스테리성 환상이나 강박적인 관념 또는 망상을 나타낸다. 즉 꿈의 해석으로 그런 것들 중 어느 하나나 다른 하나를 드러낼 수 있다. 두 편집증 환자에 대한 관찰을 통해서 한 편집증 환자의 꿈들은 그가 망상에 빠지기 쉬운 동안에는 아주 정상적이었고, 다른 환자의 꿈들은 그가 자기의 망상적인 관념들을 비웃는 태도로 다룰 동안 내용 면에서 편집증적이었다는 것이 밝혀졌다. 그러므로 두 가지 경우에서 모두 꿈은 그 당시 깨어 있는 삶의 이면으로 밀어 넣어진 인격적 요소를 흡수했다. 그러나 이것이 언제나 불변의 법칙은 아니다.

3

동성애 — 우리가 동성애에서 기질적인 요인을 인식했다고 해서 동성애의 원인과 관련된 심리적 과정을 연구할 책임이 경감되지는 않는다. 이미 무수한 사례들에서 확증된 전형적인 심리적 과정[4]은 사춘기가 지난 몇 년 뒤, 그때까지 어머니에게 강하게 고착되어 있던 젊은 남자가 태도를 바꾸는 것이다. 그는 자신을 어머니와 동일시하고 자신을 재발견할 수 있는, 그리고 어머니가 그랬듯이 자기를 사랑해 줄 수 있는 애정의 대상을 찾아 돌아다닌다. 이 과정의 특징은 변화가 일어난 몇 년 동안 그의 애정에 필요한 조건들 중 하나가 남성인 대상이 그 자신과 같은 나이여야 한다는 것이다. 우리는 이 결과에 제각기 다른 정도로 기여하는 듯한 여러 가지 요인을 알게 되었다. 첫째로 어머니에 대한 고착을 들 수 있는데, 이것은 다른 여자에게로 옮아가는 일을 어렵게

---

4 이 과정은 프로이트가 「레오나르도 다빈치의 유년의 기억」(프로이트 전집 14, 열린책들)에서 설명했다.

만든다. 자신을 어머니와 동일시하는 것은 이 애착에서 생겨난 결과이며, 그와 동시에 어떤 의미에서는 그 애착이 아들로 하여금 첫 번째 대상인 어머니에게 변함없는 애정을 간직할 수 있도록 해준다. 그리고 다음에는 자기애적 대상 선택을 들 수 있는데, 이 대상 선택은 대개 다른 성으로 옮아가는 것보다 획득하기가 더 수월하고 실행하기도 더 쉽다. 이 두 번째 요인의 이면에는 보기 드물게 강력한, 어쩌면 그것과 일치하는 또 다른 요인이 숨어 있는데, 그것은 남성의 성기에 둔 높은 가치, 즉 애정의 대상에게 남성의 성기가 없어서는 안 된다는 것이다. 여자들을 경멸하고 싫어하고, 심지어 그들에 대해 두려움까지 느끼는 태도는 일반적으로 어렸을 때 여자들에게는 남근이 없다는 것을 알게 된 데서 기인한다. 세 번째로 우리는 아버지에 대한 호감이나 두려움이 동성애적인 대상 선택을 촉진하는 강력한 동기가 된다는 것을 알게 되었다. 왜냐하면 여자들을 거부하는 것은 아버지와의(또는 아버지의 자리를 대신 차지한 남자들과의) 모든 경쟁을 피한다는 뜻이기 때문이다. 두 번째와 세 번째 동기 — 대상에게 남근이 있어야 한다는 조건에 대한 집착과 아버지 때문에 물러나는 — 는 그 원인을 거세 콤플렉스*Kastrationskomplex*로 돌릴 수도 있다. 어머니에 대한 애착, 자기애, 거세의 두려움 등이 우리가 지금까지 동성애의 심리적인 병인에서 발견한 요인들(하지만 이것들은 그 자체로는 특별할 것이 전혀 없다)이다. 또 그와 더불어 유혹의 영향도 고려해야 하는데, 이것은 리비도가 때 이르게 고착되었기 때문이며 성행위에서 수동적인 역할을 선호하는 기질적 요인의 영향이기도 하다.

그러나 우리는 동성애의 원인에 대한 분석이 완료되었다고 여긴 적이 없다. 나는 지금 동성애적 대상 선택에 이르는 새로운 메커니즘을 지적할 수 있지만, 그것이 극단적이고 명백하며 배타적인 유형의 동성애가 생겨나는 데 얼마나 큰 역할을 하는지는 알수 없다. 관찰을 하면서 나는 어린 시절의 어머니 콤플렉스에 기원을 둔 질투 충동이 경쟁자들 — 대개는 나이가 더 많은 남자 형제들 — 을 향해 아주 강렬하게 일어나는 몇몇 사례들에 관심이 쏠렸다. 이 질투는 그 형제들에 대해 몹시 적대적이고 공격적인 태도로 발전되어 때로는 실제로 죽이고 싶다는 생각까지 들게 만들지만, 환자가 점점 더 성장함에 따라 그대로 지속될 수는 없었다. 왜냐하면 그런 충동은 교육의 영향으로 — 충동 자체가 점점 더 약해지는 것에 영향을 받아서가 아니라 — 억압을 받고 변화를 겪으며, 따라서 어린 시절의 경쟁자는 첫 번째 동성애적인 성 대상이 되기 때문이었다. 어머니에 대한 애착으로부터 생긴 그런 결과는 우리가 알고 있는 다른 과정들과 여러 가지 흥미로운 관계를 보인다. 우선 무엇보다도 먼저 그 결과는 피해 편집증과 완전히 상반된다. 즉 피해 편집증에서는 전에 좋아했던 사람이 미운 박해자가 되는 반면, 이 경우에는 경쟁자가 애정의 대상으로 바뀐다. 또 내 견해에 따르면, 그 결과는 개개인에게 사회적 본능이 생겨나는 과정의 과장된 표현이기도 한다.[5]

두 과정 모두에서 처음에는 만족을 얻을 수 없는 질투와 적대적인 충동이 나타나며, 두 경우 모두 억압된 공격적 충동에 대한 반동 형성으로서 애정과 동일시라는 사회적 감정이 생겨난다.

이 동성애적 대상 선택의 새로운 메커니즘 — 극복된 경쟁심과 억압당한 공격적 충동에 그 원인이 있는 — 은 때때로 우리에게 이미 잘 알려져 있는 전형적인 조건들과 결합된다. 동성애자들의 병력을 조사할 때 우리는 종종 그들에게서 어머니가 다른

5 「집단 심리학과 자아 분석」(프로이트 전집 12, 열린책들) 참조 — 원주.

아들을 칭찬하고 본보기로 삼은 뒤 변화가 일어났다는 말을 듣는다. 자기애적 대상 선택 경향은 그렇게 해서 자극을 받으며 심한 질투심을 느끼는 짧은 단계가 지나면 경쟁자는 애정의 대상으로 바뀐다. 그러나 대체로 그 새로운 메커니즘은 훨씬 더 이른 시기에 일어나는 변화로 분명하게 나타나고, 자신을 어머니와 동일시하는 일은 이면으로 물러난다. 더군다나 내가 관찰했던 사례들에서는 새로운 메커니즘이 양성애를 배제하지도 않고 여성 공포증을 포함하지도 않는 동성애적 태도로 이끌렸을 뿐이다.

동성애자들 가운데 상당수가 사회 본능적 충동이 특별하게 발달되고, 공동 사회의 관심사에 헌신하는 태도로 특징지어진다는 것은 잘 알려져 있는 사실이다. 그러나 어쩌면 이 사실에 대한 이론적인 설명으로서, 다른 남자들을 잠재적인 애정의 대상으로 보는 남자들이 다른 남자들에게 보이는 행동은 여자들과의 관계를 먼저 생각해서 그들을 경쟁자로 보는 태도와는 분명히 다르다는 주장이 제기될 수도 있다. 그 주장에 대한 유일한 반박은, 동성애에서는 사랑뿐 아니라 질투심과 경쟁심도 한몫하며 인간의 공동 사회에는 그런 잠재적 경쟁자들도 포함되어 있다는 것뿐이다. 그러나 이 사색적인 설명을 제외한다면, 동성애적 대상 선택은 어린 시절에 다른 남자들과의 경쟁심을 극복한 데서 생겨나는 일이 드물지 않다는 사실에 비추어 동성애와 사회적 감정 사이에는 어떤 관계가 있는 것이 분명하다.

정신분석의 견지에서 우리는 사회적 감정을 대상들에 대한 동성애적인 태도가 승화된 것으로 간주하는 데 익숙해져 있다. 사회적인 관심이 현저히 더 많은 동성애자들의 경우는 대상 선택과 사회적 감정이 충분히 분리되지 않은 것으로 볼 수도 있을 것이다.

신경증과 정신증

Neurose und Psychose(1924[1923])

이 논문은 1923년 늦여름에 쓰인 것으로, 「자아와 이드」에서 제기된 새로운 가설을 신경증과 정신증 사이의 유전적 차이라는 특수한 문제에 적용한 것이다. 같은 주제가 이 논문보다 몇 달 뒤에 쓰인 다른 논문 「신경증과 정신증에서 현실감의 상실」에서 더 자세히 논의되었다. 그 문제의 본질은 프로이트가 이미 「방어적 신경 정신증」에 관한 그의 첫 번째 논문에서 논의한 바 있다.

이 논문의 두 번째 단락에서 프로이트는 〈다른 진영에서 제기된 일련의 생각〉에 자극받았다고 말하고 있다. 그것은 아마도 홀로슈와 페렌치(『일반적 마비의 정신분석과 정신적 혼란 *Zur Psychoanalyse der paralytischen Geistesstörung*』, 1922)에 의해서 막 선을 보였고, 페렌치가 이론적인 부분에 기여한 전신 마비를 다룬 정신분석에 관한 연구를 뜻하는 것으로 보인다.

이 논문은 1924년 『국제 정신분석학지』 제10권 1호에 처음 발표되었으며, 『저작집』 제5권(1924), 『전집』 제13권(1940)에 실렸다. 영어 번역본은 존 리비어가 번역하여 "Neurosis and Psy-

chosis"라는 제목으로『논문집』제2권(1924),『표준판 전집』제
19권(1961)에 실렸다.

신경증과 정신증

최근에 출간된 나의 논문 「자아와 이드」에서 나는 정신 기관들을 구분해야 한다고 제안했다. 그와 같은 구분을 토대로 여러 관계가 간단하고 명확하게 표현될 수 있기 때문이다. 다른 점들에 관해서는 — 예를 들면 초자아 *das Über-Ich*의 원인과 역할에 관련된 것에서는 — 아직 많은 것들이 모호하고 불명료한 채로 남아 있다. 이제 우리는 합리적으로 이런 종류의 가설이, 만일 우리로 하여금 이미 알려진 것들을 다른 각도에서 보고 그것들을 다른 방법으로 분류하며 좀 더 납득할 수 있도록 설명해 준다면, 다른 방향에서도 유용하고 도움이 되리라 기대할 수 있을 것이다. 또 가설을 그처럼 적용시킨다면 회색빛 이론으로부터 영원한 초록색 경험에 이르는 유익한 결과도 생겨날 것이다.[1]

「자아와 이드」에서 나는 자아의 무수히 많은 종속적 관계, 외부 세계와 이드 사이에서 그것이 차지하는 중간적인 위치, 그리고 모든 지배자들을 동시에 만족시키려는 자아의 노력을 설명했다. 그런데 다른 진영에서 제기된 정신증의 원인과 예방에 관한 일련의 생각과 관련해서 내게 신경증과 정신증 사이의 가장 중요

---

1 내 소중한 친구여, 모든 이론은 회색이고 / 삶의 황금빛 나무만이 푸르노니 —
『파우스트』 제1막 4장에서, 메피스토펠레스.

한 유전적 차이점을 다루는 간단한 공식이 떠올랐다. 즉 〈신경증은 자아와 이드 사이에서 생겨난 갈등의 결과인 반면, 정신증은 자아와 외부 세계 사이의 관계에서 생겨난 비슷한 장애의 유사한 결과〉라는 것이다.

그 문제를 그처럼 간단히 해결한 것에 대해서는 분명히 의심받을 만한 소지가 있을 것이다. 더군다나 우리가 기대할 수 있는 것은 기껏해야 이 공식이 아주 개략적으로만 옳은 것이 되리라는 점이다. 하지만 그것도 대단한 것이어서 우리는 당장 우리의 논제를 뒷받침해 주는 것처럼 보이는 모든 발견들을 떠올리게 된다. 우리가 수행했던 모든 분석 덕분에 전이 신경증은 자아가 이드의 강력한 본능적 충동들을 받아들이려고 하지 않거나 이드가 운동성 배출구를 찾도록 도와주려고 하지 않는 데서, 또는 이드가 목표로 하는 대상에 대한 충동을 금지하는 데서 생겨난다는 사실이 밝혀질 것이다. 그런 경우 자아는 억압의 메커니즘으로 본능적 충동에 대항해서 스스로를 방어한다. 그리고 억압된 자료는 그 운명에 저항하면서 자아가 힘을 전혀 미치지 못하는 경로들을 따라 대체적인 표현(타협의 방법으로 자아에게 받아들여 줄 것을 강요하는), 즉 증상을 만들어 낸다. 자아는 이 침입자 때문에 단일성이 위협받고 손상되는 것을 알아내고 원래의 본능적 충동을 막아냈듯이 계속해서 증상에 저항한다. 이 모든 과정이 신경증 상황을 유발시킨다. 이 상황은 자아가 억압을 떠맡는 데서 본질적으로 초자아의 명령 — 초자아에서 표현 방법을 찾은 외부 세계의 영향으로부터 생겨나는 명령 — 을 따르는 것과 모순되지 않는다. 그러나 이제 자아는 외부의 힘들에 가담했고, 자아에 대한 그 힘들의 요구는 이드의 본능적인 요구보다 더 강력하다. 따라서 자아는 이드의 관련 부분에 억압을 가하고 저항에 대한 리비도의 반대 집중 수단으로 억압을 강화하는 힘이 된다. 즉 자아는 초자아와 현실의 도움을 받아 이드와 충돌하게 된 것인데, 이것이 바로 모든 전이 신경증에서 나타나는 현상이다.

다른 한편으로, 우리가 지금까지 정신증의 메커니즘에 관해 얻은 지식으로부터 자아와 외부 세계 사이의 관계에서 생겨난 장애를 지적하는 예를 드는 일도 그리 어렵지 않다. 마이네르트 Meynert 정신 박약 —— 아마도 정신증 가운데서 가장 극단적이고 현저한 형태의 심한 환각적 착란 —— 이 그런 예인데, 이 경우에는 외부 세계가 전혀 지각되지 않거나 또는 지각되더라도 전혀 영향을 미치지 못한다.[2]

정상적으로 외부 세계는 두 가지 방법, 즉 첫 번째는 항상 새롭게 바뀔 수 있는 현재 상황을 지각함으로써, 두 번째는 자아의 소유물이자 구성 부분을 이루는 〈내면 세계〉의 모습을 띤 초기 지각들의 기억들을 비축함으로써 자아를 지배한다. 그러나 정신 박약에서는 새로 지각한 것들이 받아들여지지 않을 뿐 아니라 외부 세계의 복사본으로 지금까지 외부 세계를 대신했던 내면 세계도 그 의미(집중)를 상실한다. 그에 따라 자아는 독단적으로 외부 세계와 내면 세계가 합쳐진 새로운 세계를 만들어 내는데, 이 새로운 세계는 이드가 소망하는 충동에 따라 구성된다는 것, 그리고 외부 세계로부터 이처럼 분리가 일어나는 동기는 소망이 현실로 인해 매우 심각한 좌절 —— 견딜 수 없는 것처럼 보이는 좌절 —— 을 겪었기 때문이라는 데에는 의심의 여지가 없다. 이 정신증이 정상적인 꿈과 매우 유사하다는 것은 분명하다. 더군다나 꿈을 꾸는 전제 조건은 잠을 자는 상태이며, 잠의 특성 가운데 하나는

---

2 프로이트 사후에 출간된 「정신분석학 개요」에 나오는 한 구절이 이 언급을 입증해 준다.

지각과 외부 세계로부터 완전히 떠나 있다는 것이다.[3]

우리는 다른 형태의 정신증인 정신 분열증이 결국에는 정서적인 우둔(愚鈍), 즉 외부 세계에 전혀 관여하지 않는 상태로 이끌린다는 것을 알고 있다. 망상의 원인과 관련해 상당히 많은 분석을 한 덕분에 우리는 망상이 외부 세계에 대한 자아의 관계에서 원래부터 갈라진 틈이 나 있던 곳을 가리는 붕대처럼 이용된다는 것을 알게 되었다. 만일 외부 세계와 갈등을 일으키는 이 전제 조건이 우리 눈에 별로 잘 띄지 않는다면 그것은 정신증의 임상적 상황, 즉 발병 과정의 징후가 치료 또는 복구를 시도하려는 징후로 가려지기 때문이다.

정신 신경증과 정신증이 생겨나는 공통 병인은 언제나 동일하다. 즉 그 병인은 언제까지고 꺾일 줄 모르며, 계통 발생적으로 결정된 우리의 조직에 너무도 깊이 뿌리내리고 있는 어린 시절의 소망들 가운데 여러 가지가 좌절되었거나 충족되지 못한 데 있다. 마지막 수단으로서의 이 좌절은 항상 외부적인 것이지만,[4] 개별적인 사례에서는 현실의 요구를 표현할 책임을 떠맡은 내면적인 심급Instanz(초자아)에서 생겨날 수도 있다. 이처럼 갈등을 일으키는 긴장 속에서 질환이 생겨나는가의 여부는 자아가 외부 세계에 대항하는 본연의 임무를 지켜 이드를 침묵시키려고 하느냐, 또는 이드에 굴복함으로써 현실로부터 분리되느냐에 달려 있다. 그러나 겉보기로는 단순한 이 상황에 초자아가 존재함으로써 복잡한 일이 끼어든다. 초자아는 우리가 아직 잘 알지 못하는 연결고리를 통해 외부 세계로부터의 영향뿐 아니라 이드에서 오는 영

3 꿈에 관한 초심리학적 논문 「꿈-이론과 초심리학」(프로이트 전집 11, 열린책들) 참조.
4 앞서 나온 「신경증 발병의 유형들」에서 좌절에 관한 논의 가운데 몇 가지 언급을 참조할 것.

향까지 통합하며, 따라서 어떻게 본다면 자아가 모든 노력을 기울여 목표로 하는 것 — 그것의 다양한 종속적 관계 사이에서 타협을 이루는 일 — 의 이상적인 모델이 된다.[5] 그러므로 초자아가 모든 형태의 정신적인 질환에서 취하는 태도는 지금까지 고려되지 않았더라도 앞으로는 반드시 고려되어야 한다. 우리는 잠정적으로 자아와 초자아 사이의 갈등 때문에 생겨나는 질환도 있는 것이 틀림없다고 가정할 수 있다. 그리고 분석의 결과를 통해 우리는 우울증이 그런 질환의 전형적인 예라고 가정할 수 있었다. 따라서 우리는 그런 종류의 질환에 대해 별도로 〈자기애적 정신 신경증〉이라는 이름을 사용할 것이다. 또 우리가 우울증 같은 상태를 다른 정신증에서 구분할 이유를 찾아낸다고 하더라도 그것이 우리의 느낌과 상충되지도 않는다. 이제 우리는 전부터 알고 있던 간단한 생성 공식을 포기하지 않고 더 완전한 것으로 만들 수 있게 되었다. 즉 전이 신경증은 자아와 이드 사이의 갈등에 해당하며, 자기애적 신경증은 자아와 초자아 사이의 갈등에 해당하고, 정신증은 자아와 외부 세계 사이의 갈등에 해당한다. 우리가 이 공식에서 정말로 어떤 새로운 지식을 얻었는지 또는 공식을 더 축적한 것에 지나지 않았는지 지금 당장 말할 수는 없지만, 나는 이 정신 기관들의 구분을 자아, 초자아 그리고 이드에 적용시킬 수 있다면 틀림없이 우리가 그 가설을 계속 고려할 용기를 얻게 될 것이라고 믿는다.

신경증과 정신증이 여러 가지 우세한 힘들과 자아의 갈등으로 인해 생겨난다는 전제 — 따라서 그런 증상들은 다양한 요구를 받고 그 모든 요구를 조정하기 위해 애쓰는 자아의 기능에 이상이 생겼음을 반영한다 — 는 한 가지 점에서 좀 더 보완되어야 할

5 「마조히즘의 경제적 문제」 참조.

필요가 있다. 자아가 어떤 상황에서 어떤 수단을 이용해 항상 존재하는 것이 틀림없는 그런 갈등으로부터 병이 들지 않고 벗어날 수 있느냐 하는 것이다. 이것은 새로운 연구 분야인데, 여기에서는 물론 검증을 받아야 할 요인들이 상당히 많이 나타날 것이다. 하지만 우선 당장은 그중 두 가지에 중점을 둘 수 있다. 첫 번째는 그런 모든 상황의 결과가 틀림없이 경제적인 고려 — 서로 갈등을 일으키는 경향들의 상대적인 중요성 — 에 달려 있다는 것이다. 두 번째는 자아가 그 자체를 불구로 만들고 그 자체의 통합을 잠식당하며, 심지어 그 자체의 분열이나 분화를 자초하기까지 함으로써 어느 방향에서도 불화를 피할 수 있다는 것이다.[6] 이런 식으로 인간의 줏대 없고 괴벽스럽고 어리석은 행동이 성도착에서도 유사하게 나타난다. 그렇게 함으로써 성도착이 억압을 면할 수 있기 때문이다.

결론적으로 자아가 외부 세계로부터 그 자체를 분리시키는 수단인 억압과 비슷한 메커니즘이 무엇이냐 하는 의문이 남는다. 내가 생각하기에 이것은 더 연구를 하지 않고는 대답할 수 없는 문제이지만, 억압과 마찬가지로 자아가 방출한 리비도 집중의 철회를 포함하는 것이 틀림없는 메커니즘으로 보인다.[7]

---

6   이것은 프로이트가 나중에 관심을 쏟게 된 문제를 일찍부터 암시한 것으로 「페티시즘」(프로이트 전집 7, 열린책들)에서 처음으로 상세히 논의되었고, 그 후 두 편의 미완성 논문인 「방어 과정에서 나타난 자아의 분열」(프로이트 전집 11, 열린책들)과 「정신분석학 개요」에서 논의되었다.

7   프로이트가 나중에 그 본질을 〈부인Verleugnung〉이라고 불렀던 이 문제 역시 바로 앞의 각주에서 언급한, 나중에 쓰인 논문들에서 논의되었다. 이 문제에 대해 좀 더 자세한 논의를 보려면 「소아 성기기」(프로이트 전집 7, 열린책들)에 실린 각주를 참조할 것.

신경증과 정신증에서 현실감의 상실

Der Realitätsverlust bei Neurose und Psychose(1924)

이 논문은 1924년 5월 말경에 쓰인 것으로 보이며, 앞서 실린 「신경증과 정신증」에서 시작된 논의를 지속하면서 그 논의를 확장하고 수정한다. 이 두 논문을 구별하는 것이 타당한가에 대한 몇 가지 의문점은 나중에 프로이트가 「페티시즘」에서 논의했다.

이 논문은 1924년 『국제 정신분석학지』 제10권 4호에 처음 발표되었으며, 『저작집』 제6권(1925), 『전집』 제13권(1940)에 실렸다. 영어 번역본은 존 리비어가 번역하여 "The Loss of Reality in Neurosis and Psychosis"라는 제목으로 『논문집』 제2권(1924), 『표준판 전집』 제19권(1961)에 실렸다.

신경증과 정신증에서 현실감의 상실

　최근에 나는 정신증과 신경증을 구분하는 특징들 중의 하나로 신경증에서는 자아가 현실에 대한 방어로 이드(본능적인 삶)의 한 부분을 억압하는 반면, 정신증에서는 바로 그 자아가 이드에 도움이 되도록 현실의 일부에서 물러난다는 점을 지적했다. 그러므로 신경증에서의 결정적인 요인은 현실의 영향이 지배하는 반면, 정신증에서는 이드가 지배하게 될 것이다. 또 정신증에서는 현실감의 상실이 반드시 존재하지만, 신경증에서는 그 증상이 없는 것으로 보인다.

　그러나 이것은 우리 모두가 할 수 있는 관찰, 즉 모든 신경증이 환자의 현실에 대한 관계를 어느 정도 방해해서 그가 현실로부터 물러나는 수단이 되고 중증인 경우에는 현실 생활로부터 실제로 벗어나도록 만든다는 관찰과 완전히 일치하지는 않는다. 이 모순은 심각한 듯 보이지만 쉽게 해결될 수 있으며, 그에 대한 설명은 사실상 우리가 신경증을 이해하는 데 도움이 될 것이다.

　왜냐하면 그 모순은 우리가 상황을 계속 지켜본 바 신경증이 시작될 무렵에만 존재하기 때문이다. 그 시기에 자아는 현실의 도움을 받아 본능적 충동을 억압하지만 그 증세는 아직 신경증 그 자체는 아니다. 신경증은 오히려 이드가 손상을 입은 — 말하자면 억압에 대한 반응과 억압의 실패에서 — 부분에 보상을 해 주는 과정으로 이루어진다. 즉 현실에 대한 관계가 소원(疏遠)해지는 것은 신경증이 형성되는 두 번째 단계의 결과이다. 그러므로 우리는 면밀한 조사를 통해서 현실감의 상실이 영향을 미치는 것은 현실의 요구로 인해 본능적 억압이 뒤따라 일어난 바로 그 부분의 현실임을 알게 되더라도 그리 놀라지 않을 것이다.

신경증을 실패로 돌아간 억압의 결과라고 특징짓는 데에는 새로울 것이 전혀 없다. 우리는 내내 그 이야기를 해왔기 때문이다.[1] 그 이야기를 반복할 필요가 있는 것은 단지 우리가 이제부터 그 문제를 고찰하게 될 것이기 때문이다.

그런데 말이 나온 김에 한마디 덧붙이자면, 우리가 어떤 신경증 — 자극적인 원인(〈외상적 장면〉)이 알려져 있고 환자가 어떻게 그 경험으로부터 눈을 돌려 그것을 기억 상실에 맡겨 버렸는지 알 수 있는 — 을 다루든 똑같은 장애가 특히 괄목할 만한 방식으로 생겨난다. 예를 들어 아주 여러 해 전에 분석되었던 한 사례로 돌아가 보자. 그 사례의 환자였던 젊은 여자는 형부와 사랑에 빠져 있었는데, 언니의 임종을 지켜보고 있다가 이런 생각이 들자 소름이 오싹 끼쳤다. 〈이제 형부는 독신이니까 나하고 결혼할 수 있어.〉 그 장면은 곧 잊혔고, 그렇게 해서 그녀에게 히스테리의 고통을 안겨 준 억압 과정이 시작되었다.[2] 그리고 바로 그 사례를 통해서 나는 신경증이 어떤 경로를 따라 갈등을 해결하려고 했는

---

1 〈억압된 것의 복귀〉가 〈진정한 질환〉을 구성한다는 개념은 1896년 1월 플리스에게 보낸 편지(프로이트, 1950)에서 이미 언급되었다. 바로 뒤에 프로이트는 방어 신경 정신증에 관한 논문("Weitere Bemerkungen über die Abwehrneuro-psychosen", 1896)에서 〈방어의 실패〉라는 말을 〈억압당한 것의 복귀〉라는 말과 대등하게 사용하여 재론했다.
2 『히스테리 연구』 참조 — 원주. 환자인 엘리자베스 폰 R.의 말은 여기에서 그대로 인용되지는 않았다.

지 알게 되었다. 그 사례에서 신경증은 표면으로 떠오른 본능적 욕구, 즉 형부에 대한 사랑을 억압함으로써 현실에서 일어난 변화의 가치를 박탈했고, 정신병적 반응은 언니의 죽음이라는 사실에 대한 부정이었을 것이다.

우리는 정신증이 생겼을 때 신경증의 과정과 비슷한 어떤 일이, 그러나 물론 서로 다른 정신적 힘들 사이에서 일어난다고 예상할 수 있다. 그러므로 우리는 정신증에서도 역시 두 단계 — 첫 번째 단계는 자아를 현실로부터 끌어내려고 하는 반면, 두 번째 단계는 입은 손해를 보상하고 이드를 희생시켜 환자의 현실에 대한 관계를 재확립시키려고 한다 — 를 구분할 수 있을 것으로 생각한다. 그리고 사실 정신증에서 그런 종류의 유사성이 관찰되기도 한다. 여기에도 두 단계가 있고, 두 번째 단계는 보상의 특성을 지닌다. 하지만 그 외에도 이 유사성은 두 과정 사이에서 훨씬 더 광범위한 유사성을 관찰할 길을 열어 준다. 정신증의 두 번째 단계는 실로 현실감의 상실을 보상하려는 것이지만, 이드의 제한을 대가로 하는 — 신경증에서 현실에 대한 관계를 대가로 하는 것처럼 — 것이 아니라 또 다른 더 독단적인 방법으로 이제는 포기된 예전의 것과 같은 저항을 더 이상 일으키지 않는 새로운 현실을 만들어 낸다. 그러므로 두 번째 단계는 신경증과 정신증에서 모두 같은 경향의 지원을 받는다. 즉 두 경우에서 모두 두 번째 단계는 현실의 명령에 따르려고 하지 않는 이드가 원하는 힘을 얻도록 도와준다. 그러므로 신경증과 정신증은 모두 외부 세계에 대한 이드의 반항, 말하자면 절박한 현실과 긴급한 필요[3]에 적응하지 않으려는 의향 — 또는 그러지 못하는 무능력 — 이 표현된 것이다. 그러나 첫 번째 단계인 도입 반응에서는 신경증과 정신

3 「마조히즘의 경제적 문제」 참조.

증이 두 번째 단계인 보상의 시도에서보다 훨씬 다른 양상을 띤다.

따라서 그 본질적인 차이점은 최종적으로 이렇게 표현될 수 있다. 신경증에서는 현실의 일부가 일종의 도피에 의해 비켜나지만, 정신증에서는 그 현실의 일부가 개조된다. 또 이렇게 말할 수도 있을 것이다. 정신증에서는 애초의 도피가 적극적인 개조로 이어지는 반면, 신경증에서는 애초의 복종이 연기된 도피 시도로 이어진다. 아니면 또 다른 방식으로 이렇게 말할 수도 있다. 신경증은 현실을 부정하지 않고 다만 무시하는 반면, 정신증은 현실을 부정하고 그것을 바꾸려 한다. 우리는 어떤 행동이 위에서 본 두 가지 반응의 특징들을 공유하고 있다면 ─ 그 행동이 신경증에서처럼 현실을 거의 부정하지 않지만 다음에는 정신증에서처럼 그 현실을 변화시키기 위해 노력한다면 ─ 그것을 정상적 행동 또는 〈건강한〉 행동이라고 부른다. 물론 이 바람직하고 정상적인 행동은 결국 외부 세계에서 이루어지므로 정신증에서처럼 내면적인 변화를 일으키는 것으로 그치지 않는다. 그것은 이제 더 이상 자가 성형 autoplastisch이 아니라 이물 성형 alloplastisch이다.[4]

신경증에서 현실을 바꾸는 일은 현실에 대한 이전의 관계에서 남은 심리적 침전물을 근거로 해서 ─ 즉 그 전에 먼저 현실로부터 끌어내겼고 그로 인해 현실이 정신에 반영된 기억-흔적과 관념, 그리고 판단을 근거로 해서 ─ 이루어진다. 그러나 이 관계는 결코 닫힌 관계가 아니라 새로운 지각들로 끊임없이 풍부해지고

---

4 이 용어들은 아마도 페렌치의 「히스테리와 병리 신경증Hysterie und Pathoneurosen」 (1919)에서 비롯되었을 것이다. 하지만 페렌치는 이 구절 외에 다른 곳에서는 이 단어들을 사용하지 않은 것으로 보이는 프로이트에게 그 공적을 돌리고 있는 듯하다.

변경되는 관계이다. 그러므로 정신증은 새로운 현실에 부합하게
될 지각들을 그 스스로 획득하는 일도 떠맡아야 하는데, 그 일은
환각이라는 수단을 통해 가장 철저하게 이루어진다. 그처럼 여러
가지 형태와 사례의 정신증에서 생겨나는 기억 착오, 망상 그리
고 환각이 가장 큰 괴로움을 주는 특징이자 불안의 유발과 밀접
한 관계가 있다는 사실은 의심할 바 없이 개조의 전 과정이 격렬
하게 반대하는 힘들을 헤치고 관철된다는 증거가 된다. 우리는
좀 더 잘 알려진 신경증을 모델로 해서 그 과정을 구성해 볼 수도
있는데, 그 과정에서 우리는 억압된 본능이 표출되려고 할 때마
다 불안 반응이 시작되며, 그 갈등의 결과는 단지 타협일 뿐이고
완전한 만족을 제공하지 못한다는 것을 알 수 있다. 아마도 정신
증에서는 거부당한 현실이 정신에 대해 그 현실을 받아들이라고
끊임없이 강요하고 — 신경증에서 거부당한 본능이 그러는 것과
마찬가지로 — 그런 이유로 두 경우 모두 결과는 같아진다. 정신
증에서 환자가 현실로부터 눈을 돌려 새로운 현실을 구축하도록
하는 여러 가지 메커니즘에 대한 설명은 아직까지 시도되지 않은
특별한 정신 의학의 연구 과제이다.[5]

그러므로 신경증과 정신증은, 두 경우 모두 두 번째 단계에서
맡겨진 일을 부분적으로는 완수하지 못한다는 점에서, 더 많은
유사성을 지니고 있다. 왜냐하면 억압된 본능은 완전한 대체물을
획득할 수 없고(신경증에서), 현실의 개념 작용은 만족스러운 형
태로 개조될 수 없기 때문이다(적어도 모든 종류의 정신 질환에
서 그런 것은 아니지만). 그러나 두 경우에서 중요성을 두는 부분

5 그러나 사실은 프로이트 자신이 편집증과 관련하여 「편집증 환자 슈레버」에
서, 〈이상 정신 Paraphrenie〉에 대해서는 「나르시시즘 서론」, 「무의식에 관하여」, 그리고
「꿈-이론과 초심리학」(1917)에서 약간 다루기 시작했다.

은 다르다. 정신증에서는 그 중요성을 전적으로 첫 번째 단계에 두는데, 그 단계는 자체로 병적일 뿐 아니라 질환으로 발전될 수밖에 없다. 그러나 신경증에서는 두 번째 단계, 즉 억압의 실패에 중요성을 두는 반면, 첫 번째 단계는 수많은 예에서 건강한 범위를 벗어나지 않고도 ─ 비록 어떤 대가를 치르고 요구받은 심리적 비용을 치른 흔적을 남기는 일이 없지는 않더라도 ─ 성공을 거둘 수 있고, 또 실제로 거두기도 한다. 이러한 구분은 아마도 다른 여러 가지 구분과 마찬가지로 병인적 갈등의 초기 상황에서 생겨나는 국부적인 차이 ─ 즉 그 상황에서 자아가 현실 세계에 충실한가, 또는 이드 편에 서서 방어를 하는가 ─ 의 결과일 것이다.

신경증은 대체로 문제가 된 현실을 피하고 그 현실과 접하지 않도록 자체를 보호하는 것으로 만족한다. 그러나 신경증과 정신증 사이의 뚜렷한 구분은, 신경증에서도 바람직하지 못한 현실을 환자의 소망과 좀 더 일치하는 현실로 바꾸려는 시도가 없지 않다는 점 때문에 그 의미가 퇴색된다. 이것은 환상의 세계, 즉 현실 원칙이 도입되었을 때 실재 외부 세계로부터 분리된 영역이 존재했기 때문에 가능해진다. 그 이후로 이 영역은 일종의 〈보호 구역〉6처럼 긴박한 삶의 요구로부터 계속 벗어나 있었고, 자아에 접근할 수 없는 것은 아니지만 단지 느슨하게만 자아에 종속되어 있다. 신경증이 새롭게 소망하는 구조를 만들기 위한 자료를 끌어내는 것은 바로 이 환상의 세계에서인데, 신경증은 대체로 억압의 경로를 따라 좀 더 만족스러운 현실적 과거에서 그 자료를 찾아낸다.

6 「정신적 기능의 두 가지 원칙」 참조. 앞서 본 「히스테리성 환상과 양성 소질의 관계」도 참조할 것.

환상의 세계가 정신증에서도 같은 역할을 하며 정신증의 경우에도 과거의 저장소로부터 새로운 현실을 구성하기 위한 자료와 패턴이 비롯된다는 데에는 거의 의심의 여지가 없다. 그러나 정신증의 새로운 상상적 외부 세계는 그 자체를 외부의 현실에 적응시키려고 하는 반면, 신경증의 상상적 외부 세계는 그와는 반대로 마치 어린아이들의 놀이처럼 현실의 일부 — 신경증이 그 자체를 방어해야 하는 현실과 다른 부분 — 를 종속시켜 그 부분에 특별한 중요성과 우리가 상징적인 것(언제나 아주 적절한 것은 아니지만)이라고 부르는 비밀스러운 의미를 부여하려는 경향이 있다. 그러므로 우리는 신경증과 정신증에서 모두 현실감의 상실이라는 문제뿐 아니라 현실감의 대체라는 문제도 고려된다는 것을 알 수 있다.

억압, 증상 그리고 불안

Hemmung, Symptom und Angst(1926[1925])

이 글은 광범위한 주제를 다루고 있으나 주로 〈불안〉에 대하여 논의하고 있다. 이전에도 프로이트는 그의 여러 저서를 통해 〈불안〉의 문제에 대해서 논의해 왔다. 오토 랑크는 1924년 발간된 그의 책『출생의 외상 Das Trauma der Geburt』에서 프로이트의 입장을 수용했으며, 더 나아가 모든 불안 발작이 출생의 충격을 해체시키려는 시도라고 주장했다. 프로이트는 랑크의 견해에 대하여 호의적인 반응을 보였으나 나중에는 그의 견해를 뒤집었다. 그리고 〈불안〉에 대한 자신의 견해를 다시 고찰하여 탄생시킨 글이 바로 「억압, 증상 그리고 불안」이다.

이 논문은 1926년 국제 정신분석 출판사에서 처음 출간되었으며, 『저작집』제11권(1928), 『신경증 학설과 정신분석적 기술에 대한 논문집 Schriften zur Neurosenlehre und zu psychoanalytischen Technik』(1931), 『전집』제14권(1948)에 실렸다. 영어 번역본은 1927년 피어스 클라크 L. Pierce Clark가 번역하여 "Inhibition, Symptom and Anxiety"라는 제목으로『계간 정신분석』제4권

4호, 제5권 1호에 실렸다. 이것은 1936년 Psychoanalytic Quarterly Press and W. W. Norton에서 *The Problem of Anxiety*라는 제목으로 출간되었다. 또한 1936년 앨릭스 스트레이치Alix Strachey 가 번역하여 *Inhibitions, Symptoms and Anxiety*라는 제목으로 Hogarth Press and Institute of Psycho-Analysis에서 출간되었으며, 『표준판 전집』 제20권(1959)에도 실렸다.

프로이트가 그의 저술에서 사용하고 있는 독일어 *Hemmung* (영 *inhibition*)과 *Verdrängung*(영 *repression*)은 미묘한 차이를 가지고 있는 단어이다. *Verdrängung*이 거세 콤플렉스를 통하여 고통스러운 경험과 받아들일 수 없는 충동이 무위식 속에 감금되는 상태를 말한다면, *Hemmung*은 자신감의 결여, 결과에 대한 두려움, 양심의 가책 등에 의해서 충동이나 욕망의 형태나 목적이 변형되는 경우라고 할 수 있다. *Hemmung*은 억제, *Verdrängung*은 억압으로 번역할 수 있으나 동일한 무의식적 구조와 내용을 가지고 있으므로 둘 다 함께 사용할 수 있다. 따라서 이 논문의 제목은 이미 잘 알려진 「억압, 증상 그리고 불안」이라고 번역했으며, 본문에서는 *Hemmung*은 억제, *Verdrängung*은 억압으로 구분하여 번역했다.

억압, 증상 그리고 불안

1

　병리적 현상을 설명할 때 언어학의 용법을 이용하면 억제와 증상의 구분에 많은 중요성을 두지 않고서도 그 두 가지를 구분할 수 있다. 사실 우리는 억제만 존재하고 증상은 존재하지 않는 질환들과 맞닥뜨려 그 이유를 알고 싶어 하지 않았더라면, 그 두 가지를 명확하게 구분할 만한 가치가 있다고 생각하지는 않았을 것이다.

　그 두 개념은 같은 범주에 속하는 것이 아니다. 왜냐하면 억제는 기능과 특별한 관계가 있지만 반드시 병리적인 의미를 갖지는 않기 때문이다. 그러므로 기능의 정상적인 제한을 기능의 억제라고 불러도 무방할 것이다. 그러나 증상은 그와는 반대로 사실상 어떤 병적인 과정이 존재한다는 것을 의미한다. 따라서 억제는 증상도 될 수 있다. 언어학적 용법에 따르면 단순히 기능의 저하가 있을 때에는 억제라는 말을 쓰고, 기능이 어떤 예외적인 변화를 겪거나 그 변화로 인해 새로운 현상이 생겨났을 때에는 증상이라는 말을 쓴다. 그러나 우리가 병적인 과정의 적극적인 면을 강조하여 그 결과를 증상이라고 부르느냐, 또는 소극적인 면을 강조하여 그 결과를 억제라고 부르느냐 하는 문제는 상당히 자의적인 것처럼 보이는 경우가 매우 많다. 하지만 그것은 사실상 별로 중요하지 않은 문제이며, 또 우리에게 별 도움이 되지도 못한다.

억제의 개념이 기능의 개념과 그처럼 밀접하게 관련되어 있는 만큼, 제각기 다른 신경증적 질환에서 기능의 장애가 어떤 형태를 띠는지 알아보기 위해 자아의 다양한 기능을 조사하면 도움이 될 것이다. 그와 같은 비교 연구를 하기 위해서 성 기능, 식사 기능, 운동 기능, 그리고 전문적 업무 기능을 택하기로 하자.

(1) 성 기능은 대단히 많은 장애를 일으킬 수 있으며, 그 대부분은 단순한 억제의 특성을 보인다. 그러므로 성 기능 장애는 모두 심리적 발기 부전(勃起不全)으로 분류된다. 성 기능이 정상적으로 수행되려면 매우 복잡한 과정들을 거쳐야만 하는데, 그 과정들 중 어디에서도 장애가 생겨날 수 있다. 남자들의 경우 억제가 일어나는 주된 단계는 다음과 같다. 과정이 시작되는 바로 그 시점에서 리비도가 외면을 하는 경우(심리적인 불쾌감), 과정을 진행하기 위한 신체적 준비가 되어 있지 않은 경우(불충분한 발기), 성행위의 단축(조루). 그 외에 증상으로도 간주될 수 있는 것들은 다음과 같다. 성행위가 자연스러운 결과에 이르기 전에 중지되는 경우(사정의 결여), 심리적인 결과가 나타나지 않는 경우(오르가슴에서 쾌감의 결여). 또 성도착이나 페티시즘적 성질을 띤 특별한 조건에 의존하게 된 성 기능으로부터 다른 장애들이 생겨나기도 한다.

억제와 불안 사이에 어떤 관계가 있다는 것은 아주 분명하다. 어떤 억제는 분명히 기능의 포기를 의미하는데, 그 이유는 기능의 실행이 불안을 일으키기 때문이다. 많은 여자들은 드러내 놓고 성 기능을 두려워한다. 우리는 그것을 역겨움에 대한 방어 증상 — 원래는 수동적인 성행위를 했던 경험에 대한 뒤늦은 반응으로 생겨나고 나중에는 그 행위에 대한 생각이 떠오를 때마다 다시 나타나는 — 과 똑같이 히스테리성 불안으로 분류한다. 더군다나 많은 강박적 행위는 성적 경험에 대한 예방 조치이자 안전 조치임이 밝혀지고, 따라서 공포의 특성을 띤다.

그러나 이것은 그리 명확한 설명이 되지 못한다. 우리는 다만 성 기능의 장애가 매우 여러 가지 방법으로 생겨난다는 것을 알 수 있을 뿐이다. (a) 단순히 리비도가 외면을 할 수 있다(이것 때문에 우리가 순수하고 단순한 억제로 간주하는 현상이 가장 쉽게 일어나는 것으로 보인다). (b) 기능이 제대로 수행되지 않을 수 있다. (c) 기능이 그것에 부수된 조건들로 방해를 받거나 또는 다른 목적으로 돌려짐으로써 변경될 수 있다. (d) 안전 조치로 기능이 저지당할 수 있다. (e) 처음에 저지를 당하지 않는다면, 그 뒤에 바로 불안이 생겨남으로써 중단된다. (f) 그럼에도 불구하고 기능이 수행된다면, 뒤이어 그것에 저항하는 반응과 수행된 것을 원상태로 되돌리려는 시도가 일어난다.

(2) 영양 섭취 기능은 리비도의 위축으로 생겨난 식사 거부로 가장 흔하게 방해를 받는다. 그러나 먹고 싶은 욕구가 증가하는 것 또한 드문 일은 아니다. 먹으려는 강박 충동은 굶주림에 대한 두려움 때문이다. 그러나 이것은 아직 연구가 거의 이루어지지 않은 주제이다. 토하는 증상은 먹는 일에 대한 히스테리성 방어로 알려져 있다. 불안 때문에 생겨난 식사 거부는 정신증(독이 들어 있다는 망상)에 수반되는 현상이다.

(3) 어떤 신경증적 상황에서는 걷기를 싫어하거나 또는 걸을 힘이 없어서 운동성이 억제된다. 히스테리에서는 운동 기관이 마

비되거나 또는 그 기관의 걷는 기능이 상실된다(보행 불능증). 그 중에서도 가장 특징적인 것은, 지키지 않으면 불안으로 나타나는 어떤 조건이 개입되어 돌아다니는 일을 하기가 더욱 어려워지는 경우이다(공포증).

(4) 업무 — 우리가 환자를 치료할 때 하나의 고립된 증상으로서 그렇게도 자주 다루어야 하는 — 에서 억제를 받으면 환자는 일하는 즐거움을 느끼지 못하게 되거나 또는 전처럼 일을 잘할 수 없게 된다. 그리고 만일 어쩔 수 없이 그 일을 계속해야 한다면 피로감이나 현기증 또는 메스꺼움 같은 특정한 반응을 보인다. 만일 그가 히스테리 환자라면 일을 계속할 수 없도록 하는 신체적·기능적 마비가 나타나기 때문에 일을 그만둘 수밖에 없을 것이다. 또 만일 그가 강박 신경증 환자라면 끊임없이 정신이 다른 데로 흩어지거나, 아니면 일을 하는 속도가 늦어지고 같은 일을 반복함으로써 시간을 허비할 것이다.

우리의 연구는 다른 기능들로 확장될 수도 있지만, 그런다고 해서 더 배울 건 별로 없을 것이다. 왜냐하면 우리는 우리 앞에 제시된 현상의 이면으로까지 파고들어서는 안 되기 때문이다. 그러므로 억제가 무엇을 뜻하는지에 대해 의문이 거의 남지 않도록 설명을 계속해 나가면서 억제는 자아-기능의 제한이 표현된 것이라고만 해두자. 자아-기능이 제한되는 원인은 그 자체로 여러 가지가 있을 수 있다. 그리고 이 기능의 포기와 관련된 메커니즘 가운데 몇 가지는 그것을 지배하는 어떤 일반적인 목적과 마찬가지로 우리에게 잘 알려져 있다.

이 목적은 특수한 억제에서 훨씬 더 쉽게 식별된다. 분석을 해보면 피아노를 치거나 글씨를 쓰거나 심지어는 걷거나 하는 행동이 신경증적 억제를 받게 되는 원인은 활동을 하고 있던 신체 기관 — 손가락 또는 다리 — 이 성적으로 너무 강한 자극을 받았기 때문이라는 것을 알 수 있다. 어느 기관의 자아 기능이 그 기관에 대한 성적 자극 — 성적인 의미 — 의 증가로 인해 손상된다는 것은 일반적으로 관찰된 사실이다. 어쩌면 내 비유가 터무니없게 들릴지도 모르지만, 그 기관은 주인과 사랑놀음을 시작했기 때문에 요리를 하려고 들지 않는 하녀처럼 행동한다. 튜브에 든 잉크가 하얀 종이 위로 흐르도록 하는 의미를 지닌 쓰는 행위가 성교의 의미를 띠자마자, 또는 걷는 일이 어머니 대지의 몸을 밟는 상징적 대체 행위가 되자마자 쓰는 일과 걷는 일은 중단된다. 왜냐하면 그 행위는 금지된 성행위의 실행을 의미하기 때문이다. 그리고 자아는 억압이라는 수단을 새로 떠맡지 않기 위해서, 즉 이드와의 갈등을 피하기 위해서 자아의 영역 내에 있는 그런 기능들을 포기한다.

자기에게 벌을 줄 목적으로 이용되는 억제도 분명히 있다. 직업적인 활동의 억제에서 종종 그런 경우가 생긴다. 자아가 그런 활동을 수행하지 못하도록 하는 이유는, 직업적인 활동으로 성공을 이루고 이득을 보는 일이 엄격한 초자아가 금지하는 일이기 때문이다. 그리고 자아는 초자아와 갈등이 생기는 것을 피하기 위해 그런 활동들 역시 포기한다.

자아의 좀 더 일반적인 억제는 좀 더 단순한 다른 메커니즘을 따른다. 자아가 상중(喪中)에 일어나는 상황과 같이 심리적으로 특히 어려운 일에 관여하고 있을 때나 정서에 대한 압박이 상당히 심할 때, 또는 끊임없는 성적 환상의 흐름이 계속 억압되어야 할 때, 자아는 임의로 쓸 수 있는 에너지를 너무 많이 잃게 되어 여러 곳에서 동시에 지출을 삭감해야 한다. 즉 자아는 여러 기업

체에 돈이 묶여 버린 투기꾼의 입장이 되는 것이다. 나는 우연히 그런 억제가 짧은 기간 동안 지속되지만 강렬하고 전반적으로 일어나는 예를 관찰하게 되었는데, 그 환자는 강박 신경증 환자로서 몹시 언짢고 기분 나쁜 일이 생겨났을 때마다 하루나 이틀 동안 지속되는, 온몸이 마비될 듯한 피로감에 짓눌리곤 했다. 이 예는 우리가 가장 심한 형태의 우울증을 포함한 울병(鬱病)의 상태를 특징짓는 억제의 전반적인 조건을 이해할 수 있도록 해주는 출발점이 된다.

결론적으로 억제는 자아의 기능에 대한 제한이라고 할 수 있으며, 그 제한은 예방 조치로 부과되었거나 또는 에너지가 고갈된 결과로 생겨난 것이다. 우리는 억제가 증상과 어느 면에서 다른지를 어렵지 않게 알 수 있다. 왜냐하면 증상은 이제 더 이상 자아 내에서 일어나거나 또는 자아에 작용하는 과정으로 설명될 수 없기 때문이다.

2

증상을 형성하는 주된 특징들은 오래전부터 연구되어 왔고, 내가 보기에는 논란의 여지 없이 확증된 듯하다.[1] 증상은 중지 상태에 머물러 있는 본능적 만족의 징후 아니면 대용물이며, 억압 과정의 결과이다. 억압은 자아 — 아마도 초자아의 명령에 따르는 — 가 이드에서 생겨난 본능적 리비도 집중과 협동하려고 들지 않을 때 자아에서 일어난다. 자아는 억압이라는 수단을 이용해 비난받을 만한 충동의 매체인 관념이 의식으로 바뀌지 못하도록 막을 수 있는데, 분석을 해보면 그 관념은 종종 무의식적 구조

1 「성욕에 관한 세 편의 에세이」 참조.

로 존속한다는 것이 드러난다.

　지금까지는 모든 것이 명백해 보인다. 그러나 우리는 이제 곧 아직까지 풀리지 않은 어려운 문제들과 맞닥뜨리게 될 것이다. 지금까지 억압에서 어떤 일이 일어나느냐에 대한 우리의 설명은 의식으로부터의 배제라는 것을 상당히 강조했지만,[2] 그 설명은 다른 점들을 불확실한 채로 남겨 두었다. 제기된 의문들 가운데 한 가지는 이드에서 활성화되어 만족을 추구했던 본능적 충동이 어떻게 되었느냐 하는 것이다. 그 대답은 간접적인 것이었다. 즉 억압 과정 때문에 만족으로부터 기대되었던 즐거움이 불쾌감으로 바뀌었다는 것이었다. 그러나 다음에 우리는 본능의 만족이 어떻게 불쾌감을 일으킬 수 있느냐 하는 문제와 맞닥뜨렸다. 내 생각으로는 만일 우리가 억압의 결과로 이드가 의도한 흥분 과정이 전혀 진행되지 않았고, 그래서 자아가 이드를 억제하거나 편향시키는 데 성공했다고 분명하게 말한다면 모든 문제가 명확해질 수 있을 듯하다. 그렇게 한다면 억압 과정에서 일어난 〈정서의 전환Affektverwandlung〉이라는 문제가 해결될 것이기 때문이다.[3] 또 그와 동시에 이 견해에는 자아가 이드의 과정에 매우 광범위한 영향력을 행사할 수 있다는 자아에 대한 용인이 포함되어 있는데, 우리는 자아가 어떻게 해서 그처럼 놀라운 힘을 개발할 수 있었는지 알아내야 할 것이다.

　내가 보기에는 자아가 지각 체계와 밀접한 관계 —— 우리가 알기로는 자아의 본질을 구성하고 이드로부터 구분된 근거를 제공하는 관계 —— 를 지닌 덕분에 그 영향력을 획득한 듯하다. 우리가 지각 의식Wahrnehmung-Bewußtsein라고 불러 온 이 체계의 기능은

---

2 「억압에 관하여」의 첫머리에 나오는 언급 참조.
3 이 문제는 프로이트가 〈도라〉의 병력에서 논의했다.

의식 현상과 밀접하게 관련되어 있다.[4] 자아는 외부에서뿐 아니라 내면에서도 자극을 받아들이고, 그 두 영역에서 오는 즐거움과 불쾌함을 수단으로 정신적 사건들이 쾌락 원칙과 일치하도록 길을 지시하려고 애쓴다. 우리는 자아가 이드에 비해 무력하다고 생각하기 쉽다. 그러나 자아는 이드에서 일어나는 본능적인 과정에 저항할 때 그 목적을 이루기 위해서 전능에 가까운 제도인 쾌락 원칙의 도움을 받아 〈불쾌함의 신호〉를 발하기만 하면 된다. 이 상황을 잠시 있는 그대로 받아들이기 위해 우리는 다른 분야에서 원용한 예로 그것을 증명할 수 있다. 소수 집단이 다수 집단의 지지를 받아 통과될 것 같은 법안에 반대하고 있는 어떤 나라를 상정해 보기로 하자. 이 소수 집단은 언론의 지지를 얻어서 그 도움으로 최고의 중재자인 〈여론〉을 조작하고, 그럼으로써 그 법안이 통과되지 못하도록 막을 수 있을 것이다.

그러나 이 설명은 새로운 문제를 제기한다. 불쾌함의 신호를 발하는 데 이용되는 힘은 어디에서 오는 것일까? 여기에서 우리는 바람직하지 못한 내면적 과정에 대한 방어는 외부의 자극에 대항하기 위해 채택된 방어와 같아질 것이며, 자아는 내면적 위험과 외부의 위험을 동일한 방법으로 똑같이 차단한다는 생각을 떠올릴 수 있다. 외부의 위험이 있을 경우 생물체는 도피를 시도할 수단을 갖는다. 그것이 맨 처음에 하는 일은 위험한 대상을 인식하고 리비도 집중을 철회하는 것인데, 나중에 가서는 그 대상을 인식하지 않을 이유가 전혀 없더라도 아예 인식을 하지 못하도록 근육 운동을 수행하는 것이 — 그 스스로 위험한 영역으로부터 물러나는 것이 — 더 나은 방책이라는 것을 알게 된다. 억압은 이 도피를 하려는 시도와 대등한 것이다. 자아는 억압되어야

4 「쾌락 원칙을 넘어서」 참조.

할 본능의 전형5에서 (전의식의) 리비도 집중을 철회하고 불쾌감 (불안)을 해소하기 위해 그 집중을 이용한다. 억압과 관련해서 불안이 어떻게 일어나느냐 하는 것은 그리 간단한 문제가 아니지만, 우리는 자아가 불안의 실질적인 근원이라는 개념을 당연히 고수할 수 있고, 우리가 전에 취했던 견해, 즉 억압된 충동에 리비도를 집중하게 하는 에너지는 자연히 불안으로 바뀐다는 견해를 포기할 수 있다. 설령 내가 전에 후자의 의미로 표현했더라도, 그때 나는 일어나고 있는 일에 대해서 현상학적 설명을 한 것이지 초심리학적 설명을 한 것은 아니었다.

이것은 우리에게 또 다른 문제를 제기한다. 즉 경제적 관점에서 전의식의 자아 리비도 집중이 철회되는 것과 같은, 단순히 철회되고 해소되고 하는 과정이 어떻게 불쾌감이나 불안을 일으킬 수 있느냐 하는 것이다. 우리의 가정에 따르면 불쾌감과 불안은 리비도 집중이 증가한 결과로서만 생겨날 수 있기 때문이다. 그 대답은 이 자의적인 결론이 경제적 관점에서 설명되어서는 안 된다는 것이다. 불안은 억압에서 새로 생겨나는 것이 아니라 이미 존재하는 기억 이미지와 일치하도록 정서적인 상태로 복제된 것이다. 만일 우리가 한 걸음 더 나아가 불안의 원인 ─ 그리고 전반적인 정서의 원인도 ─ 을 캐고 든다면 우리는 순수한 심리학의 영역을 떠나 생리학의 영역으로 들어서게 될 것이다. 정서 상태는 애초에 겪은 외상성 경험의 잔존물로서 마음에 새겨져 있다가 비슷한 상황이 일어나면 기억 상징들처럼 되살아난다.6 나는 내가 정서 상태를 더 나중에 개별적으로 생겨난 히스테리 발작과 비교해서 그것을 히스테리 발작의 정상적인 전형으로 간주한 것

5 즉 정신에서 본능을 대표하는 것.
6 앞에서 본 「히스테리성 환상과 양성 소질의 관계」(1908)의 각주 참조.

이 잘못이라고 생각하지는 않는다. 인간과 고등 동물들의 경우는 출생 행위가 불안의 첫 번째 개별적인 경험으로서 어떤 특징적인 표현 형태에 불안한 정서를 준 것처럼 보인다. 그러나 이 관계를 인정하더라도 그 점을 지나치게 강조해서는 안 된다. 또 위험한 상황에서는 생물학적 필요에 의해 효과적인 상징이 요구되며, 따라서 어느 경우에나 그런 상징이 생겨나기 마련이라는 사실을 간과해서도 안 된다. 그 외에도 나는 불안이 유발될 때마다 마음속에서 출생 상황의 재현 같은 일이 일어난다고 가정하는 것은 옳지 못하다고 생각한다. 히스테리 발작이 원래는 그런 외상의 재현이라고 하더라도 그 특성을 영구적으로 보유하느냐 아니냐는 분명치 않다.

내가 어딘가에서 밝혔듯이, 우리가 의료 업무에서 다루어야 하는 억압의 대부분은 나중에 압박을 받은 사례들이다.[7] 그것들은 더 최근의 상황을 끌어들이는 초기의, 최초의 억압을 전제로 한다. 그러나 아직까지는 억압의 배경과 예비 단계에 대해서 알려진 것이 거의 없다. 또 억압에서 초자아가 수행하는 부분을 과대평가할 위험도 있다. 현재 우리는 최초의 억압과 나중의 압박 사이에 경계선을 긋는 것이 초자아의 출현 때문인지 아닌지를 알 수 없다. 어찌 되었든 가장 먼저 생겨나는 불안은 매우 강렬한 것으로서 초자아가 분화되기 전에 나타난다. 그러므로 최초의 억압을 촉진하는 직접적인 원인은 자극의 강도가 너무 강해서 자극에 대한 보호막을 파열시키는 것과 같은 양적인 요인일 가망성이 매우 높다.[8]

이 보호막이라는 말은 우리에게 억압이 두 가지 상황에서 ─ 즉 외부의 어떤 지각 대상에 의해서 바람직하지 못한 본능적 충

---

7 「억압에 관하여」 첫 부분에서 논의되었다.
8 「쾌락 원칙을 넘어서」 참조.

동이 생겨날 때와 그와 같은 자극이 없이 내면에서 그런 충동이 생겨날 때 — 일어난다는 사실을 떠올려 주는 것처럼 들린다. 그 차이점에 대해서는 나중에 얘기하기로 하겠지만, 보호막은 외부의 자극과 관련해서만 존재하고 내면의 본능적 욕구와 관련해서는 존재하지 않는다.

우리가 자아의 도피 시도에 계속 관심을 집중한다면 우리는 증상 형성이라는 주제에 가까이 다가가지 못할 것이다. 증상은 억압에 의해서 해로운 영향을 받은 본능적 충동으로부터 생겨난다. 만일 자아가 불쾌하다는 신호를 이용하여 본능적 충동을 완전히 억누르는 목적을 달성한다면, 우리는 그 억압이 어떻게 일어났는지에 대해 아무것도 알 수 없게 된다. 우리가 증상에 대해서 알 수 있는 것은 억압이 다소 실패한 것으로 간주되어야 하는 사례들에서뿐이다. 그런 사례들의 상태는 일반적으로 말하자면 본능적 충동이 억압에도 불구하고 대체물을 찾아냈지만, 그 대체물이 너무 많이 줄어들고 바뀌고 억제당해서 이제는 더 이상 만족이라고 볼 수 없는 상태이다. 그래서 대체된 충동이 수행될 때 즐거운 만족은 없고, 그 대신 강박 충동의 성질을 띠게 된다.

이처럼 만족의 과정을 증상으로 격하시키면서 억압은 또 다른 측면에서 힘을 발휘한다. 즉 가능하다면 대체된 과정이 운동성을 통해 해소 방법을 찾지 못하도록 방해하거나, 또는 방해를 하지 못한다고 하더라도 그 과정이 환자 자신의 몸에서 변화를 일으키는 데 소진되도록 함으로써 외부 세계에 영향을 미치지 못하도록 한다. 그 과정이 행동으로 옮겨져서는 안 된다. 왜냐하면 우리가 알기로 억압이 일어날 때 자아는 외부적인 현실의 영향하에서 작용하고, 따라서 대체된 과정이 그 현실에 어떤 영향도 미치지 못하도록 막기 때문이다.

자아는 외부 세계로 연결된 경로를 통제하는 것과 똑같이 의식으로의 접근도 통제한다. 그리고 억압이 일어날 때는 양방향으로 힘을 행사하여 한편으로는 본능적 충동 그 자체에 작용하고 다른 한편으로는 그 충동의 (심리적인) 유사물에 작용한다. 그런데 지금이 바로 내가 어떻게 해서 자아가 강력하다고 인정하는 이 견해와 「자아와 이드」에서 설명했던 그와 반대되는 견해를 조화시킬 수 있었는지 밝히기에 적절한 때인 듯싶다. 그 책에서 나는 자아가 이드와 초자아에 종속적인 관계라는 도식(圖式)을 끌어냈고, 그 두 가지에 대해 자아가 얼마나 무력하고 조심스러우며 그것들에 대한 우월성을 과시하기 위해 얼마나 많은 노력을 들이는지 보여 주었다.[9] 그 견해는 정신분석 문헌에 폭넓게 반영되었다. 그리고 많은 학자들이 자아가 이드에 비해 얼마나 약하며 이성적인 요소들이 우리의 내면에 있는 악마적인 힘들에 직면해서 얼마나 무력한지를 누누이 강조했다. 또 그들은 내가 말한 것을 정신분석적 세계관의 초석으로 삼으려는 강한 경향을 보이기도 했다. 그러나 분명히 말하건대, 억압이 작용하는 방식에 대해서 나름대로 식견이 있는 정신분석학자라면 그처럼 극단적이고 한쪽으로 치우친 견해는 채택하지 말아야 한다.

나는 내가 〈세계관〉의 구성에 완전히 불편부당하지는 못하다는 점을 고백해야겠다.[10] 세계관을 구성하는 일은 철학자들, 모든 주제에 관한 정보를 제공해 주는 여행 안내서 같은 것이 없으면 삶의 여행을 할 수 없다고 생각하는 것이 분명한 사람들에게 맡겨져야 할 것이다. 철학자들이 자기네들은 더 고차원적인 것을

9 「자아와 이드」 참조.
10 이 점에 관해서는 프로이트의 『새로운 정신분석 강의』의 마지막 장에 실린 긴 논의를 참조할 것.

다룬다는 생각으로 우리를 얕잡아 본다면 그들의 경멸을 겸허히 받아들이기로 하자. 그러나 우리도 자기애적인 자부심을 포기할 수 없는 만큼, 그런 〈인생 지침서〉는 곧 시대에 뒤떨어질 것이고, 그런 책이 다시 찍혀 나올 수 있도록 해주는 것은 바로 우리의 근시안적이고 편협하고 남을 의식하는 연구 덕분이며, 또 아무리 현대적인 철학자들이라도 그들은 기껏해야 옛날에나 쓸모 있고 두루 통용되던 교리 문답서의 대체물을 찾으려는 시도밖에 하지 못한다는 생각으로 위안을 얻을 수 있을 것이다. 우리는 지금까지 과학이 우리를 둘러싸고 있는 문제점들을 밝혀내는 데 얼마나 무력했는지를 잘 알고 있다. 그러나 철학자들이 아무리 많은 노력을 들이더라도 상황을 바꿀 수는 없다. 단지 환자와 확실성이라는 한 가지 요구에 모든 것을 건 끈기 있는 연구만이 점진적으로나마 변화를 일으킬 수 있다. 밤길로 접어든 나그네는 자신의 두려움을 부정하기 위해 어둠 속에서 큰 소리로 노래를 부를 수는 있지만, 한 치 앞을 볼 수는 없을 것이다.

3

다시 자아라는 문제로[11] 돌아가기로 하자. 이 문제에서 명백한 모순이 생겨나는 이유는 우리가 추상적인 개념을 너무 엄격하게 받아들여 사실은 복합적인 상황을 가지고 전적으로 어느 한쪽 편을 들었다 다른 쪽 편을 들었다 하기 때문이다. 내가 생각하기에 우리는 당연히 이드로부터 자아를 분리해야 한다. 어떤 고찰에서는 그런 단계가 필요하기 때문이다. 그러나 다른 한편으로 자아는 이드와 동일하며, 단지 특별하게 구분된 이드의 한 부분일 뿐

11 즉 이드와 관련해서 자아가 강하다는 견해와 약하다는 견해 사이의 대조로.

이다. 만일 우리가 부분을 전체와 대비시켜 생각한다면, 또는 그 양자 사이에 실질적인 분열이 일어난다면, 자아가 약하다는 것이 명백해진다. 그러나 만일 자아가 이드와 밀접한 관계를 가지고 있어서 이드와 구분되지 않는다면, 자아는 그 힘을 발휘한다. 이 것은 자아와 초자아의 관계에서도 마찬가지이다. 많은 상황에서 그 두 가지는 융합되어 있고, 우리는 대체로 양자 사이에 긴장이나 갈등이 있을 때에만 하나에서 다른 하나를 구분할 수 있다. 억압이 일어날 때 명백해지는 것은, 자아는 조직이고 이드는 조직이 아니라는 사실이다. 실로 자아는 이드가 조직화된 부분이다. 그러므로 만일 우리가 자아와 이드를 서로 상반되는 두 그룹으로 간주하고서 자아가 억압이라는 수단으로 이드의 일부분을 압박하려고 할 때 나머지 이드가 그 위험에 처한 부분을 구하러 와서 자아와 힘을 겨룬다고 가정한다면, 그것은 매우 잘못된 생각일 것이다. 종종 그런 일이 일어나기는 하지만 그것은 분명히 억압이 일어날 때 최초의 상황은 아니다. 억압을 받게 되는 본능적 충동은 대개 고립된 상태로 남아 있다. 또 설령 자아가 억압 행동으로 힘을 과시한다고 하더라도, 그 행동은 한 가지 점에서 자아가 무력하며 이드의 독립된 본능적 충동들에 거의 영향을 미치지 못한다는 것을 보여 준다. 왜냐하면 억압을 받아 증상으로 바뀐 정신 과정은 이제 자아의 조직 밖에서 자아와는 무관하게 존속하기 때문이다. 그처럼 이른바 외계(外界)의 특권을 누리는 것은 사실 정신 과정뿐 아니라 그것의 모든 파생물들도 마찬가지인데, 그 파생물들이 자아-조직의 일부분과 협조적인 접촉을 할 때마다 자아-조직의 일부를 끌어들여 자아를 희생시킴으로써 세력을 확장시키지 않을 것이라고는 누구도 장담할 수 없다. 우리가 오래전부터 잘 알고 있는 유추에 따르면, 증상은 그 증상이 깊이 묻혀 있는 조직에서 자극과 반응이 끊임없이 이어지도록 하는 타인의 몸에 비유된다.[12] 때로는 바람직하지 않은 본능적 충동에 대한 방어 투쟁의 결과로 증상이 형성되기도 한다. 우리가 알기로는 그것이 히스테리의 전환에서 가장 흔히 일어나는 일이다. 그러나 대체로 그 결과는 달라서, 원초적인 억압 행위에 이어 본능적 충동들에 대한 저항이 끊임없이 지루하게 이어지다가 증상에 대한 저항으로 넘어간다.

이 2차적인 방어적 투쟁에서 자아는 상반된 표정을 지닌 두 얼굴을 보인다. 자아가 취하는 한 가지 행동 방침은 그것이 본질상 어쩔 수 없이 복구나 화해의 시도로 여겨져야만 하는 상황을 조성해야 한다는 사실로부터 생겨난다. 자아는 하나의 조직이며, 그것의 모든 부분들 사이에서 호혜적인 영향이 자유로이 오갈 수 있도록 유지하는 일을 근본으로 하고 있다. 성적 특성을 잃은 자아의 에너지는 한데 묶어 통합시키려는 충동으로 여전히 그 원천의 흔적을 보이는데, 통합의 필요성은 자아의 힘이 증가함에 따라 더 커진다. 그러므로 자아가 가능한 모든 방법을 동원하여 이런저런 방식으로 증상들을 결합시킴으로써 그 증상들이 고립되어 이질적인 상태에 남아 있지 않도록 막고, 그런 결합을 이용해서 증상들을 자아의 조직에 통합시키려고 한다는 것은 지극히 당연한 일이다. 그런 경향은, 우리가 알고 있듯이 증상을 형성하는 바로 그 행동에서 이미 영향을 미치고 있다. 이것의 고전적인 예는 만족의 욕구와 처벌의 욕구 사이에서 타협이 이루어진 것처럼 보이는 히스테리성 증상들이다.[13] 그런 증상들은 맨 처음부터 초

12 이 비유는 『히스테리 연구』에 프로이트가 기고한 글에서 논의되고 비판되었다. 또 「예비적 보고서」에서도 논의되었다.
13 이 개념은 〈방어 신경 정신증〉에 대한 프로이트의 두 번째 논문 「방어 신경 정신증에 관한 재고찰」에서 암시되었다.

자아의 요구를 충족시키면서 자아에 참여한다. 다른 한편으로는 억압된 것이 차지하는 위치와 그것에 의해 자아 조직으로의 중단이 생긴 시점을 나타낼 때부터 자아에 참여한다. 말하자면 그런 증상들은 혼합 주둔지의 전방 초소인 셈이다.[14] (1차적인 히스테리성 증상들이 모두 이런 식으로 구성되는지 아닌지는 매우 주의 깊게 탐구할 만한 가치가 있다.) 이제 자아는 증상이 자리를 잡았으니까 어떻게든 상황을 좋은 의미로 받아들여 거기에서 가능한 한 많은 이익을 끌어내야 한다는 사실을 알아차린 것처럼 행동하기 시작한다. 그리고 정상적인 상태에서 실제의 외부 세계에 적응하는 것과 마찬가지로 증상에 — 자아와 이질적인 내면 세계의 그 부분에 — 적응한다. 자아는 언제나 그렇게 적응할 기회를 얼마든지 찾아낼 수 있다. 증상이 나타난 다음에는 어떤 능력이 손상될 수도 있으며, 그것은 초자아의 어떤 요구를 진정시키기 위해서, 또는 외부 세계로부터의 어떤 요구를 거부하기 위해서 이용될 수 있다. 그런 식으로 증상은 차츰차츰 중요한 관심사들을 대변하게 되는데, 그것이 자기의 입장을 주장하고 자아와 점점 더 밀접하게 융화되어 필수 불가결한 것이 된다. 이물질(異物質)을 둘러싼 신체적 〈치료〉 과정이 그런 과정을 따르는 경우는 아주 드문 예일 뿐이다. 또 어떤 증상에 대해 이와 같은 2차적 적응의 중요성을 과장해서 자아가 오로지 유리한 점을 향유하기 위해 증상을 형성한다고 말할 위험도 있다. 하지만 그것은 전쟁에서 다리를 잃은 남자가 아무 일도 하지 않고 연금에 의지해서 살아가기 위해 일부러 그 다리를 날려 버렸다고 말하는 것이나 마찬가지일 것이다.

14 이 은유는 〈리비도 집중〉에 해당하는 독일어인 *Besetzung*에 〈주둔지〉라는 의미도 있다는 것을 암시한다.

강박 신경증과 편집증에서는 증상들이 취하는 형태가 자아에게 매우 소중해진다. 왜냐하면 그 증상들은 자아에게 득이 되지는 못하더라도 다른 방법으로는 얻을 수 없는 자기애적 만족을 얻게 해주기 때문이다. 강박 신경증 환자가 구성하는 체계는 그로 하여금 자기가 특별히 깨끗하거나 특별히 양심적이기 때문에 다른 사람들보다 더 낫다고 느끼게 함으로써 자기애를 부추긴다. 그리고 편집증 환자의 망상적 구조는 그의 예민한 인식력과 상상력에 그가 다른 데서는 쉽게 찾을 수 없는 활동 분야를 제공한다.

이 모든 것은 결국 우리에게 잘 알려진, 신경증에 뒤따르는 〈질환으로부터 얻는 (2차적인) 이익〉이 되는데,[15] 그 이익은 자아가 증상을 편입시켜 그 증상을 더 많이 고착시킬 수 있도록 도와준다. 그러므로 나중에 분석자가 증상과 다투는 자아를 도와주려고 한다면, 그는 자아와 증상 사이에서 생겨난 타협적인 유대가 저항 편에 서서 작용하며 그 결속이 쉽게 풀리지 않는다는 것을 알게 될 것이다.

자아가 증상에 대해 취하는 두 가지 행동 방침은 사실상 서로 상반된다. 왜냐하면 두 번째 방침은 계속 억압을 하는 쪽에 있는 만큼, 그 특성상 덜 우호적이기 때문이다. 그럼에도 불구하고 자아를 변덕스럽다고 비난할 수 없는 것으로 보인다. 자아는 평화를 애호하는 성향이 있어서 증상을 편입시켜 그것을 자아의 일부로 만들고 싶어 한다. 그러므로 문제는 증상 그 자체에서 생겨난다. 왜냐하면 증상은 억압된 충동의 대체물이자 파생물이므로 계속해서 충동의 역할을 수행하기 때문이다. 증상은 계속해서 새로운 만족을 요구하고, 따라서 자아로 하여금 어쩔 수 없이 불쾌한 신호를 발하고 방어하는 입장이 되도록 한다.

15 앞에 나온 「히스테리 발작에 관하여」의 각주에서 관련 논문을 참조할 것.

증상에 대한 2차적 방어 투쟁은 여러 가지 모습을 띤다. 즉 그 투쟁은 여러 다른 영역에서 벌어지며 여러 가지 방법을 이용한다. 그러므로 우리는 증상 형성의 다른 예들을 더 탐구하기 전까지는 그 투쟁에 관해서 많은 것을 이야기할 수 없겠지만, 그러는 과정에서 불안의 문제 ─ 지금까지 오랫동안 배경에서 어렴풋이 존재하던 문제 ─ 를 심도 있게 연구할 기회를 얻게 될 것이다. 가장 현명한 방법은 히스테리성 신경증을 일으키는 증상으로부터 출발하는 일일 듯싶다. 왜냐하면 우리는 아직 강박 신경증, 편집증 그리고 다른 신경증의 증상들이 형성되는 조건을 고찰할 수 있는 입장이 못 되기 때문이다.

4

우선 동물들에 대한 어린 시절의 히스테리성 공포증으로부터 시작해 보자. 그런 예로는 〈꼬마 한스〉의 사례를 들 수 있는데, 그 아이의 말에 대한 공포증은 분명히 모든 공포증의 주된 특성들 중에서 전형적인 것이었다. 그런데 이 경우에 가장 먼저 명백해지는 것은, 신경증적 질환의 구체적인 사례들을 다루면 상황이 우리가 추상적인 것들을 다루고 있을 동안 생각했던 것보다 훨씬 더 복잡하다는 것이다. 그러므로 환자의 태도를 알아내어 억압된 충동이 무엇이고, 그 충동이 찾아낸 대체적인 증상은 무엇이며, 억압의 동기가 어디에 있는지를 결정하려면 시간이 좀 걸린다.

〈꼬마 한스〉는 말이 무서워서 길거리로 나가려고 하지 않았다. 그것이 그 사례의 본질적인 자료였다. 하지만 그 자료의 어떤 부분이 공포증을 구성했을까? 그 아이에게 두려움이 많았기 때문이었을까? 아니면 그 아이가 두려워하는 대상을 선택했기 때문이었을까? 또는 그 아이가 자유로이 돌아다니는 일을 포기했기 때문이었을까? 그것도 아니면 그중 두 가지 이상의 것이 결합되어서였을까? 그 아이가 포기한 만족은 무엇이었을까? 또 어째서 그 아이는 그 만족을 포기해야 했을까?

언뜻 보아서는 그 사례가 별로 모호하지 않다고 대답하고 싶어진다. 〈꼬마 한스〉의 말에 대한 설명할 수 없는 두려움은 증상이고, 그 아이가 길거리로 나설 수 없는 것은 억제, 즉 그 아이의 자아가 불안 증상을 일으키지 않으려고 그 자체에 가한 제한이라는 것이다. 위에서 본 두 번째 관점은 분명히 옳다. 그래서 나는 앞으로 이어질 논의에서 억제에 관하여는 더 이상 언급하지 않을 것이다. 그러나 증상이라고 하는 것과 관련해서는, 사례를 피상적으로 알고 있다면 그 증상을 계통적으로 밝혀내는 일조차 불가능하다. 더 조사를 해보면 그 아이가 고통받고 있는 것은 말에 대한 막연한 두려움이 아니라 말이 자기를 물 것이라는 상당히 분명한 우려임을 알 수 있기 때문이다. 실로 이 관념은 의식으로부터 물러나 단지 불안과 그 대상만이 여전히 나타나는 막연한 공포증으로 바뀌려고 애를 쓰고 있었다. 어쩌면 그 아이의 증상에서 핵심적인 것은 바로 이 관념이 아니었을까?

우리는 분석 치료 과정에서 그 어린 소년의 심리 상태가 밝혀져 그것을 전체적으로 관찰할 수 있기까지는 아무런 진전도 보지 못했을 것이다. 당시 그 아이는 아버지에 대해 질투와 적대적인 오이디푸스 콤플렉스*Ödipuskomplex*를 동시에 보이고 있었지만, 그럼에도 불구하고 — 어머니가 둘 사이를 이간(離間)시킨 것이 원인이 되지만 않았다면 — 아버지를 진정으로 사랑하고 있었다. 그러므로 우리는 여기에서 양가감정, 즉 동일한 사람에게 충분한 근거가 있는 사랑과 그 못지않게 정당화될 수 있는 증오가 같이 돌려지는 현상에 기인한 갈등이 있음을 알 수 있다. 〈꼬마 한스〉의 공포증은 틀림없이 그 갈등을 풀려는 시도였을 것이다. 양가 감정에 기인한 이런 종류의 갈등은 매우 흔하고 또 다른 전형적인 결과를 보일 수 있는데, 그런 경우에는 갈등을 일으키는 두 가지 감정 중 어느 하나(대개는 애정의 감정)가 상당히 강화되고 다른 감정은 사라진다. 양가감정이 그냥 존재하는 것이 아니라 반대되는 감정을 계속 억누르기 위해 항상 방심하지 않는다는 사실을 드러내는 것은 지나치게 강하고 충동적 특성을 지닌 애정뿐인데, 그것으로부터 우리는 (자아에서의) 반동 형성이라는 수단에 의한 이른바 억압 과정의 작용을 자명한 것으로 가정할 수 있다. 그러나 〈꼬마 한스〉의 사례는 그런 종류의 반동 형성 흔적을 전혀 보이지 않는다. 거기에는 분명히 양가감정에 기인한 갈등으로부터 벗어나는 다른 방법이 있을 것이다.

다른 한편으로 우리는 또 다른 관점을 분명히 확증할 수 있었다. 〈꼬마 한스〉의 사례에서 억압을 받은 본능적 충동은 아버지에게 적대적인 것이었는데, 그 증거는 말이 물 것이라는 생각의 근원을 거슬러 올라가며 분석을 하는 동안에 얻어졌다. 그 아이는 어떤 말이 넘어지는 것을 보았고, 자기와 같이 말에게 장난을 치던 놀이 친구가 넘어져 다치는 것도 보았다. 분석을 해본 결과, 그 아이에게는 자기 친구와 말이 다쳤던 것처럼 아버지도 넘어져 다치기를 바라는 충동이 있었다는 추론을 할 수 있었다. 더군다나 어떤 경우에는 누군가의 죽음에 대한 그 아이의 태도를 보면 자기 아버지가 죽었으면 하는 그 아이의 소망 또한 좀 더 과감하게 표현되었을 수도 있다. 하지만 그런 소망은 아버지를 자기 손으로 직접 없애려는 의도와 동등한, 즉 말하자면 오이디푸스 콤플렉스의 살인 충동과 동등한 것이다.

지금까지는 〈꼬마 한스〉의 억압된 본능적 충동과 우리가 그 아이의 말에 대한 공포증에서 눈에 띄지 않을까 생각한 그 충동의 대체물 사이에 연결 고리가 전혀 없는 것으로 보인다. 그러나 이제 유아기적 요소와 양가감정을 한옆으로 제쳐 놓음으로써 그 아이의 심리적인 상황을 단순화해 보기로 하자. 우리는 그 아이를 안주인과 사랑에 빠진, 그리고 안주인이 보이는 어떤 호의 표시를 받은 젊은 하인이라고 상정할 수 있다. 그 하인은 자기보다 더 강력한 주인 남자를 미워하고 그를 제거하고 싶을 것이다. 따라서 그로서는 주인 남자의 복수를 두려워하고 그에 대한 두려움을 키우는 것이 — 어린 한스가 말에 대한 공포증을 키운 것과 마찬가지로 — 지극히 당연한 일이다. 그러므로 우리는 이 공포증에 속하는 두려움을 증상이라고 설명할 수는 없다. 만일 〈꼬마 한스〉가 어머니와 사랑에 빠져서 아버지에 대한 두려움을 보였다면, 그 아이에게 신경증과 공포증이 있다고 할 수는 없기 때문이다. 그 아이의 정서적인 반응은 완전히 이해될 수도 있다. 그 정서적 반응을 신경증으로 만든 것은 이 한 가지, 즉 아버지를 말로 대체한 것이었다. 그러므로 증상으로 불릴 만한 것은, 그리고 양가감정에 기인한 갈등이 반동 형성의 도움 없이도 해결될 수 있도록 해주는 대안적인 메커니즘을 구성한 것은, 바로 이 치환이다. 그런 치환은 〈꼬마 한스〉처럼 어린 나이에 가능하거나 용이하다. 왜냐하면 타고난 토템 신앙적 사고의 흔적이 쉽게 되살아날 수 있기 때문이다. 어린 아이들은 동물의 세계로부터 인간을 갈라놓는 뚜렷한 한계를 아직 인식하지 못하거나, 또는 그 점을 별로 중요시하지 않는다. 그래서 아이들의 눈에는 두려움과 선망의 대상인 성인 남자들이 여전히 커다란 동물 — 부러운 특성들을 아주 많이 지니고 있지만 위험해질 수도 있으니까 가까이 가지 말라는 경고가 주어지는 ── 과 같은 범주에 속한다. 우리가 알고 있듯이, 양가감정에 기인한 갈등은 어떤 동일한 사람과 관련해서 다루어지지 않는다. 그것은 말하자면 대체적인 대상으로서의 다른 사람에게 돌려진 한 쌍의 갈등을 일으키는 충동으로 둘러싸여 있다.

지금까지는 모든 것이 분명하다. 그러나 〈한스〉의 공포증 분석은 한 가지 점에서 완전히 실망스러운 것이었다. 왜냐하면 증상 형성을 구성하는 왜곡이 억압되어야 할 본능적 충동의 (심리적인) 유사물, 즉 관념 작용의 내용에 적용된 것이 아니라 전혀 다른 유사물, 즉 바람직하지 못한 본능에 대한 반응에만 적용되었기 때문이다. 만일 〈꼬마 한스〉가 말을 두려워하는 대신 말에게 못된 짓을 하거나 때리는 경향을 갖게 되었거나, 또는 말이 넘어지거나 다치거나 심지어는 발작을 일으켜 (다리를 버둥거리면서) 죽는 것까지 보고 싶다는 소망을 분명하게 표현했더라면 우리의 예상과 좀 더 일치했을 것이다. 물론 분석 과정에서 그 비슷한 것이 나타나기는 했어도 그것이 그 아이의 신경증에서 중심적인 것은 절대로 아니었다. 그런데 참으로 이상한 일이지만, 그 아이가 주된 증상으로서 그런 적대감을 보인 대상이 사실상 아버지가 아니라 말들이었다 하더라도, 우리는 그 아이가 신경증을 앓고 있다고 할 수는 없었다. 틀림없이 억압에 대한 우리의 견해나 증상에 대한 우리의 정의에 뭔가 잘못된 것이 있었을 것이다. 그러나 한 가지 생각은 바로 떠올랐다. 즉 만일 〈꼬마 한스〉가 말에게 정말로 그런 행동을 보인다면, 그것은 절대로 억압이 그 아이의 반항적이고 공격적인 본능적 충동 그 자체의 성격을 바꾼 것이 아니라, 단지 그 충동이 향하는 대상을 바꾼 것이었다.

억압이 그 정도로 그치는 사례들도 분명히 있다. 그러나 〈꼬마 한스〉의 공포증이 진전된 과정에서는 그 이상의 일이 일어났다.

그렇다면 또 다른 분석에서는 얼마나 더 많은 일이 일어날 수 있을까?

우리가 알고 있듯이, 〈꼬마 한스〉는 말이 자기를 물까 봐 무섭다고 단언했다. 그런데 얼마 후에 나는 또 다른 동물 공포증의 원인에 대해서 뭔가를 알게 되었다. 이 경우에는 무서워하는 짐승이 늑대였는데, 그 짐승도 틀림없이 아버지의 대체물이라는 의미를 갖고 있다. 문제의 그 환자 — 스무 살이 지나서야 내게 분석을 받으러 왔던 러시아인 — 는 어린 시절에 꿈(그 의미가 분석을 통해 드러난)을 꾸었고, 바로 뒤이어 동화에 나오는 일곱 마리 어린 양들처럼 늑대에 잡아먹힐 거라는 두려움을 품게 되었다. 〈꼬마 한스〉의 사례에서 확인된, 아버지가 환자와 함께 말에게 장난을 치곤 했다는 사실은 의심할 바 없이 그 아이가 불안을 유발시키는 동물로 말을 선택한 이유가 되었다. 같은 식으로, 러시아인 환자의 아버지는 아들을 데리고 놀 때 늑대인 척하면서 장난삼아 그를 삼켜 버리겠다고 위협했을 가망성이 높아 보였다. 그 뒤에 나는 세 번째 사례를 접하게 되었다. 환자는 분석을 받으려고 나를 찾아온 젊은 미국인이었는데, 사실 그는 동물들에게 공포증을 느끼지는 않았다. 그런데도 그의 사례가 다른 두 사례를 밝혀내는 데 도움이 된 것은, 바로 그런 공포증이 없다는 사실이었다. 어린 시절에 그는 누군가가 그에게 큰 소리로 읽어 주었던 〈적갈색 수염을 기른 남자〉를 잡아먹으려고 추적하는 아랍인 추장에 대한 환상적인 이야기를 듣고 성적으로 흥분했던 경험이 있었다. 그다음부터 그는 자신을 잡아먹힐 남자와 동일시했고, 아랍인 추장은 쉽사리 아버지의 대체물로 인식될 수 있었다. 이 환상은 그가 자가 성애적 환상들을 일으키는 첫 번째 근거가 되었다.

아버지에게 잡아먹힌다는 관념은 나이가 좀 든 아이의 전형적인 자료이다. 또 신화(예를 들면 크로노스의 신화)와 동물의 왕국에도 그 관념과 비슷한 것들이 잘 알려져 있다. 그럼에도 불구하고 우리에게는 그 생각이 너무도 생소해서 어린아이가 그런 생각을 품었다는 것이 여간해서 믿기지 않는다. 또 우리는 그 생각이 이야기된 내용과 정말로 같은 의미인지를 알 수 없고, 어떻게 해서 공포의 주체가 될 수 있었는지도 이해가 되지 않는다. 그러나 분석적 관찰을 해보면 적절한 의미가 밝혀진다. 즉 아버지에게 잡아먹힌다는 생각은 아버지에게서 성기적 성애Genitalerotik의 의미로 사랑받고 싶다는 수동적이고 나약한 충동이 억압적 퇴화를 겪은 형태로 표현된 것이다. 개인의 병력[16]을 좀 더 연구해 보면 그 설명이 정확하다는 데 의심의 여지가 없다. 성기적 충동은 그 것이 리비도의 구순기(口脣期)와 가학적 조직 사이의 과도기 단계에 속하는 언어로 표현될 때는 그 미묘한 목적의 흔적을 전혀 보이지 않는 것이 사실이다. 또한 그 충동은 단지 (심리적인) 유사물이 억압적인 표현 형태로 바뀌는 문제일까, 아니면 이드에서 성기적으로 돌려진 충동이 정말로 억압을 일으키는 문제일까? 이것은 분명히 답하기가 쉽지 않은 문제이다. 그러나 러시아인 〈늑대 인간〉의 병력은 좀 더 심각한 관점인 두 번째 문제에 명확한 해답을 제시했다. 왜냐하면 그 결정적인 꿈을 꾼 뒤로 아이는 버릇이 나빠져 남을 괴롭히는 가학적 성격이 되었고, 곧이어 정기적으로 강박 신경증을 일으키게 되었기 때문이다. 어찌 되었건 우리는 자아가 바람직하지 않은 본능적 충동에 대항하기 위해서 채용할 수 있는 수단이 억압 한 가지만은 아니라는 것을 알 수 있다. 만일 자아가 본능을 억압시킴으로써 그 목적을 달성한다면, 그것은 사실상 본능을 억압함으로써 목적을 이루는 것보다 더 해

16 러시아 인 환자의 병력을 뜻함.

롭게 그 일을 한 셈이 될 것이다. 그러나 때로는 자아가 그런 식으로 본능을 억압시키고 뒤이어 본능을 억압하기도 한다.

〈늑대 인간〉의 사례와 그보다는 좀 덜 복잡한 〈꼬마 한스〉의 사례는 더 고찰할 여러 가지 문제를 제기한다. 그러나 우리는 이미 예기치 않았던 것을 두 가지 발견했다. 두 사례 모두에서 억압된 본능적 충동이 아버지에 대한 적대적 충동이라는 데는 의심의 여지가 없다. 우리는 그 충동이 억압을 받아 그와 반대되는 충동으로 바뀌었다고, 즉 환자가 아버지에게 보이는 공격성 대신 아버지가 환자에게 보이는 공격성이 (복수의 형태로) 나타났다고 할 수도 있을 것이다. 이 공격성은 어느 경우에건 리비도의 가학적 단계에 근거를 두고 있으므로 그것을 구순기 단계로 되돌리는 데는 단지 어느 정도의 억압만 일어나면 된다. 그 단계는 〈꼬마 한스〉의 말에게 물리는 두려움에서는 암시만 되었던 반면, 〈늑대 인간〉의 잡아먹히는 공포에서는 분명하게 표현되었다. 하지만 그 외에도 정신분석은 반대되는 성질을 띤 또 다른 본능적 충동이 압력에 굴복했다는 것을 한 점의 의혹도 없이 보여 주었다. 그것은 이미 리비도 조직의 성기(남근) 수준에 도달해 있는, 아버지에 대한 미묘하고 수동적인 충동이다. 억압 과정의 최종적인 결과와 관련해서 이 충동은 아버지에 대한 적대적 충동보다 더 중요한 역할을 한 것으로 보인다. 왜냐하면 이 충동은 훨씬 더 나중에까지 미치는 억압을 받았고, 공포증의 내용에 결정적인 영향을 미쳤기 때문이다. 단일한 본능적 억압을 추적하면서 우리는 두 가지의 그런 과정(적대적 충동과 수동적 충동)이 한 곳으로 수렴한다는 것을 인식하지 않을 수 없었다. 억압을 당한 두 가지 본능적 충동 — 아버지에 대한 가학적 공격성과 미묘하고 수동적인 태도 — 은 한 쌍의 반대되는 충동을 구성한다. 더군다나 〈꼬마 한

스)의 사례를 주의 깊게 고찰해 보면 그 아이에게 공포증이 생겨
난 탓으로 사실상 어머니에 대한 애정 어린 대상 리비도 집중까
지도 폐지되었다는 — 비록 그 공포증의 실질적인 내용이 그런
조짐을 전혀 드러내지는 않았다고 하더라도 — 것을 알 수 있다.
즉 억압 과정이 그 아이의 오이디푸스 콤플렉스를 구성하는 거의
모든 요소들 — 아버지에 대한 적대적인 충동과 애정 어린 충동,
그리고 어머니에 대한 애정 어린 충동 — 을 공격했던 것이다. 그
러나 러시아인 환자의 경우에는 상황이 훨씬 덜 분명하다.

  우리가 억압에 기인한 증상 형성의 단순한 사례들을 연구하
기 시작했을 뿐이라는 것, 또 그럴 목적으로 아동기에 이르게 나
타나는 가장 명확한 신경증들을 선택했다는 것을 감안한다면, 반
갑지 않은 곤란한 문제들이 있다. 그것은 우리가 단일한 억압 대
신 복합된 억압을 발견했고, 거기에다 억압에까지 관여하게 되었
다는 것이다. 어쩌면 우리는 동물들에 대한 공포증의 두 가지 사
례 — 〈꼬마 한스〉와 〈늑대 인간〉 — 를, 마치 그것들이 동일한 모
습을 띠고 있는 것처럼 다룸으로써 혼란을 가중시켰는지도 모른
다. 사실상 그 두 가지 공포증 사이에서는 차이점들이 분명히 드
러난다. 우리가 환자의 공포증이 오이디푸스 콤플렉스의 두 가지
주된 충동 — 아버지에 대한 공격성과 어머니에 대한 지나친 애
정 — 으로 이루어져 있다고 분명하게 말할 수 있는 것은 〈꼬마
한스〉의 사례에서뿐이다. 아버지에 대한 애정 어린 감정도 물론
같이 존재하고 반대되는 감정을 억압하는 데 한몫을 하지만, 우
리는 그 감정이 억압을 자초할 수 있을 만큼 충분히 강한 것인지,
아니면 나중에는 사라져 버리는 것인지조차 확증할 수가 없다.
사실 〈한스〉는 이른바 〈양성적〉 오이디푸스 콤플렉스를 지닌 정
상적인 아이였던 것으로 보인다. 우리가 발견하지 못한 요인들이

실제로는 그 아이에게 작용했을 수도 있지만, 우리는 그런 요인들이 존재한다는 것을 밝힐 수 없다. 아무리 철저하게 분석을 하더라도 그 자료들에는 미흡한 점이 있고 그에 관한 기록도 불충분하다. 러시아인 환자의 사례에서도 미흡한 점은 얼마든지 있다. 여자들에 대한 그의 태도는 어린 시절에 유혹을 받아 교란되었고, 그 때문에 수동적이고 여성적인 면이 강하게 발달되었다. 그가 꾼 늑대 꿈을 분석해 보면 아버지에 대한 의도적인 공격성은 거의 없었다는 것이 드러나지만, 그의 수동적이고 미묘한 태도가 억압을 받았다는 것은 분명히 밝혀진다. 그의 사례에서도 다른 요인들이 역시 작용했을 수 있지만, 그렇다는 증거는 없다. 그런데 그 두 사례가 완전히 상반될 정도로 다른데 어떻게 해서 최종적인 결과 — 공포증 — 는 거의 동일했을까? 그 대답은 다른 곳에서 찾아야 하는데, 내 생각으로는 우리가 앞서 본 간단한 비교 조사에서 나타난 두 번째 사실에서 찾을 수 있을 것이다. 내가 보기에 우리는 두 사례 모두에서 억압의 원동력이 무엇이었는지를 찾아낼 수 있고, 그 두 아이가 다음에 추구했던 발달 노선으로부터 그 본질에 대한 우리의 견해도 실증할 수 있을 듯싶다. 두 사례에서 모두 원동력은 같다. 그것은 바로 임박한 거세에 대한 두려움이었다. 〈꼬마 한스〉는 거세당할 것이라는 두려움 때문에 아버지에 대한 공격성을 포기했는데, 우리는 말이 자기를 물 것이라는 그 아이의 두려움에 별 어려움 없이 말이 자기의 성기를 물어 거세시킬 것이라는 완전한 의미의 두려움을 부여할 수 있다. 그러나 러시아 소년이 아버지에게서 사랑받으려는 소망을 포기했던 것 역시 거세를 당하리라는 두려움에서였다. 왜냐하면 그는 아버지의 사랑을 받기 위해 먼저 자기의 성기 — 그를 여자들과 구별시켜 주는 기관 — 를 희생시켜야 한다고 생각했기 때문이다. 우리가 알고 있듯이, 오이디푸스 콤플렉스의 두 가지 형태, 즉 정상적·능동적 형태와 성 대상 도착적인 형태는 모두 거세 콤플렉스로 인해 손상을 입는다. 러시아 소년의 늑대에게 잡아먹힌다는 불안 관념에는 사실상 거세에 대한 어떤 암시도 포함되어 있지 않았다. 왜냐하면 그 아이는 구순기로 억압을 겪은 탓에 남근 단계로부터 너무 멀리 물러났기 때문이다. 하지만 그 아이의 꿈을 분석해 본 결과 또 다른 증거가 나타났는데, 그 아이의 공포증이 표현된 형태에서 거세에 대한 어떤 암시도 포함되어 있지 않다는 것은 억압의 승리였다.

그러므로 우리는 여기에서 두 환자 모두에게 억압의 원동력은 거세의 두려움이었다는 뜻밖의 발견을 하게 된다. 그들의 불안에 포함된 관념 ─ 말에게 물리고 늑대에게 잡아먹힌다는 ─ 은 왜곡을 통해서 아버지에게 거세당한다는 두려움을 대체한 생각이었고, 억압을 받은 것은 바로 그 관념이었다. 러시아 소년의 경우, 그 관념은 남성적 반항에 직면해서 존속될 수 없는 소망의 표현이었던 반면, 〈꼬마 한스〉의 경우에는 그 관념이 그 아이의 내면에서 일어난 공격성을 그와 반대되는 것으로 돌린 반응의 표현이었다. 그러나 공포증의 본질인 불안한 정서는 억압 과정에서 생겨난 것도 아니고, 또 억압된 충동들에 대한 리비도 집중에서 생겨난 것도 아닌 억압력 그 자체에서 생겨난 것이었다. 즉 동물들에 대한 공포증에 속하는 불안은 아직 바뀌지 않은 거세의 두려움이었던 것이다. 따라서 그것은 현실적인 두려움, 사실상 임박해 있거나 실제적인 것이라고 판단되는 위험에 대한 두려움이었다. 그러므로 불안이 억압을 일으키는 것이지, 내가 전에 믿었던 것처럼 억압이 불안을 일으키는 것은 아니다.

생각하기에 별로 유쾌한 일은 못 되지만, 내가 전에 억압이 일어날 때는 많은 경우에 본능적 유사물이 왜곡되고 바뀌고 하는 반면, 본능 충동에 속하는 리비도는 불안으로 바뀐다고 주장했던 사실을 부인해 봤자 아무 소용이 없다.[17]

그러나 이제는 공포증을 분석해 보면 확증적인 증거를 가장 잘 제공해 줄 수 있으리라 생각했던 것이 나의 주장을 뒷받침하지 못한다. 아니 오히려 그 주장과 정면으로 배치되는 것처럼 보인다. 동물들에 대한 공포증에서 느껴지는 불안은 거세에 대한 자아의 불안인 반면, 광장 공포증(더 철저한 연구가 이루어져야 할 주제)에서 느껴지는 불안은 성적인 유혹에 대한 불안 — 결국은 그 원인이 거세에 대한 불안과 관련될 수밖에 없는 불안 — 인 것으로 보인다. 현재 우리가 알 수 있는 한 공포증의 대다수는 자아가 리비도의 요구와 관련하여 느끼는 불안에 그 원인을 두고 있는데, 거기에서 가장 중요하고 억압이 일어나도록 하는 것은 언제나 불안에 대한 자아의 태도이다. 불안은 결코 억압된 리비도에서 생겨나지 않는다. 그러므로 만일 내가 전에 억압이 일어난 뒤에는 예상되었던 리비도가 나타나는 대신 어느 정도의 불안이 나타난다고만 했더라면 지금에 와서 철회할 것이 아무것도 없었을 것이다. 그렇다면 내 설명은 옳았을 것이고, 억압되어야 할 충동의 강도와 그 결과로 생겨난 불안의 강도 사이에는 틀림없이 어떤 상응하는 관계가 있었을 것이다. 하지만 나는 내가 단순한 설명 이상의 것을 제시하려는 생각을 했다고 고백하지 않을 수 없다. 그때 나는 리비도가 직접 불안으로 바뀌는 초심리적인 과정을 발견했다고 믿었다. 그러나 지금은 더 이상 그 견해를 고수할 수 없다. 그리고 사실 나는 그 당시에도 그런 종류의 변환이 어떻게

---

17 예를 들면 억압에 관한 프로이트의 논문 참조. 거기에서도 〈늑대 인간〉의 사례가 고찰되었다.

이루어지는지를 설명하기가 불가능하다는 것을 알고 있었다.

여러분은 내가 맨 처음 어떻게 해서 이 변환이라는 개념에 도달했는지 묻고 싶을 것이다. 내가 이 개념을 발견한 시기는 〈실제적 신경증〉을 연구하고 있던 중이었는데, 그 당시는 정신분석이 자아에서의 과정과 이드에서의 과정을 구별하려면 아직 한참 멀었을 때였다.[18] 나는 불안을 촉발하거나 불안을 일으키기 쉬운 일반적 상태가 성교 중단, 해소되지 못한 성적 흥분, 또는 강요된 금욕 같은 성적인 관행에 의해 생겨난다는 ― 즉 성적 흥분이 만족을 추구하는 데서 방해를 받거나 저지당하거나 빗나가게 되었을 때는 언제나 생겨난다는 ― 것을 발견했다. 그리고 성적 흥분은 리비도의 본능적 충동이 표현된 것이라고 여겨졌으므로 리비도가 그러한 장애 작용을 통해 불안으로 바뀐다고 가정하는 것도 그리 성급해 보이지는 않았다. 당시에 내가 했던 관찰들은 아직까지도 유효하다. 더군다나 이드의 과정에 속하는 리비도가 억압의 부추김을 받으면 장애를 유발시킨다는 것은 부정할 수 없다. 그러므로 억압을 받는 동안 불안이 본능적 충동의 리비도 집중에서 생겨난다는 것은 지금도 여전히 옳다. 그러나 우리는 어떻게 이 결론을 다른 결론, 즉 공포증에서 느껴지는 불안은 자아의 불안이며 자아에서 생겨나고, 또 그 불안은 억압으로부터 진행되는 것이 아니라 그와는 반대로 억압을 일으킨다는 결론과 타협시킬 수 있었을까? 여기에는 해결하기가 결코 쉽지 않은 모순이 있는 것으로 보인다. 불안의 두 원인을 한 가지로 뭉뚱그리기란 쉬운 일이 아닐 것이다. 성교에 장애가 있거나 성적 흥분이 방해를 받거나 금욕이 강요될 때 자아가 어떤 위험을 눈치채고 불안으로

18 이 책 첫머리에 실린 불안 신경증에 관한 프로이트의 첫번째 논문(「신경 쇠약증에서 〈불안 신경증〉이라는 특별한 증후군을 분리시키는 근거에 관하여」) 참조.

반응한다는 가정을 함으로써 두 원인의 통합을 시도할 수도 있을 것이다. 하지만 그래 봤자 아무 소용이 없다. 그와는 반대로 공포증에 대한 우리의 분석은 옳지 못했음을 인정해야 할 듯싶다. 〈그것은 분명치 않다non liquet.〉[19]

5

　우리는 증상의 형성과 자아가 증상에 대해 벌이는 2차적 투쟁을 연구하기 시작했다. 하지만 그럴 목적으로 공포증을 고른 것은 분명히 잘못된 선택이었다. 그런 질환들에서 두드러지게 나타나는 불안은 이제 오히려 상황을 모호하게 만드는 복잡한 것으로 보인다. 왜냐하면 불안을 전혀 보이지 않는 신경증들도 많기 때문이다. 진정한 전환 히스테리가 그런 것들 중 하나인데, 이 질환에서는 가장 심각한 증상에서도 불안이 배어든 기미가 보이지 않는다. 이 사실만으로도 우리는 불안과 증상 형성 사이에 너무 밀접한 관련을 지어서는 안 된다는 것을 알 수 있다. 공포증은 불안이 생겨난다는 것만 제외하고는 다른 모든 면에서 전환 히스테리와 너무도 유사하기 때문에 나는 그 두 가지를 〈불안 히스테리〉라는 이름으로 함께 분류해도 될 것 같다는 생각이 들었다. 그러나 지금까지 누구도 주어진 어떤 사례가 전환 히스테리의 형태를 택할 것인지, 또는 공포증의 형태를 택할 것인지 결정하는 요인이 무엇인지를 알아낼 수 없었다. 이 말은 히스테리에서 불안의 생성 여부를 결정짓는 요인이 무엇인지를 확증할 수 없었다는 것을 뜻한다.

19　증거가 결정적인 것이 아닐 때 쓰이던 예전의 법률 용어. 스코틀랜드 말인 *not proven*(증명되지 않음)과 비교할 것.

전환 히스테리의 가장 흔한 증상들 — 운동 신경 마비, 경축(痙縮),[20] 불수의적(不隨意的)인 행동이나 해소, 통증과 환각 — 은 영구적으로 지속되거나 또는 단속적인 리비도 집중의 과정들이다. 그러나 이 히스테리를 연구하려면 새로운 문제점들이 생겨난다. 그 증상들에 대해 사실상 많은 것이 알려져 있지 않기 때문이다. 그러나 분석을 해보면 증상으로 바뀌는 교란된 흥분 과정이 무엇인지를 알 수 있다. 대체로는 증상 그 자체가 흥분 과정에 직접 관여하는 것으로 밝혀지는데, 마치 그 과정의 모든 에너지가 한 부분에 집중되었던 것 같다. 그래서 환자가 겪고 있는 통증은 억압이 발생한 상황에서 일어났다거나, 그의 환각이 당시에는 인식한 것이었다거나, 운동 신경 마비는 그 상황에서 수행되어야 했지만 억제당했던 행동에 대한 방어라거나, 근육 경축은 대체로 신체의 다른 부분에 있는 근육으로 가려던 신경 자극이 잘못 전달된 것이라거나, 경련은 자아의 정상적인 통제를 받아 물러났던 정서가 분출하듯 표현된 것이라거나 하는 사실들이 발견될 것이다. 또 증상이 나타날 때 수반되는 불쾌감의 정도도 상당히 다르다. 마비와 경축처럼 운동성을 대신해서 들어선 만성적 증상에는 거의 언제나 불쾌감이 전혀 존재하지 않는다. 자아가 그런 증상들과는 아무런 관련도 없는 것처럼 행동하기 때문이다. 그러나 단속적인 증상이나 감각 기관과 관련된 증상에서는 대체로 불쾌감이 분명하게 느껴진다. 그리고 통증 증상에서는 불쾌감이 아주 극심한 정도까지 이를 수도 있다. 우리 앞에 제시된 상황들이 너무도 다양하기 때문에 그 모든 변화들을 용납하면서 그것들에 대해 단일한 설명을 할 수 있도록 해주는 요소를 찾아내기란 쉽지 않다. 더

---

20 근육이나 건이 수축됨으로써 사지가 구부러진 채 움직이지 않거나 일정한 방향의 운동이 제한받는 경우를 말한다. 구축(狗縮)이라고도 한다.

군다나 전환 히스테리에서는 증상이 형성된 뒤 자아가 증상에 대항해서 싸우는 기미가 거의 발견되지 않는다. 증상이 이원적 역할을 하게 되는 경우는 단지 몸의 어떤 부분에서 일어나는 통증에 대한 과민성이 증상을 이룰 때뿐이다. 그 경우에는 증상이 관련된 신체 부분을 외부에서 만질 때마다 그 증상을 일으키는 상황이 내면에서 연상적으로 활성화될 때 못지않게 정규적으로 나타날 것이며, 따라서 자아는 외부의 지각 대상들로부터 그 증상이 일어나지 않도록 예방 조치를 취할 것이다. 나로서는 전환 히스테리의 증상 형성이 어째서 그처럼 특이하게 불분명한지 알 수 없지만, 어쨌든 그 사실은 우리에게 그처럼 무익한 분야에 대한 탐구를 당장 그만두도록 하는 훌륭한 근거를 제공해 준다.

증상의 형성에 대해서 좀 더 알게 되리라는 희망을 가지고 강박 신경증을 다시 고찰해 보기로 하자. 이 신경증에 속하는 증상들은 대개 두 그룹으로 나뉘며, 서로 상반되는 경향이 있다. 즉 그 증상들은 부정적인 특성을 지닌 금지, 조심, 속죄 같은 것이거나 아니면 그와는 반대로 상징적 가장(假裝)에서 흔히 나타나는 대체 만족Ersatzbefriedigung이다. 그 두 가지 중에서 먼저 생겨나는 것은 부정적인 방어 증상 그룹이지만, 질환이 장기화되면 모든 방어 수단을 비웃는 만족이 우위를 점하게 된다. 증상 형성은 만일 그것이 금지와 만족을 결합시켜 원래는 방어적 명령이나 금지였던 것으로 하여금 만족의 의미까지 얻게 한다면 성공을 거두는 셈이 되는데, 그 목적을 이루기 위해서 종종 매우 교묘한 연상의 통로들을 이용할 것이다. 그런 목적이 달성되면 우리가 이미 관찰했던 자아의 통합화 경향이 나타난다. 그러므로 극단적인 사례들에서는 환자가 자기의 증상을 원래의 의미뿐 아니라 정반대되는 의미까지도 획득하도록 최대한 이용한다. 이것은 양가감정의 힘에 주어지는 선물인 셈인데, 아직 알려지지 않은 어떤 이유로 강박 신경증에서 매우 큰 역할을 한다. 그러나 아주 초기 단계의 예에서는 그 증상이 이상성(二相性)이어서[21] 어떤 명령을 수행하는 행동에 이어 그 첫 번째 행동을 중단시키거나 원래의 상태로 되돌리는 — 비록 반대되는 방향으로 나아가는 데까지 이르지는 못하더라도 — 다른 행동이 뒤따른다.

강박 증상에 대한 이 간단한 조사로 두 가지 특기할 만한 일이 바로 나타난다. 그 첫 번째는 억압된 것에 대해 끊임없는 싸움이 치러져 억압력이 계속 힘을 잃는다는 것이고, 두 번째는 자아와 초자아가 증상 형성에 특별히 큰 몫을 한다는 것이다.

강박 신경증은 의심할 바 없이 분석 연구에서 가장 흥미롭고 얻을 것이 많은 주제이지만, 하나의 연구 과제로서는 아직 정복이 되지 못한 분야이다. 그래서 우리는, 만일 우리가 강박 신경증의 본질을 좀 더 깊이 파고들려고 한다면, 여전히 의심스러운 가설들과 확증되지 않은 가정에 의존해야 한다고 고백할 수밖에 없다. 강박 신경증은 의심할 바 없이 히스테리와 같은 상황, 즉 오이디푸스 콤플렉스의 리비도적 요구를 차단할 필요에서 생겨난다. 사실 모든 강박 신경증은 아주 이른 단계에 형성된 히스테리 증상을 기반으로 하는 것처럼 보인다.[22]

그러나 이 증상은 어떤 기질적 요인 때문에 나중에는 전혀 다른 모습을 띠게 된다. 리비도의 성기 조직은 결국 미약하고 불충분한 저항이 되므로 자아가 방어적인 노력을 시작할 때 이 증상이 할 수 있는 첫 번째 일은 (남근 단계의) 성기 조직으로 돌아가거나, 또는 부분적으로는 좀 더 이른 가학적인 항문 단계로 돌아

21 즉 두 번에 걸쳐서 일어남.
22 그에 대한 예가 〈늑대 인간〉에 대한 분석에서 나온다.

가는 것이다. 이 퇴행의 사실은 다음에 뒤따르는 모든 것에 대해 결정적이다.

또 다른 가능성이 고려되어야 한다. 어쩌면 퇴행은 기질적인 요인의 결과가 아니라 시간 요인의 결과일 수도 있다. 또 퇴행은 리비도의 성기 조직이 너무 약해서가 아니라 자아의 반대가 너무 이르게, 즉 가학적 단계가 절정에 달해 있을 때 시작되었기 때문에 가능해질 수도 있다. 나는 아직 이 점에 대해서 분명한 견해를 보일 준비가 되어 있지 않지만, 그런 가정이 분석적 관찰의 지지를 받지 못할 것이라고 말할 수는 있다. 분석적 관찰은 오히려 강박 신경증이 시작될 때 환자가 이미 남근 단계에 이르러 있었다는 것을 보여 준다. 더군다나 이 신경증은 히스테리보다 더 나중의 시기 — 잠복기가 시작된 뒤인 아동기의 두 번째 시기 — 에 발병한다. 내가 연구할 수 있었던, 아주 늦게야 이 질환에 걸린 어느 여자 환자의 경우에는 퇴행과 강박 신경증이 생겨난 결정적인 원인이 그녀의 성기적 삶을 통해 실제로 일어났던, 그때까지는 완전했다가 그 가치를 모두 상실한 어떤 일 때문이었다는 것이 분명해졌다.[23]

퇴행을 초심리학적으로 설명하는 관점에서 나는 퇴행을 〈본능의 혼합 *Triebenmischung*〉, 즉 성애적 구성 본능 — 성기기가 시작되면서 가학적 단계에 속하는 파괴적인 리비도 집중과 결합한 — 의 분리에서 찾고 싶다.[24]

퇴행의 강화는 리비도의 요구에 대한 방어적 투쟁에서 자아가 거둔 최초의 성공을 의미한다(이 점에서 더 일반적인 〈방어

---

23 「강박 신경증에 잘 걸리는 기질」 참조 — 원주.
24 「자아와 이드」에서 프로이트는 가학적 항문 단계로부터 성기적 단계로의 진전이 성애적 구성 요소의 획득에 의해 좌우된다고 주장했다.

Abwehr〉라는 개념을 〈억압〉과 구별하는 것이 유리하다.[25] 억압은 방어가 이용하는 메커니즘들 중의 하나일 뿐이다). 우리가 방어의 원동력이 거세 콤플렉스이며 배척당하는 것은 오이디푸스적 경향이라는 사실을 가장 분명하게 인식할 수 있는 경우는 어쩌면 정상적 사례 또는 히스테리적 사례가 아니라 강박증적 사례들에서일 것이다. 우리는 지금 현재 잠복기, 즉 오이디푸스 콤플렉스의 소멸, 초자아의 생성 또는 강화, 그리고 자아에서 윤리적·심미적 장벽이 확립되는 것으로 특징지어지는 시기의 시작을 다루고 있다. 강박 신경증에서는 이러한 과정이 정상적인 경우보다 더 나중에까지 지속된다. 그리고 오이디푸스 콤플렉스가 사라지는 것 외에도 리비도의 억압적 퇴화가 일어나고, 초자아는 예외적으로 엄격하고 무정해지며, 초자아에 복종하는 자아는 양심과 연민, 그리고 청결성의 형태로 강한 반동 형성을 일으킨다. 타협이 불가능한 — 그 때문에 항상 성공적이지는 못하더라도 — 엄격성은 어린 시절의 자위를 계속하고 싶은 유혹을 비난하는 식으로 나타나는데, 자위를 하려는 유혹은 이제 퇴행적인(가학적-항문적인) 관념에 편입되지만, 그럼에도 불구하고 남근 조직의 정복되지 않은 부분을 대표한다. 이 상황에는 선천적인 모순이 있다. 그것은 바로 남자다움에 대한 관심(말하자면 거세에 대한 두려움)으로 인해 남자다운 것에 속하는 모든 행동이 중단된다는 것이다. 그러나 여기에서도 강박 신경증은 단지 오이디푸스 콤플렉스를 제거하는 정상적인 방법을 지나치게 많이 사용할 뿐이다. 여기에서 우리는 무엇이건 지나치면 허사로 돌아갈 소지가 있다는 진실의 또 다른 예를 발견한다. 왜냐하면 강박적인 행동의 가장하에서 억압당한 자위는 전에 어느 때보다도 더 만족에 가까이 다가가기

25 이 점은 이 책 말미의 부록에서 상세히 논의되었다.

때문이다.

강박 신경증 환자의 자아에서 일어나는 반동 형성 ── 우리가 정상적인 성격 형성이 과장된 것으로 인식하는 ── 은 내 생각엔 방어의 또 다른 메커니즘으로 간주되어 억압 및 억압과 같은 것으로 다루어져야 할 듯싶다. 히스테리에서는 그런 반동 형성이 존재하지 않거나 또는 훨씬 더 미약한 것으로 보인다. 지금까지 논의해 온 것들을 돌이켜 보면 우리는 이제 히스테리의 방어 과정에서 특이한 점이 무엇인지에 대해 어떤 개념을 얻을 수 있다. 즉 히스테리에서는 방어 과정이 억압에만 국한되는 것으로 보인다. 자아는 바람직하지 못한 본능적 충동을 외면하고 그것이 무의식에서 제 갈 길을 추구하도록 놓아둔 채 어떻게 되건 상관하지 않는다. 그러나 이 견해는 절대적으로 옳지 못하다. 왜냐하면 우리는 히스테리성 증상이 초자아가 부과한 처벌의 실행이기도 한 사례를 알고 있기 때문이다. 하지만 그 사례는 자아가 히스테리에서 보이는 행동의 일반적 특성을 설명할 수도 있을 것이다.

우리는 강박 신경증에서 그처럼 엄격한 초자아가 나타나는 현상을 간단히 하나의 사실로 받아들일 수도 있고, 리비도에 대한 억압을 강박 신경증의 근본적인 특징이자 초자아의 엄격성을 그 질환에 관련시키려는 시도로 볼 수도 있다. 그런데 사실 초자아는 이드에서 생겨난 것인 만큼, 이드에서 일어나는 본능의 억압 및 해체와 분리될 수 없다. 그러므로 초자아가 정상적인 발전이 이루어졌을 경우보다 더 가혹하고 무정하고 성가셔지는 것이 그리 놀라운 일은 아니다.

잠복기 동안의 주된 임무는 자위로 이끌리는 유혹을 막는 일로 보인다. 그리고 이 투쟁으로 인해 일련의 증상들 ── 대체로 개개인마다 제각기 특징적인 모습으로 나타나지만 일반적으로 의식

(儀式)의 특성을 띠는 ― 이 나타난다. 지금까지 누구도 그런 증상들을 한데 모아 조직적으로 분석하지 않았다는 것은 참으로 유감스러운 일이다. 우리는 신경증에서 최초로 생겨난 산물인 그 증상들로 신경증의 증상 형성에 이용된 메커니즘들을 밝혀낼 수 있어야 한다. 왜냐하면 그 증상들은, 만일 심각한 질환이 뒤따른다면 그 피해가 엄청나게 될 특징들을 이미 보이기 때문이다. 그 증상들은 잠을 자고 씻고 옷을 입고 걸어다니는 활동들(나중에는 거의 무의식적으로 수행될)에 편입되는 경향이 있고, 또 반복함으로써 시간을 허비하는 경향도 있다. 왜 그런 경향이 있는지는 아직 분명하지 않지만, 항문 성애적 구성 요소들의 승화가 어떤 역할을 하는 것은 분명하다.

사춘기의 도래는 강박 신경증의 병력에 결정적인 장을 연다. 아동기에 중단되었던 성기 조직이 더 큰 힘을 가지고 다시 시작되기 때문이다. 그러나 우리가 알고 있다시피 사춘기에서의 이 새로운 출발이 어떤 방향을 택할 것인지를 결정하는 것은 바로 아동기에 이루어진 성적 발달이다. 그러므로 어린 시절의 공격적 충동들이 다시 일깨워질 뿐 아니라, 새로운 리비도적 충동의 일부 또는 대부분 ― 좋지 않은 사례에서는 전부 ― 이 퇴행에 의해 미리 정해진 길을 따라가면서 공격적이고 파괴적인 경향으로 나타날 것이다. 또 성애적 경향이 그처럼 가장된 데다 자아에서 강력한 반동 형성이 생겨난 결과로, 성욕에 대한 투쟁은 이제부터 윤리적 원칙이라는 깃발 아래서 수행될 것이다. 자아는 이드에서 의식으로 흘러든 잔인성과 폭력성의 부추김으로부터 깜짝 놀라 물러날 것이고, 그런 상황으로 인해 자기(즉 자아)가 제거하려고 애쓰는 것이 성욕 ― 다른 때 같았으면 이의를 제기하지 않았을 것들까지 포함한 ― 이라는 것을 전혀 알지 못한다. 지나치게 엄격한 초자아는 더욱더 강력하게 성욕을 억누르라고 주장한다. 성욕이 너무 반항적인 모습을 띠고 있기 때문이다. 그러므로 강박신경증에서는 갈등이 두 방향으로 심화된다. 즉 방어하는 힘들은 더욱더 강경해지고, 방어당하는 힘들 역시 더욱더 과격해진다. 그러나 두 가지 효과 모두 한 가지 요인, 즉 리비도의 퇴행에서 생겨난 것이다.

지금까지 이야기된 것 가운데 상당 부분은 불쾌한 강박적 관념들이 그 자체로 매우 의식적이라는 점에서 반박당할 소지가 있다. 그러나 강박적인 관념들은 의식이 되기 전에 억압 과정을 거친 것이 분명하다. 대부분의 경우 공격적인 본능 충동의 실질적인 표현은 자아가 전혀 모르는 것이므로, 그것을 의식화하기 위해서는 상당히 많은 분석 작업이 요구된다. 의식으로 침투한 것은 대체로 모호한 꿈 같은 막연한 성질을 띠었거나 알아볼 수도 없을 만큼 우스꽝스럽게 바뀐 왜곡된 대체물일 뿐이다. 심지어 억압이 공격적인 충동의 내용을 잠식하지 않은 경우에도 그 충동에 수반되는 정서적 특징은 분명히 제거되어 있다. 그러므로 자아에 나타난 공격성은 충동으로서가 아니라 환자들이 직접 말한 대로라면 아무런 느낌도 불러일으키지 않는 〈생각〉으로만 나타날 뿐이다.[26]

그러나 주목할 만한 일은, 사실은 그렇지 않다는 것이다. 실제로는 강박적인 관념이 인식될 때 남겨진 정서가 다른 곳에서 나타나기 때문이다. 초자아는 마치 억압이 일어나지 않은 것처럼, 그리고 공격적 충동의 진정한 의미와 정서적인 특성을 완전히 알고 있는 것처럼 행동하며, 그런 식으로 자아를 다룬다. 그리고 자아는 한편으로 자신이 무고하다는 것을 알고 있으면서도 다른 한편으로는 죄악감을 알아차리고 설명할 수 없는 책임을 져야 한다.

26 이에 관해서는 〈쥐 인간〉의 병력 참조.

그러나 이 상황은 첫눈에 보이는 것처럼 그렇게 혼란스럽지는 않다. 왜냐하면 초자아의 행동은 완전히 이해할 수 있는 것이고, 자아의 모순된 행동은 단지 자아가 초자아의 영향을 받기 쉬운 상태에 있을 동안 억압을 이용해 이드를 침묵시켰다는 것을 보여 주기 때문이다.[27] 자아가 어째서 초자아의 성가신 비판으로부터도 물러나려고 하지 않느냐는 질문이 제기될 수도 있지만, 자아는 분명히 수많은 예에서 어떻게든 그런 비판으로부터 물러났다. 죄악감이 전혀 나타나지 않는 강박 신경증들도 있기 때문이다. 그 경우에는 우리가 알 수 있는 한 자아가 새로운 증상을 일으키거나 속죄를 하거나 스스로를 처벌하는 제한을 가함으로써 죄악감을 알아차리지 않은 것이다. 하지만 그런 증상은 동시에 퇴행에 의해 강화된 가학적 충동이 만족되었음을 의미한다.

강박 신경증은 지극히 다양한 현상을 보이기 때문에 지금까지 아무리 많은 노력을 들였어도 그 모든 변화를 일관성 있게 통합할 수 없었다. 우리가 할 수 있는 일은 몇 가지 전형적인 상호 관계를 알아내는 것뿐이지만, 그러는 과정에서 이제는 덜 중요해진 다른 통일성을 간과했을지도 모르는 위험이 상존한다.

나는 이미 강박 신경증에서의 일반적인 증상 형성 경향을 설명했는데, 그 설명은 좌절의 대가로 대체 만족을 얻을 소지가 더 많다는 것을 보여 준다. 즉 한때는 자아에 대한 제한을 의미했던 증상들이 나중에는 자아의 통합 경향 덕분에 만족감도 나타내게 되는데, 그 두 가지 중 두 번째 의미가 점차로 더 중요해지는 것이 아주 분명하다. 그래서 방어라는 원래의 목적이 점점 더 완전한 실패로 돌아가는 과정의 결과로, 자아는 극심한 제한을 받아 증

---

27 테오도르 라이크Theodor Reik의 『자백 강박과 처벌 욕구 Geständniszwang und Strafbedürfnis』 참조 — 원주.

상에서 만족을 찾을 만큼 격이 떨어진다. 또 만족을 얻기 위해 힘의 분배가 잘못되면 자아의 의지가 마비되는 끔찍한 결과가 생길 수도 있는데, 그러면 자아가 내려야 하는 모든 결정이 한쪽에서 강제당하는 것과 거의 마찬가지로 다른 쪽에서도 강하게 강제를 당하게 된다. 더군다나 이드와 맨 처음부터 강박 신경증을 지배해 온 초자아 사이의 갈등은 대단히 큰 몫을 차지하기 때문에, 중재자로서의 역할을 수행할 수 없는 자아는 그 갈등의 범위 내로 끌려 들어오지 않는 어떤 것도 떠맡을 수 없다.

6

이러한 투쟁 과정에서 우리는 자아의 두 가지 활동과 접하게 되었는데, 증상을 형성하는 그 활동들은 분명히 억압을 대신하며, 억압의 목적과 기법을 설명하기에 매우 적합하다는 점에서 특별히 주목할 만한 가치를 지니고 있다. 그처럼 보조적이고 대체적인 기법이 나타난다는 사실은 진정한 억압이 그 기능을 수행하기 어려워졌다는 증거일 수도 있다. 우리는 히스테리에서보다 강박 신경증에서 자아가 증상 형성에 얼마나 더 많이 관여하며, 또 얼마나 끈질기게 현실에 대한 관계와 의식(意識)에 집착하고 그 목적을 위해 모든 지적인 능력을 이용하는지 ─ 그리고 실로 그 사고(思考) 과정에서 어떻게 리비도 과잉 집중이 일어나고 성적으로 자극되는지 ─ 를 생각한다면 아마도 억압의 다양한 변형을 좀 더 잘 이해하게 될 것이다.

내가 말하려는 두 가지 기법은 수행되어 온 것을 취소하는 것과 고립시키는 것이다.[28] 이 두 가지 기법 중 첫 번째 것은 광범위

28 이 두 가지 기법은 모두 〈쥐 인간〉의 분석에서 논의된다. 독일어로 *ungeschehen-*

하게 적용되고 오래전의 일까지 거슬러 올라간다. 그 기법은 말하자면 일종의 부정적인 요술인 셈인데, 운동 상징성이라는 수단으로 일어난 어떤 사건(또는 경험이나 느낌)의 결과뿐 아니라 사건 그 자체도 〈날려 버리려고〉 한다. 내가 일부러 〈날려 버린다〉라는 용어를 쓴 것은 독자들에게 이 기법으로 신경증에서뿐 아니라 요술, 대중적인 관습, 그리고 종교적인 의식에서도 수행되는 부분을 일깨워 주기 위해서이다. 일어난 일을 원상태로 되돌리는 강박 신경증의 기법은 처음엔 〈이상성〉 증상들과 마주치는데, 이 경우에는 마치 두 가지 행동이 모두 일어나지 않은 것처럼 첫 번째 행동이 두 번째 행동에 의해 취소되지만, 사실은 두 가지 행동이 모두 일어난다. 그러나 취소라는 목적은 강박적인 의식 저변에 깔린 두 번째 동기이고, 첫 번째 동기는 어떤 특정한 사건이 일어나거나 재발하는 것을 막기 위해 예방 조치를 취하려는 것이다. 그 양자 사이의 차이점은 쉽게 알아볼 수 있다. 즉 예방 조치는 합리적인 반면, 일어난 일을 〈일어나지 않았던 것으로 함으로써〉 제거하려는 것은 비합리적이고 요술적인 성격을 띤다. 물론 두 가지 동기 가운데 취소가 더 앞선 것이고 환경에 대한 물활론적인 태도로부터 생겨난 것이 아닌가 하는 의문이 생길 수 있다. 일어난 일을 원상태로 되돌리려는 노력은 당사자가 어떤 사건이 일어나지 않은 것으로 간주하겠다고 마음먹은 경우에는 차츰차츰 정상적인 행동으로 바뀐다. 따라서 정상적인 사람은 그 사건에 대해 직접적인 조치를 취하지도 않고, 또 그 사건이나 결과에 더 이상 관심을 두지도 않을 것이다. 그러나 신경증적인 사람은 과거 그 자체가 아예 존재하지 않았던 것처럼 만들려고 하면서 운동성 수단으로 그것을 억압하려고 들 것이다. 그와 같은 동기가 아마 *machen*인 첫 번째 기법은 글자 그대로 〈일어나지 않은 일로 만들기〉이다.

도 강박 신경증에서 자주 접하게 되는, 반복을 함으로써 여러 가지 상반된 의도를 동시에 충족시키려는 강박 관념에 대한 설명이 될 수 있을 것이다. 어떤 일이 바라던 방식으로 일어나지 않았을 때 환자는 그 일을 다른 식으로 반복함으로써 없었던 것으로 만드는데, 그러면 반복을 할까 말까 망설이고 있던 동기들까지도 모두 활동을 개시한다. 신경증이 진행됨에 따라 우리는 종종 외상성 경험을 없었던 것으로 하려는 노력이 증상 형성에서 가장 중요한 동기라는 것을 알게 된다. 그래서 우리는 예기치 않게도 방어 또는 (이 경우에는 좀 덜 정확하게 얘기하자면) 억압의 새로운 기법, 즉 운동성 기법을 발견하게 되는 것이다.

우리가 처음으로 설명을 시작하려는 두 번째 기법인 고립의 기법은 강박 신경증에서만 관찰될 수 있다. 이 기법 역시 운동성 영역에서 일어난다. 환자에게 뭔가 불쾌한 일이 일어났거나 또는 환자 자신이 그의 신경증에 중요한 의미를 지닌 어떤 일을 했을 때, 그는 더 이상 아무 일도 일어나지 않는 동안 — 그가 아무것도 인식하지 못하고 아무 일도 하지 않는 동안 — 에 휴지기를 삽입시킨다. 처음에는 이상해 보이는 이 행동은 곧 억압과 관련된 것으로 드러난다. 우리는 히스테리에서 외상성 경험이 기억 상실로 가려질 수 있다는 것을 알고 있다. 그러나 강박 신경증에서는 종종 그런 일이 이루어지지 않을 수 있다. 경험은 잊혀지지 않지만 그 대신 정서를 박탈당하고, 그 경험의 연상적인 관계들이 억압되거나 중단되기 때문이다. 따라서 그 경험은 마치 고립되어 있는 것처럼, 다른 정상적인 사고 과정에서는 재현되지 않는다. 이 고립의 효과는 기억 상실을 수반한 억압의 효과와 동일하다. 그러므로 이 기법은 강박 신경증에서 고립으로 재현되며, 그와 동시에 요술적인 목적을 위해 운동성이 강화된다. 이런 식으로 분리되어 있는 요소들은 연상적으로 한 부류에 속하는 바로 그 요소들이다. 운동성 고립은 생각의 연결을 확실하게 중단시키기 위한 것이다. 정상적인 집중 현상이 이런 종류의 신경증적 과정에 구실을 제공한다. 왜냐하면 우리가 어떤 느낌이나 일에서 중요하다고 여기는 것들은 다른 정신 과정이나 활동이 동시에 요구하는 것들로 인해 중단되어서는 안 되기 때문이다. 그러나 정상적인 사람이라도 관계가 없거나 중요하지 않은 것, 그리고 특히 모순되어 적절하지 못한 것을 피하기 위해 집중을 이용한다. 그런 사람은 다음과 같은 요소들, 즉 한때는 같은 부류에 속했지만 그가 성장하는 과정에서 분리된 요소들 — 예를 들면 신과의 관계에서 아버지 콤플렉스의 양가감정이 발현되거나 또는 사랑의 감정에서 배설 기관에 속하는 충동이 일어나는 — 로 가장 많은 방해를 받는다. 그러므로 정상적인 상황에서 자아는 생각의 흐름을 지도하는 기능을 수행하기 위해 상당히 많은 분리 작업을 하게 된다. 그러나 우리는 분석 기법을 수행하면서 자아가 평소에는 당연히 유지되어야 하는 그 기능을 당분간 포기하도록 훈련시켜야 한다.

순전히 경험적으로 우리는 강박 신경증 환자가 정신분석의 기본적인 규칙을 수행하는 일이 특히 어렵다는 것을 알게 되었다. 그의 자아는 더 주의 깊고 더 분명한 고립을 일으키는데, 그것은 아마도 초자아와 이드 사이에 존재하는 갈등으로 인한 긴장의 정도가 더 크기 때문일 것이다. 그가 생각에 빠져 있을 동안 그의 자아는 너무도 많은 것 — 무의식적인 환상의 침투와 양가감정 경향의 발현 — 을 막아 내야 하며, 긴장을 풀어서는 안 되고 항상 투쟁할 준비가 되어 있어야 한다. 자아는 고립이라는 요술적인 행위의 도움을 받아 집중시키고 고립시키려는 강박 충동을 강화한다. 그 충동은 여러 가지 증상의 형태로 현저히 눈에 띄게 되며 환자의 입장에서는 그처럼 많은 실제적 중요성을 갖지만, 당연히 그 자체로서는 소용이 되지 않고 의식(儀式)의 성질을 띤다.

그러나 자아는 연상(聯想)과 생각의 연결을 방해하려고 애쓰면서 강박 신경증의 가장 오래되고 가장 근본적인 명령, 즉 접촉을 금지하는 터부에 복종하고 있다. 만일 우리가 이 신경증에서는 어째서 접촉이나 전염의 회피가 그처럼 큰 역할을 하고 복잡한 시스템의 주제가 되는지를 자문해 본다면, 그 대답은 신체적 접촉이 애정적인 대상 리비도 집중일 뿐 아니라 적대적인 대상 리비도 집중의 직접적인 목적도 된다는 것이다.[29] 성애는 접촉을 갈망한다. 왜냐하면 접촉은 사랑하는 대상을 하나로 묶어 그 둘 사이에 존재하는 모든 공간적 장벽을 없애려고 하기 때문이다. 그러나 가까운 범위에서만 효과를 발휘할 수 있는(멀리까지 미치는 무기들이 발명되기 전에) 파괴 행위 역시 신체적 접촉, 즉 맞붙잡고 싸우는 행위를 전제로 한다. 여자를 〈만진다〉는 것은 그녀를 성적 대상으로 이용한다는 말의 완곡한 어법이 되었다. 누군가의 성기를 〈만지다〉라는 뜻이 아닌 이 말은 자가 성애적 만족을 금지하기 위해 채용된 말이다. 강박 신경증은 성애적 접촉을 박해함으로써 시작되고 억압이 일어난 뒤에는 공격성으로 가장해 접촉을 계속 박해하므로 그 질환에서는 접촉이 다른 어떤 것보다도 더 강하게 배척을 받으며, 억제 시스템의 구심점이 되기에 가장 적합하다. 그러나 고립화는 접촉의 가능성을 제거하려는, 즉 어떤 식으로도 접촉당하지 않도록 물러나는 방법이다. 신경증 환자가 휴지기를 삽입함으로써 어떤 느낌이나 활동을 고립시킬 때, 그는 상징적으로 자기가 그 느낌이나 활동에 대한 생각이 다른 생각들과 연상적인 접촉을 하도록 놓아두지 않으리라는 것을 납

29 「토템과 터부」(프로이트 전집 13, 열린책들)의 두 번째 장 참조.

득하고 있는 것이다.

증상의 형성을 탐구해 본 결과 우리는 이 정도까지 알게 되었다. 그러나 우리가 알게 된 것들을 요약하는 일은 별 가치가 없다. 그것들이 내놓은 결과가 근소하고 불충분한 데다 우리가 아직 모르고 있는 것을 거의 알려 주지 않기 때문이다. 또 공포증, 전환 히스테리, 강박 신경증 이외의 다른 질환들에서 생겨난 증상 형성으로 관심을 돌리는 것도 별 소득이 없을 것이다. 왜냐하면 그것들에 대해서는 알려진 바가 거의 없기 때문이다. 그러나 이 세 가지 신경증을 함께 고찰하면서 우리는 논의를 더 이상 미뤄 둘 수 없는 아주 심각한 문제에 부닥쳤다. 그 세 가지 신경증의 결과는 모두 오이디푸스 콤플렉스가 사라진 것이고, 또 세 가지 신경증 모두에서 자아가 저항을 하는 원동력은 우리가 믿기로는 거세에 대한 두려움이다. 그런데도 이 두려움이 표면으로 떠올라 인식되는 것은 단지 공포증에서만이다. 다른 두 신경증에서는 그 두려움이 어떻게 되었을까? 자아는 어떻게 그 두려움을 피했을까? 이 문제는 우리가 이미 언급했던 가능성, 즉 불안이 어떤 종류의 동요에 의해서 그 과정이 교란된 리비도 집중으로부터 직접 생겨날 가능성을 떠올릴 때 현저히 눈에 띄게 된다. 더군다나 거세에 대한 두려움이 억압(또는 방어)의 유일한 원동력일까? 여자들의 신경증을 생각해 본다면 그 점을 의심하지 않을 수 없다. 왜냐하면 우리는 신경증에 거세 콤플렉스가 존재한다는 것은 분명하게 확증할 수 있지만, 거세가 이미 일어난 상황에서는 거세 불안을 이야기한다는 것이 아무래도 적절하지 못하기 때문이다.

7

어린 시절의 동물들에 대한 공포증으로 다시 돌아가기로 하자. 모든 사정을 고려해 볼 때 우리는 그 공포증을 다른 어떤 사례들보다도 더 잘 알고 있다. 동물들에 대한 공포증에서 자아는 이드로부터 오는 대상 리비도 집중 ─ 긍정적 또는 부정적 오이디푸스 콤플렉스에 속하는 리비도 집중 ─ 에 대항해야 한다. 왜냐하면 자아는 그 대상 리비도 집중에 굴복할 경우 거세의 위험이 따른다고 믿기 때문이다. 이 문제는 이미 논의되었지만 명확히 해야 할 의심스러운 점들이 몇 가지 남아 있다. 〈꼬마 한스〉의 사례에서 ─ 즉 긍정적인 오이디푸스 콤플렉스의 사례에서 ─ 자아에 의한 방어를 불러일으킨 것은 어머니에 대한 그의 애정이었을까, 아니면 아버지에 대한 그의 공격성이었을까? 사실상 이 문제는, 특히 각각의 감정 경향이 다른 경향을 포함할 경우에는 중요하지 않은 것처럼 보이지만, 여기에는 이론적으로 중요한 것이 한 가지 있다. 왜냐하면 순전히 성애적인 감정으로 간주될 수 있는 것은 어머니에 대한 애정의 감정뿐이기 때문이다. 공격적인 충동은 주로 파괴 본능에서 생겨나는데, 우리는 항상 신경증에서 자아가 그 자체를 방어하는 것은 리비도의 요구에 대항하려는 것이지, 다른 어떤 본능의 요구에 대항하기 위한 것이 아니라고 믿어 왔다. 실제로 우리는 〈꼬마 한스〉에게 공포증이 형성된 뒤 어머니에 대한 그의 애정 어린 집착은 완전히 억압을 받아 사라진 것처럼 보인 반면, 공격적인 충동과 관련된 증상이 대신 형성되었다는 것을 알고 있다. 〈늑대 인간〉의 경우에는 그 상황이 더 간단하다. 즉 억압된 충동 ─ 아버지에 대한 그의 여성적인 태도 ─ 은 진정한 성애적 충동이었고, 그에게 증상이 생겨난 것은 바로 그 충동과 관련해서였다.

우리가 그처럼 오랫동안 연구를 해왔음에도 불구하고 아직까지 가장 기본적인 사실들을 이해하는 데조차 어려움이 있다는 것은 실로 부끄러운 일이다. 그러나 우리는 아무것도 단순화하지 않고 아무것도 숨기지 않기로 마음을 정했다. 우리가 사태를 분명히 알 수는 없다고 하더라도 불명료한 것이 무엇인지는 명확히 알 수 있을 것이기 때문이다. 여기에서 우리에게 걸림돌이 되는 것은 본능에 대한 우리의 이론이 발전하는 데 장애가 되는 어떤 것임이 분명하다. 우리는 리비도의 조직이 거치는 연속적인 단계 — 구순기에서부터 가학적 항문기를 지나 성기기까지 — 를 연구해 왔고, 그러면서 성 본능의 모든 구성 요소들을 같은 것으로 다루었다. 그러나 나중에 가서는 사디즘이 성애와 반대되는 또 다른 본능의 유사물이라는 것이 분명해졌다. 본능이 두 그룹으로 나뉜다는 이 새로운 견해는 리비도의 조직이 연속적인 단계를 이룬다는 예전의 구조를 몰아내는 것처럼 보인다. 그러나 우리는 어려움에서 벗어날 방법을 찾아내기 위해 새로운 근거를 말살할 필요가 없다. 그 해결책은 오래전부터 가까이에, 즉 우리가 다루고 있는 것은 순수한 본능적 충동들이 아니라 다양한 비율로 섞인 두 그룹의 본능들이라는 사실에 있었다. 만일 그렇다면 리비도의 조직에 관한 우리의 견해를 수정할 필요가 없다. 즉 대상에 대한 가학적 리비도 집중 또한 당연히 리비도적인 것으로 다루어질 수 있고, 아버지에 대한 공격 본능도 어머니에 대한 애정어린 충동이나 마찬가지로 억압을 받을 수 있다. 그럼에도 불구하고 우리는 앞으로 하게 될 논의를 고려해서 억압이 리비도의 성기 조직과 특별한 관련이 있는 과정이며, 자아가 다른 조직 단계의 리비도에 대항하여 그 자체를 보호해야 할 때는 다른 방어 수단에 호소할 가능성도 염두에 두어야 한다. 앞서 하던 이야기를 계속하자면, 우리는 〈꼬마 한스〉의 사례와 같은 것으로는 어떤 분명한 결론에 도달할 수 없다. 그의 공격적 충동이 억압을 받아 없어진 것은 사실이지만, 그 일이 일어난 것은 성기 조직에 도달한 뒤였기 때문이다.

이제부터 우리는 불안이 수행하는 역할을 간과하지 않을 것이다. 우리는 자아가 거세의 위험을 인식하자마자 불안 신호를 발하고 쾌감과 불쾌감의 작용을 통하여(우리가 아직은 이해할 수 없는 방법으로) 이드에서 일어나려고 하는 리비도 집중 과정을 방해한다고 말한 바 있다. 그와 동시에 공포증이 생겨난다. 그런데 거세 불안은 다른 대상에게로 돌려져 왜곡된 형태로 표현되므로, 환자는 아버지에게 거세당할까 봐 두려워하는 것이 아니라 말에게 물리거나 늑대에게 잡아먹힐까 봐 두려워한다. 이 대체적인 증상 형성에는 분명하게 유리한 점이 두 가지 있다. 첫 번째는 그럼으로써 양가감정(왜냐하면 아버지는 사랑하는 대상이기도 하므로)에 기인한 갈등을 피하고, 두 번째는 자아가 더 이상 불안을 일으키지 않도록 할 수 있다는 것이다. 공포증에 속하는 불안은 조건적이므로 그 대상이 인식되었을 때에만 나타난다. 그도 그럴 것이, 그때에 가서야 위험 상황이 존재하기 때문이다. 따라서 그 상황에 있지도 않은 아버지에게 거세를 당할까 봐 두려워할 필요는 없다. 그러나 다른 한편으로 아버지를 제거할 수는 없다. 그는 언제든 나타날 수 있다. 그러나 만일 아버지가 어떤 동물로 대체된다면 환자가 할 수 있는 일은 위험과 불안으로부터 벗어나기 위해 그 짐승을 — 즉 그것의 존재를 — 보지 않는 것뿐이다. 그래서 〈꼬마 한스〉는 그의 자아에 제한을 가했다. 즉 그는 어떤 말과도 마주치지 않기 위해 집을 나서지 않는 억제를 일으켰던 것이다. 어린 러시아인의 경우는 상황이 훨씬 더 나았다. 왜냐하면 그로서는 특별한 그림책을 보지 않는 것이 박탈이라고 할 수는 없었기 때문이다. 만일 그의 심술궂은 누이가 계속해서 그에게 똑바로 선 늑대 그림이 들어 있는 책을 보여 주지만 않았더라면, 그는 아마도 두려움을 느끼지 않을 수 있었을 것이다.

전에 나는 공포증이 내면의 본능적 위험을 외부의 인식적 위험으로 바꾼다는 점에서 투사의 특성을 지녔다고 말한 바 있다. 이 투사의 유리한 점은 환자가 내면에서 생겨나는 위험으로부터 달아나 봤자 소용이 없는 반면, 외부의 위험으로부터 달아나거나 인식을 하지 않음으로써 그 위험에 대해 자신을 보호할 수 있다는 것이다.[30] 내 설명이 부정확하지는 않았지만 상황의 본질을 파고들지는 못했다. 왜냐하면 본능의 요구는 결국 그 자체로서 위험한 것이 아니라 현실의 외부적 위험, 즉 거세의 위험을 수반할 경우에만 위험해지기 때문이다. 그러므로 공포증에서 생겨난 일은 결국 외부의 위험이 또 다른 위험으로 바뀐 것뿐이다. 공포증에서 자아가 회피나 억제 또는 증상의 수단으로 불안을 피할 수 있다는 견해는 불안이 단지 하나의 정서적인 신호이며 경제적인 상황에서 어떤 변화도 일어나지 않았다는 견해와 매우 잘 부합한다.

그러므로 동물 공포증에서 느껴지는 불안은 위험에 대한 자아의 정서적 반응이며, 그와 같은 방식으로 나타나는 위험은 거세의 위험이다. 이 불안은 그 내용이 무의식에 남아 왜곡된 형태로 의식적으로 된다는 것만 제외하고는 자아가 위험 상황에서 정상적으로 느끼는 현실적 불안과 다를 것이 전혀 없다.

내가 생각하기에는 성인들의 공포증 역시 — 비록 그들의 신

30 「무의식에 관하여」에 실린 공포증에 대한 설명 참조.

경증에 작용하는 자료가 훨씬 더 많고 증상 형성에 몇 가지 부가적인 요인들이 있다고는 해도 — 마찬가지일 것이다. 기본적으로 그 상태는 동일하다. 광장 공포증 환자는 어떤 본능적 위험 — 말하자면 자기의 성애적인 생각에 굴복할 위험 — 을 피하기 위해 자신의 자아에 제한을 가한다. 왜냐하면 만일 그가 성애적 욕망에 굴복할 경우, 어린 시절에 그랬던 것처럼 거세를 당하는 위험이나 그와 비슷한 다른 위험이 다시 나타날 것이기 때문이다. 그런 예로 나는 매춘의 유혹에 굴복하고 그에 대한 처벌로서 매독에 감염될까 봐 두려워 광장 공포증을 일으킨 한 젊은 남자의 사례를 들 수 있다.

나는 많은 사례들이 더 복잡한 구조를 보인다는 것과 여러 가지 다른 억압된 본능적 충동들이 공포증에 편입될 수 있다는 것을 잘 알고 있다. 하지만 그것들은 단지 나중의 단계에서 그 대부분이 신경증이라는 본류에 합쳐지는 지류들일 뿐이다. 광장 공포증의 종합 증상은 자아가 포기를 하는 것에 그치지 않는다는 사실 때문에 더 복잡해진다. 위험 상황을 제거하기 위해 자아는 한 걸음 더 나아가 대체로 유아기까지(극단적인 사례들에서는 환자가 어머니의 태내에서 그 당시의 위험으로부터 보호를 받고 있던 시기까지) 일시적인 퇴행을 초래한다. 그런 퇴행은 만일 실현이 된다면 자아가 포기하지 않을 수 있도록 해주는 조건이 된다. 예를 들면 광장 공포증 환자는 어린아이처럼 자기가 믿을 수 있는 사람과 함께라면 길거리를 돌아다닐 수 있고, 또 같은 이유로 자기 집으로부터 어느 일정한 범위 내에 있는, 그래서 자기가 잘 알지 못하는 곳이나 또는 사람들이 그를 알지 못하는 곳으로 가지 않는 한 혼자서 외출할 수도 있다. 이러한 조건들은 각각의 사례에서 환자가 신경증을 앓는 동안 내내 그를 지배하는 유아기적 요소들에 의존할 것이다. 혼자 있는 것에 대한 공포증은 유아기의 어떤 억압과도 상관없이 그 의미가 분명하다. 즉 그 공포증은 궁극적으로 혼자서 자위에 빠지고 싶은 유혹을 피하려는 노력이다. 그러므로 유아기의 퇴행은 당연히 환자가 아동기를 지난 뒤에만 일어날 수 있다.

공포증은 일반적으로 특별한 상황에서, 예를 들면 길거리에서나 기차에서나, 또는 아무도 없이 혼자서 첫 번째 불안 발작을 겪은 뒤에 생겨난다. 그 후로 불안은 공포증에 의해 억제되지만 보호 조건이 충족되지 않았을 때는 언제든지 다시 생겨난다. 공포증의 메커니즘은 방어 수단으로서 분명히 많은 도움이 되며, 매우 안정적인 경향이 있다. 그리고 방어 투쟁은 증상에 대항하는 투쟁의 모습을 띠고 계속되는 일이 많지만, 반드시 그런 것은 아니다.

우리가 공포증의 불안에 대해서 알아낸 사항은 강박 신경증에도 적용될 수 있다. 이 점에서 우리는 강박 신경증을 공포증과 완전히 일치하는 것으로 보는 데 별 어려움이 없다. 강박 신경증의 경우 나중에 생겨난 모든 증상 형성의 주요 원인은 분명히 초자아에 대한 자아의 두려움이고, 자아가 반드시 벗어나야만 하는 위험 상황은 초자아의 적개심이다. 여기에는 투사의 흔적은 없으며 위험은 완전히 내향화된다. 그러나 자아가 초자아를 두려워하는 것이 무엇 때문인지를 자문해 본다면, 우리는 초자아가 가할 법한 위협이 틀림없이 거세라는 처벌의 연장선상에 있다고 생각하지 않을 수 없다. 아버지가 초자아의 모습으로 비인격화되었듯이, 거세의 두려움이 막연한 사회적 또는 〈도덕적 불안〉[31]으로 바

---

31 *Gewissensangst*는 글자대로 하자면 〈양심 불안〉이라는 뜻이다. 이 말은 번역자에게 끊임없는 곤란을 안겨 준 원인이 되었다. 일상적인 용법에서는 그 말이 〈양심의 가책〉이라는 의미에 지나지 않는다. 그러나 프로이트는 자주 이 구절에서 나타나는 것처럼 불안의 요인에 중점을 두고 있다. 그리고 때로는 〈양심〉과 〈초자아〉 사이의

꿰는 것이다. 그러나 불안은 숨겨지고 자아는 부과된 명령과 예방 조치, 그리고 속죄를 순순히 이행함으로써 불안을 피한다. 만일 자아가 그러는 데서 방해를 받는다면, 자아는 당장 불안과 동일한 것으로 간주되는 ─ 환자들 자신이 불안과 같은 것으로 여기는 ─ 극심한 불쾌감에 휩싸인다.

그러므로 우리가 이르게 된 결론은 다음과 같다. 불안은 위험 상황에 대한 반응이며, 자아가 그 상황을 피하기 위해, 또는 그 상황으로부터 물러나기 위해 어떤 일을 함으로써 미연에 방지된다. 불안이 생겨나는 것을 피하기 위해 증상이 형성된다고 할 수도 있을 것이다. 그러나 이 말은 정곡을 찌르지 못한다. 그보다는 불안이 생겨남으로써 나타나는 위험 상황을 피하기 위해 증상이 형성된다고 말하는 편이 더 옳을 것이다. 우리가 논의해 온 사례들에서 불안과 관련된 위험은 거세의 위험이나 또는 그 원인이 거세로 거슬러 올라갈 수 있는 어떤 위험이었다.

만일 불안이 위험에 대한 자아의 반응이라면, 우리는 구사일생으로 살아난 뒤에 자주 나타나는 외상성 신경증을 죽음의 두려움에 대한 직접적인 결과로 여기고 거세라는 문제와 자아의 종속적인 관계를 마음속에서 몰아내고 싶을 것이다. 지난 전쟁[32] 동안 생겨난 외상성 신경증들을 관찰해 온 대부분의 연구자들은 그 노선을 따랐고, 자기 보존 본능에 대한 위협이 그 자체로서 성적인 요인들과는 전혀 상관없이, 또 정신분석의 복잡한 가설들을 전혀 필요로 하지도 않고, 신경증을 유발시킨다는 증거가 이제 곧 나오게 될 것이라고 자신 있게 공표했다. 사실 외상성 신경증을 다

구별이 명확하지 않은 곳에서는 〈양심의 불안〉으로 표현하기도 한다. 이 문제에 대한 가장 심도 있는 논의는 「문명 속의 불만」에서 찾아볼 수 있을 것이다.

32   제1차 세계 대전을 말함.

룬 얼마간의 가치라도 있는 분석이 현재 단 한 가지도 남아 있지 않다는 것은 매우 유감스러운 일이다.[33] 또 그와 같은 분석이 성욕의 병인적 중요성과 상반되기 때문이 아니라 — 그 모순은 리비도 집중을 대상 리비도 집중과 같은 것으로 보고 자기 보존 본능의 리비도적 성격을 강조한 자기애라는 개념의 도입으로 벌써 오래전에 해결되었으므로 — 그런 종류의 분석이 전혀 없었기 때문에 우리가 불안과 증상 형성 사이의 관계에 대해 분명한 결론을 끌어낼 아주 소중한 기회를 대부분 잃어버렸다는 것도 유감스러운 일이다. 우리가 비교적 단순하고 일상적인 신경증의 구조에 대해서 알고 있는 모든 사항에 비추어 본다면, 정신 기관이 더 심층적으로 관여하지 않고 단지 위험이 객관적으로 존재한다는 이유만으로 신경증이 생겨날 가망성은 거의 없어 보인다. 그러나 무의식에는 죽음에 대한 우리의 개념에 어떤 내용을 제공해 줄 만한 것이 아무것도 포함되어 있지 않은 듯 보인다. 거세는 매일같이 배설물이 몸에서 분리되는 경험이나 또는 젖 떼는 시기에 어머니의 유방을 잃은 것을 근거로 상상될 수 있을 뿐이다.[34] 그러나 죽음과 같은 것은 경험되었을 리가 없고, 설령 기절을 하는 경우에서처럼 경험되었다고 하더라도 그것은 관찰될 수 있는 흔적을 전혀 남기지 않는다. 그러므로 나는 죽음에 대한 두려움이 거세의 두려움과 유사한 것으로 간주되어야 하며, 자아가 반응하는 상황은 보호를 해주는 초자아 — 운명의 힘 — 가 포기하는 상황이므로, 초자아는 더 이상 그것을 둘러싼 모든 위험에 대해 안전벽이 되지 못한다는 견해를 고수하고 싶어졌다.[35] 그리고 한마

33 프로이트의 전쟁 신경증에 관한 논의(「정신분석과 전쟁 신경증에 관하여 Zur Psychoanalyse der Kriegsneurosen」, 1919) 참조.
34 〈꼬마 한스〉의 사례 연구에서 1923년에 추가된 각주 참조.
35 「자아와 이드」의 마지막 몇 단락 참조.

디 덧붙이자면, 나중에 외상성 신경증이 되는 경험들에서는 외부의 자극을 막는 보호막이 파손되어 지나치게 많은 양의 흥분이 정신 기관에 영향을 미친다는 점도 반드시 기억되어야 한다. 그러므로 우리는 여기에서 두 번째 가능성 ─ 즉 불안은 하나의 정서로서 나타날 뿐 아니라 상황의 경제적인 조건들로부터 새로 생겨나기도 한다는 ─ 을 알게 된다.

내가 방금 전 자아가 끊임없이 반복적으로 대상을 잃음으로써 거세를 예상할 준비가 되어 있다는 취지로 한 말은 불안의 문제를 새롭게 조명한다. 우리는 지금까지 불안을 위험에 대한 정서적인 신호로 간주해 왔지만 이제 그 위험은 흔히 거세의 위험인 만큼, 우리가 보기에는 그것이 상실과 분리에 대한 반응으로 보인다. 비록 이 견해에 반하는 여러 가지 고찰이 즉각적으로 제시된다고 하더라도, 우리로서는 한 가지 매우 괄목할 만한 상호 관계에 깊은 인상을 받지 않을 수 없다. 모든 인간(인간의 경우에는 어느 경우에나)이 겪어야 하는 불안의 첫 번째 경험은 출생인데, 객관적으로 말하자면 출생은 어머니로부터의 분리이다. 그러므로 출생은 어머니의 거세(아이를 남근과 동일시함으로써)에 비유될 수 있었다. 그런 만큼 불안이 분리의 상징으로서 뒤이어 분리가 일어나는 모든 경우에 반복된다면 매우 만족스러운 결과를 얻을 수 있을 것이다. 그러나 불행히도 우리는 출생이 어머니로부터의 분리로서 주관적으로 경험되지 않는다는 사실 ─ 왜냐하면 태아는 완전히 자기애적 존재여서 대상으로서의 어머니의 존재를 전혀 알지 못하므로 ─ 때문에 그 상호 관계를 이용할 수 없었다. 또 다른 반론은 우리가 분리에 대한 정서적 반응이라고 알고 있는 것이 고통과 비탄이지 불안이 아니라는 것이다. 그런데 말이 나온 김에 한마디 덧붙이자면, 우리는 비탄의 문제를 논의

하는 데서 그것이 어째서 그처럼 고통스러운 것인지를 알아내지 못했다는 것도 기억해야 한다.[36]

8

이제 잠시 논의를 멈추고 생각을 할 때가 되었다. 우리가 하고자 했던 것은 불안이 정말로 무엇인지를 밝혀 줄 어떤 것, 즉 우리로 하여금 불안에 대한 참된 설명과 거짓된 설명을 구분할 수 있도록 해줄 어떤 기준을 찾아내는 일이었다. 하지만 그 일은 이루어 내기가 쉽지 않다. 불안은 그리 간단한 문제가 아니기 때문이다. 지금까지 우리는 불안에 대한 상반된 견지에 도달했을 뿐이며, 편견 없는 눈으로 본다면 그중 어느 것도 다른 것보다 더 우선적으로 고려될 수 없다. 그러므로 나는 다른 과정을 택하자고 제안하겠다. 우리가 불안에 대해서 알고 있는 모든 사실들을 새로 통합시키려 하지 말고, 그런 것들을 아주 공평하게 모아 보자는 것이다.

우선 불안은 느껴지는 어떤 것이다. 우리는 이것을, 비록 우리가 정서라는 것이 무엇인지 잘 모른다고 하더라도, 정서적인 상태라고 부를 수 있다. 느낌으로서의 불안은 매우 현저하게 불쾌한 특성을 지닌다. 하지만 그것이 불안 특성의 전부는 아니다. 또 모든 불쾌감을 불안이라고 부를 수도 없다. 왜냐하면 긴장, 고통 또는 비탄 등 불쾌한 특성을 지닌 다른 느낌들도 있기 때문이다. 그러므로 불안은 이 불쾌한 특성 외에 다른 어떤 분명한 특성들을 지니고 있는 것이 분명하다. 우리는 과연 이 여러 가지 불쾌한

---

36 「슬픔과 우울증」(프로이트 전집 11, 열린책들) 참조. 프로이트는 이 논문의 부록(3)에서 그 주제로 다시 돌아간다.

정서 사이의 차이점을 알아낼 수 있을까?

어쨌건 우리는 불안한 느낌에 대해 한두 가지를 특기할 수 있다. 이 느낌의 불쾌한 특성은 그 나름대로 어떤 특징 — 아주 분명하지는 않은 것이라서 그 존재를 증명하기는 어렵지만, 그렇더라도 틀림없이 있을 법한 — 을 지닌 것으로 보인다. 그러나 꼭 집어 말하기가 어려운 이 특징 외에도 우리는 불안에 신체의 어느 특정한 기관으로 돌릴 수 있는 매우 분명한 육체적 느낌이 수반된다는 것을 알고 있다. 그러나 여기에서는 불안의 생리학을 다루는 것이 아닌 만큼, 그러한 느낌들의 몇 가지 전형을 언급하는 것으로 충분할 것이다. 가장 분명하고 가장 빈번하게 관찰되는 것은 호흡 기관 및 심장과 관련된 느낌인데,[37] 그런 느낌들은 운동 신경 지배 — 즉 해소 과정 — 가 불안의 일반적인 현상에 작용한다는 증거를 제공한다.

그러므로 불안 상태를 분석해 보면 다음의 사실들이 드러난다. (1) 특별히 불쾌한 특징, (2) 해소 행동, (3) 그러한 행동의 인식. 나중의 두 가지 사실은 비탄과 고통에서처럼 불안 상태와 다른 유사한 상태 사이의 차이점을 지적한다. 그리고 마지막 경우에는 어떤 운동성 발현도 없거나, 또는 있다고 하더라도 그것은 전체적인 상태에 없어서는 안 될 부분이 아니라, 그 상태의 결과나 그에 대한 반응으로서 다른 성질을 띤다. 그러므로 불안은 해소 활동이 특별한 경로를 따르는 특별히 불쾌한 상태이다. 우리는 일반적인 견해에 따라[38] 불안이 흥분 — 한편으로는 불안한 특성을 일으키고 다른 한편으로는 이미 언급한 해소 활동을 통해 제거

---

37 불안 신경증에 관한 프로이트의 첫 번째 논문(「신경 쇠약증에서 〈불안 신경증〉이라는 특별한 증후군을 분리시키는 근거에 관하여」) 참조. 이 책 첫머리에 실려 있음.

38 「쾌락 원칙을 넘어서」를 참조할 것.

수단을 찾는 — 의 증가에 근거한다고 생각하기가 쉽다. 그러나 순전히 생리학적인 그런 설명은 여간해서 우리를 만족시키지 못할 것이다. 그래서 우리는 불안한 느낌과 그 느낌의 신경 지배를 단단히 결합시키는 병력적 요인이 존재한다고 가정하게 되었다. 다시 말하자면 우리는 불안 상태가 흥분의 증가와 특별한 경로를 따르는 해소에 반드시 필요한 조건을 포함하는 어떤 경험의 재현이며, 그 상황으로부터 불안의 불쾌감이 그 특별한 성질을 부여받는다고 간주한다. 사람의 경우에는 출생이 그런 경험의 전형적인 예가 된다. 따라서 우리는 불안 상태를 출생의 외상이 되살아난 것으로 간주하게 되었다.

그러나 이 말은 불안이 정서 상태에서 예외적인 지위를 점하고 있다는 뜻은 아니다. 내 생각으로는 다른 정서들도 역시 매우 이른 시기의, 어쩌면 출생 이전으로까지 거슬러 올라가는, 지극히 중요한 경험이 되살아난 것으로 보인다. 그래서 나는 그런 정서들을 보편적이고 정형적이며 선천적인 히스테리 발작으로 간주해서 근래에 개인적으로 습득된 발작 — 히스테리성 신경증에서 일어나고 정신분석을 통해 기억 상징들로서의 기원과 중요성이 드러난 — 과 비교해 보고 싶었다. 물론 그와 같은 여러 정서에서도 나의 견해가 옳다는 것을 보여 줄 수 있다면 매우 바람직하겠지만 그것은 아직 요원한 일이다.[39]

불안이 출생으로까지 거슬러 올라간다는 견해는 당장 피할 수 없는 반론을 불러일으킨다. 불안은 어느 모로 보나 모든 생물체, 적어도 모든 고등 생물에 공통되는 현상인 반면, 출생을 겪는 것은 포유동물뿐이고 더군다나 그 포유동물 모두에게 출생이 외상

---

39 이 개념은 아마도 다윈의 『인간과 동물의 감정 표현』에서 유래한 것 같다. 프로이트는 『히스테리 연구』에서도 비슷한 의미로 그 개념을 인용했다.

의 의미를 지니는지가 의심스럽다는 주장이 제기될 수도 있다. 즉 출생이라는 원형(原型)이 없는 불안도 있을 수 있다는 것이다. 그러나 이 반론은 심리학과 생물학을 나누는 장벽을 넘어서는 것이다. 불안이 위험 상황에 대한 반응을 수행하는 데 필수적인 생물학적 기능을 지녔다는, 바로 그 이유로 다른 생물체들에서는 불안이 다르게 초래된다고 할 수도 있을 것이다. 또 그 외에도 우리는 인간과 동떨어진 생물체들이 느끼는 불안에 인간의 경우와 같은 느낌과 신경 지배가 포함되어 있는지도 알지 못한다. 그러므로 사람에게는 불안이 출생 과정에서 생겨난다는 견해를 반박해 봤자 아무 소용도 없는 일이다.

만일 불안의 구조와 기원이 지금까지 설명된 것과 같다면 그 다음 질문은 불안의 기능이 무엇이며 어떤 경우에 불안이 되살아나느냐 하는 것이다. 그 대답은 분명하고 설득력이 있어 보인다. 즉 불안은 원래 위험한 상태에 대한 반응으로 나타나며, 그런 상태가 재발할 때마다 다시 생겨난다는 것이다.

그러나 이 대답은 더 생각할 문제들을 제기한다. 불안의 원래 상태에 포함된 신경 지배는 아마도 첫 번째 히스테리 발작에 수반되는 근육 운동과 똑같은 어떤 의미와 목적을 지니고 있을 것이다. 히스테리 발작을 이해하기 위해서 우리가 해야 할 일은 문제의 동작이 적절하고 편리한 행위의 일부를 구성하는 상황을 찾아보는 것이다. 출생시에는 호흡 기관으로 돌려진 신경 지배가 폐를 활동시키기 위한 방법을 마련하고 심장 박동을 촉진함으로써 혈액이 독성 물질을 배출하도록 도와주는 것 같다. 그러나 물론 나중에 불안 상태가 정서로 되살아날 때는 히스테리 발작의 반복에서와 마찬가지로 그러한 편의성이 전혀 없을 것이다. 어떤 사람이 새로운 위험 상황에 처했을 때 현재의 위험에 적절한 반응을 일으키는 대신 불안 상태(이전의 위험에 대한 반응인)로 반응하기는 매우 불편할 것이다. 그러나 만일 위험 상황이 다가오는 동안 인식되어 갑작스러운 불안으로 나타난다면 그의 행동은 한 번 더 편리해질 수도 있다. 그런 경우에 그는 당장 좀 더 적절한 수단에 의존함으로써 불안을 제거할 수 있다. 그러므로 우리는 불안이 나타날 수 있는 방법이 두 가지 있다는 것을 알게 된다. 그 하나는 불편한 방법으로서 새로운 위험 상황이 생겨났을 때이고, 다른 하나는 편리한 방법으로서 신호를 발하고 그런 상황이 일어나지 않도록 막기 위한 것이다.

그러나 〈위험〉이란 무엇일까? 출생 행위에는 정말로 생명의 위험이 따른다. 우리는 그 말이 뜻하는 바를 객관적으로 알고 있지만, 심리적인 의미로는 그것이 우리에게 아무것도 알려 주는 바가 없다. 출생의 위험은 아직 심리적인 내용을 전혀 지니고 있지 않기 때문이다. 우리는 태아가 자기의 목숨이 끊어질 가능성이 있다는 것을 조금이라도 알고 있다고 가정할 수 없다. 태아는 단지 자기애적 리비도의 경제에 뭔가 굉장한 교란이 일어났다는 것만을 알 수 있을 뿐이다. 엄청나게 많은 자극이 태아에게 몰려들어 새로운 종류의 불쾌감을 일으키고, 몇몇 기관들이 증가된 리비도 집중을 획득함으로써 이제 곧 시작될 대상 리비도 집중의 전조가 된다. 이 모든 것들 가운데서 어떤 요소들이 〈위험 상황〉의 신호로 이용될까?

그러나 불행히도 신생아의 정신 구조에 대해서 알려져 있는 것이 거의 없는 탓에 분명한 대답을 할 수는 없다. 심지어 나는 내가 방금 전에 한 말의 타당성조차 입증할 수 없다. 아기가 출생을 떠올리는 상황을 겪을 때마다 그 불안한 정서를 반복해서 느끼리라는 것은 쉽게 알 수 있다. 그러나 우리가 반드시 알아야 할 것은, 무엇이 그 사건을 떠올리고 또 어떤 것이 떠올려지느냐 하는 것이다.

　우리가 할 수 있는 일은 품에 안긴 아기나 좀 더 나이가 든 아이들이 불안을 일으킬 준비가 되어 있는 경우를 조사하는 것뿐이다. 랑크는 출생의 충격에 관한 그의 저서[40]에서 아이들이 가장 먼저 느끼는 공포증과 그 아이들이 출생 시에 받은 느낌 사이의 관계를 확립하려고 시도했다. 그러나 나는 그가 성공을 거두었다고 생각하지 않는다. 그의 이론은 두 가지 반대에 부딪친다. 우선, 그는 유아가 출생 시에 특정한 감각적 느낌, 특히 시각적인 종류의 느낌을 받으며, 그 느낌이 되살아날 때마다 출생의 충격을 다시 떠올리고, 그럼으로써 불안 반응을 일으킬 수 있다고 가정한다. 하지만 그 가정은 근거가 거의 없을뿐더러 전혀 그럴듯해 보이지도 않는다. 아이가 출생 과정과 관련하여 촉각적 감각과 일반적 감각 이외에 다른 어떤 감각을 지녔다고 생각되지 않기 때문이다. 또 랑크는 만일 나중에 아이들이 구멍으로 사라졌다 다시 나타나곤 하는 조그만 동물들에게 두려움을 보인다면 그 반응은 아이들이 유사성을 인식하기 때문이라고 하지만, 그것은 아이들이 알 수 없는 유사성이다. 더군다나 랑크가 자기에게 편리할 대로, 어떤 때는 나중에 생겨난 그런 불안 상황이 아이가 태내에서의 행복한 삶을 떠올린 것이라고 하고, 또 어떤 때는 그 경험이 중단된 외상성 교란을 떠올린 것이라고 한다는 점에서 본다면, 그의 주장은 자의적인 해석이라는 비판을 면하기 어렵다. 더군다나 아이들의 불안에는 그의 이론에 직접적으로 반하는 예들이 있다. 예를 들어 아이가 어두운 곳에 혼자 남겨졌을 때, 그의 견해에 따른다면 아이는 태내의 상황이 재현된 것을 기꺼이 받아들여야

40　『출생의 외상 *Das Trauma der Geburt*』(1924).

할 것이다. 그러나 아이가 불안 반응을 보이는 것은 바로 그런 경우이다. 그리고 만일 그것을 아이가 출생으로 인해 태내에서의 행복이 중단된 경험을 떠올렸기 때문이라는 말로 설명하려 든다면, 우리는 그처럼 억지로 끌어다 붙인 설명을 더 이상 묵과할 수 없을 것이다.

나는 어린 시절에 맨 처음 겪는 공포증이 출생 행위의 느낌으로 곧장 거슬러 올라갈 수 없고, 또 지금까지 그런 느낌들이 설명되지도 않았다는 결론에 도달했다. 물론 품에 안긴 아기도 불안감을 느끼기 쉽다는 것은 분명하다. 그러나 이 불안감은 출생 직후에 극대화되었다가 차츰차츰 줄어드는 것이 아니라, 정신의 발달 과정이 진행됨에 따라 나중에 가서야 나타나고 아동기에 일정 기간 지속된다. 만일 이러한 초기의 공포증이 그 시기를 넘어서까지 지속된다면, 비록 그 공포증이 아동기 후반에 나타나는 분명한 신경증과 어떤 관계가 있는지 분명하지는 않더라도, 우리는 신경증적 교란이 있는지를 의심하게 된다.

우리는 어린아이들에게 나타나는 불안의 조짐들 가운데 몇 가지만을 알 수 있을 뿐이므로 우리의 관심을 그런 조짐들에 국한시켜야 한다. 예를 들면 그런 조짐들은 아이가 혼자 있거나, 어두운 곳에 있거나,[41] 또는 아이가 잘 알고 있는 사람 — 어머니와 같은 — 대신 알지 못하는 사람과 함께 있을 때 나타난다. 이 세 가지 예는 단 한 가지의 조건, 즉 아이가 좋아하고 갈망하는 누군가를 잃는 조건으로 축약될 수 있다. 그러나 내 생각으로는 바로 그 조건에 불안과 불안을 에워싸고 있는 것처럼 보이는 갈등 사이의 타협을 이해할 열쇠가 있는 것처럼 보인다.

갈망하는 사람에 대한 아이의 기억 이미지는 아마도 틀림없이

41 프로이트의 「성욕에 관한 세 편의 에세이」 참조.

처음에는 환각적인 방법으로 강렬하게 리비도 집중이 이루어지는 듯하다. 하지만 그것은 아무런 영향을 미치지 않으며, 이제는 갈망이 불안으로 바뀐 것처럼 보인다. 이 불안은 마치 아이가 매우 미숙한 상태에서 어떻게 해야 갈망의 리비도 집중에 더 잘 대처할지를 모르는 것처럼, 그 아이의 감정이 몹시 당황스럽게 표현된 모습을 띤다. 여기에서 불안은 대상을 잃었다는 상실감에 대한 반응으로 나타나는데, 그와 관련해서 우리는 거세 불안 역시 매우 소중한 대상으로부터 분리되는 두려움이며, 모든 불안 가운데서 가장 이른 불안 — 탄생의 〈원초적 불안〉 — 은 어머니로부터 분리될 때 생겨난다는 사실을 떠올리게 된다.

그러나 잠시 생각해 보면 대상을 잃는 문제 외에도 더 고찰할 것이 있다. 품에 안긴 아기가 어머니의 존재를 인식하고 싶어 하는 이유는 단지 경험으로 어머니가 자기의 모든 욕구를 지체 없이 만족시켜 준다는 사실을 알고 있기 때문이다. 그러므로 아기가 〈위험〉으로 간주해서 보호받고 싶어 하는 상황은, 욕구로 인해 긴장이 증가하고 있지만 스스로는 어떻게도 할 수 없는 만족스럽지 못한 상황이다. 내 생각으로는 만일 우리가 이 견해를 받아들인다면 모든 사실들이 제자리를 찾을 것으로 보인다. 자극이 심리적으로 극복되거나 해소되지 못한 채 불쾌한 수준으로까지 이르는 만족스럽지 못한 상황이 아이들에게는 틀림없이 태어날 때의 경험과 유사할 것이고, 따라서 그 위험한 상황의 반복이 될 것이다. 그 두 가지 상황에 공통되는 것은 해소되어야 할 자극이 축적됨으로써 생겨나는 경제적 교란이다. 그러므로 〈위험〉의 진정한 본질은 바로 그 요인이며, 두 경우 모두에서 불안에 대한 반응이 시작된다. (그러나 품에 안긴 아기에게 그것은 아직 편리한 반응이다. 왜냐하면 아기는 이제 호흡 기관과 발성 기관의 근육으로 돌려진 해소를 이용하여 — 그것이 내면적인 자극을 없애기 위해 신생아의 폐를 활성화시켰던 것과 마찬가지로 — 어머니를 부르기 때문이다.) 아기가 위험의 존재를 알리는 데 이 방법 이외의 다른 어떤 수단을 갖고서 태어난다고 가정할 필요는 없다.

어린아이가 경험을 통해서, 인식할 수 있는 외부의 대상인 어머니가 있기 때문에 출생의 기억인 위험한 상황이 끝날 수 있다는 것을 알게 되면, 그 아이가 두려워하는 위험의 내용은 경제적인 상황으로부터 그 상황을 결정하는 조건, 즉 대상의 상실로 바뀐다. 그러므로 이제 위험은 어머니가 없는 것이며, 그 위험이 생겨나자마자 어린아이는 두려운 경제적 상황이 시작되기 전에 위험 신호를 발한다. 이 변화는 어린아이가 자기 보존을 하기 위해 준비를 해나가는 첫 번째 큰 걸음인 셈인데, 이것은 또한 부지불식간에 무의식적으로 생겨나던 불안이 위험 신호를 발하기 위해 의도적으로 일으켜지는 불안으로 바뀐다는 뜻이기도 하다.

이처럼 불안이 무의식적인 현상과 구조 신호라는 두 가지 모습을 띠는 것으로 미루어, 불안은 어린아이가 생물학적뿐 아니라 정신적으로도 무력하다는 데서 생겨난 결과인 듯 보인다. 신생아의 불안과 품에 안겨 있는 아기의 불안이 모두 어머니로부터의 분리를 조건으로 한다는 괄목할 만한 일치를 심리학적으로 설명할 필요는 없다. 그것은 생물학적으로도 충분히 설명될 수 있다. 왜냐하면 어머니는 그녀 자신의 몸에 있는 기관들을 통해 처음부터 태아의 모든 욕구를 만족시켰듯이, 아기가 태어난 뒤에도 — 비록 부분적으로 다른 수단을 통해서이지만 — 계속 그렇게 하기 때문이다. 그러므로 태내에서의 삶과 최초의 유년기 사이에는 출생 행위라는 인상적인 행간의 휴지[42]로 인해 우리가 믿게 된 것보

42 〈행간의 휴지 caesura〉라는 말은 고전적인 시작법(詩作法)에서 유래한 용어로

278

다 훨씬 더 큰 연속성이 있다. 그사이에 일어난 일은 태아로서의 생리적 상황이 어머니를 대상으로 하는 심리적 관계로 바뀌었다는 것뿐이다. 그러나 우리는 아기가 태내에 있는 동안에는 어머니가 대상이 아니었으며, 따라서 그 당시에는 태아에게 대상이 전혀 없었다는 것을 잊지 말아야 한다. 이 상황에서는 출생에 따른 외상의 소산(消散) 반응이 일어날 여지가 없는 것이 분명하다. 그러므로 우리는 불안이 위험 상황을 피하려는 신호 이외에 다른 어떤 기능을 가지고 있다는 것을 발견할 수 없다.

불안의 결정 요인으로서 대상의 상실이 갖는 의미는 상당히 더 확장된다. 왜냐하면 불안의 다음번 변화, 즉 남근기에 속하는 거세 불안 역시 분리에 대한 두려움이며, 따라서 같은 결정 요인에 속하기 때문이다. 이 경우에 위험은 자기의 성기로부터 분리되는 것이다. 내가 보기에는 페렌치[43]가 이 두려움과 좀 더 이른 시기의 위험 상황을 포함하는 두려움들 사이에 존재하는 몇 가지 명확한 관계를 정확히 밝혀낸 것처럼 보인다. 남근이 상당히 큰 자기애적 가치를 지니는 이유는 그 기관이 소유자에게 그의 어머니 ─ 즉 어머니를 대신하는 사람 ─ 와의 성교 행위를 통해 한 번 더 결합될 수 있다고 보장해 준다는 사실 때문일 수도 있다. 그러므로 성기를 잃는 것은 어머니에게서 다시 분리되는 것과 거의 같으며, 출생의 경우에서처럼 본능적 욕구로 인해 생겨나는 불쾌한 긴장에 그대로 노출된다는 뜻이다. 그러나 증가되는 것이 두려운 욕구는 이제 더 이상 유아기에서처럼 막연한 것이 아니라 성기적 리비도에 속하는 특별한 것이다. 성교 불능인(즉 거세의 위협으로 인해 억제를 받은) 남자에게 성교의 대리 표상은 어머

시행(詩行)에서 나타나는 특수한 중단을 의미한다.
43 「성적 취향에 대한 정신분석 Zur Psychoanalyse von Sexualgewohnheiten」(1925).

니의 자궁 속으로 되돌아가는 환상일 수도 있다. 페렌치의 사고 방식에 따른다면 우리는 생식 기관이 자기를 대표하도록 함으로써 어머니의 자궁으로 돌아가려고 했던 성교 불능인 남자가 (환상 속에서) 억압적으로 자기 자신을 그 기관으로 바꾼다고 할 수도 있을 것으로 보인다.[44]

아이가 발달해 가는 과정 — 점점 더 커지는 독립성, 몇 가지 작용으로 세분되는 정신 기관의 분할, 새로운 욕구의 출현 — 은 반드시 위험 상황의 내용에 영향을 미친다. 우리는 이미 대상으로서의 어머니를 잃는 상황에서부터 거세에 이르기까지 그 내용의 변화를 고찰했다. 그다음 변화는 초자아의 힘에 의해서 생겨나지만, 거세의 위협을 가하는 부모의 작용을 비인격화한다면 그 위험이 덜 분명해진다. 거세 불안은 도덕적 불안 — 사회적 불안 — 으로 발전되는데, 아직은 그 불안이 어떤 것인지를 알아내기가 그리 쉽지 않다. 〈무리로부터의 분리와 추방〉이라는 공식은 사회적 전형들을 근거로 나중에 형성된 초자아에만 부분적으로 적용될 뿐, 무의식적으로 받아들여진 부모의 작용에 해당하는 초자아의 핵심에는 적용되지 않는다. 이 말을 좀 더 일반적으로 하자면, 자아가 위험으로 간주하고 불안 신호로 반응하는 상황은 초자아가 화를 내거나 처벌을 하거나 또는 더 이상 좋아하지 않는 상황이다. 초자아의 두려움이 겪는 마지막 변화는 내가 보기에는 죽음에 대한 두려움(또는 생명에 대한 두려움)인데, 이것은 운명의 힘에 투사된 초자아의 두려움이다.

한때 나는 불안의 해소로 이용되는 것이 억압 과정에서 철회된 리비도 집중이라는 견해에 얼마간의 중요성을 두었다.[45] 그러나

---

44 프로이트는 이미 「늑대 인간」에서 이 환상을 논의했다.
45 「무의식에 관하여」 참조.

지금은 그 견해가 나의 관심을 거의 끌지 못하는 듯하다. 그 이유는 내가 전에는 불안이 어떤 경제적 과정에 의해서 무의식적으로 항상 생겨난다고 믿었던 반면, 불안을 자아가 유쾌함과 불쾌함의 작용에 영향을 미치기 위해 발하는 신호로 보는 현재의 입장에서는 경제적인 요인을 고려할 필요가 없기 때문이다. 물론 자아가 불안감을 일으키기 위해 이용하는 것이 억압을 통해 철회됨으로써 풀려난 바로 그 에너지라는 생각에 대해서는 반론의 여지가 없지만, 그 에너지의 어느 부분이 그 목적을 위해 이용되느냐 하는 문제는 이제 논의할 가치가 없다.

　이 새로운 상황에서는 나의 또 다른 주장 ─ 즉 자아가 불안의 실질적인 중심이라는 ─ 을 검토할 필요가 있다.[46] 나는 그 주장이 아직도 유효하다고 믿는다. 그러므로 불안이 생겨나는 원인을 초자아로 돌릴 이유는 없지만 〈이드의 불안〉이 표현되는 방식은, 비록 그 내용보다 형식에 관련된 것이기는 해도 수정할 필요성이 있다. 불안은 정서적인 상태이며, 따라서 자아에 의해서만 느껴질 수 있다. 이드는 자아처럼 불안을 지닐 수 없다. 왜냐하면 이드는 조직이 아니라서 위험 상황에 대해 판단을 할 수 없기 때문이다. 그러나 다른 한편으로는 이드에서 자아가 불안을 일으키도록 하는 과정이 일어나거나 또는 일어나기 시작하는 일이 매우 흔하다. 실제로 나중에 생겨난 대부분의 억압뿐 아니라 가장 초기의 억압들도 이드에서의 특별한 과정과 관련된 이와 같은 자아의 불안 때문에 생겨나는 듯하다. 여기에서 우리는 당연히 두 가지 경우를 다시 구분하게 된다. 이드에서 자아에 대한 위험 상황들 중의 한 가지가 활성화되는 어떤 일이 일어나 자아로 하여금 억제가 일어나도록 불안 신호를 발하도록 하는 경우와, 이드에 출생

46 이것은 「자아와 이드」의 마지막 몇 페이지에서 찾아볼 수 있을 것이다.

의 외상과 비슷한 상황이 정착되어 무의식적인 불안 반응이 뒤따르는 경우가 그것이다. 이 두 사례는, 만일 두 번째 사례가 원초적인 위험 상황에 해당하는 반면 첫 번째 사례는 두 번째 사례로 인해 나중에 생겨나는 불안의 결정 요인들 가운데 하나라는 점이 지적되거나, 또는 우리가 실제로 접하는 장애에 적용되는 것으로서, 두 번째 사례는 〈실제의〉 신경증의 병인으로 작용하는 반면 첫 번째는 정신 신경증의 전형적인 병인으로 남는다는 점이 지적된다면 서로 더 밀접해질 수 있을 것이다.

그러므로 우리는 전에 발견한 것들을 철회하는 일이 그것들을 좀 더 최근에 발견한 것들과 일치시키는 것만큼 큰 문제가 되지 않는다는 것을 알 수 있다. 성적으로 금욕을 하거나 성적 흥분 과정에서 부적절한 간섭이 있을 경우, 또는 심리적인 과로로 그런 간섭이 일어났을 경우에 리비도에서 곧장 불안이 생겨난다는 것은 부정할 수 없는 사실이다. 달리 말하자면, 자아가 출생 상황에서처럼 욕구에 기인한 지나친 긴장에 직면해서 무력한 상태가 되면 불안이 생겨난다는 것이다. 그러므로 여기에서도, 비록 이 문제가 별로 중요하지는 않지만, 불안을 일으킴으로써 해소할 길을 찾는 것은 바로 이용되지 못하고 남아도는 리비도일 가능성이 크다. 우리가 알고 있듯이, 특히 정신 신경증은 〈실제의〉 신경증을 근거로 해서 생겨나기 쉽다. 이것은 마치 자아가 불안을 한동안 어중간한 상태에 놓아두었다가 증상을 형성함으로써 속박하는 법을 알게 되자, 그 자체를 불안으로부터 구하기 위해 애쓰고 있는 것처럼 보인다. 외상성 전쟁 신경증 — 그런데 한 마디 덧붙이자면 이 용어는 매우 다양한 장애를 포괄한다 — 을 분석해 보면 그 가운데 많은 것이 〈실제의〉 신경증에 속하는 특징을 띠고 있음이 밝혀질 것이다.

나는 여러 가지 위험 상황이 그 원형인 출생 행위로부터 진전되어 온 과정을 설명하면서 나중에 생겨난 불안의 모든 결정 요인이 그 이전의 결정 요인을 완전히 무효화시킨다고 주장할 생각은 전혀 없다. 그러나 자아가 계속해서 발달함에 따라 이전의 위험 상황이 힘을 잃고 한옆으로 제쳐지는 것은 사실이며, 따라서 우리는 삶의 어느 시기마다 그 시기에 특유한 불안 요인이 존재한다고 할 수 있을 것이다. 그러므로 심리적 무력감이라는 위험은 자아가 미숙한 시기에 특유한 불안이고, 대상을 잃는 위험은 아직 다른 사람들에게 의존해야 하는 어린 시절에 특유한 불안이며, 거세의 위험은 남근기에 특유한 불안이고, 초자아의 두려움은 잠복기에 특유한 불안이다. 그럼에도 불구하고 이 모든 위험 상황들과 불안의 결정 요인들은 함께 존속하면서 자아로 하여금 어느 특정한 시기보다 더 늦은 시기에 불안 반응을 일으키도록 할 수도 있고, 또 몇 가지가 동시에 작용할 수도 있다. 더군다나 작용하고 있는 위험 상황과 그에 뒤따르는 신경증이 취하는 형태 사이에는 상당히 밀접한 관계가 있을 수 있다.[47]

47 자아와 이드를 구별한 뒤로 억압이라는 문제에 대한 우리의 관심 역시 새로운 자극을 받지 않을 수 없었다. 그때까지 우리는 자아와 관련된 억압의 관점 — 의식과 운동성으로부터 멀어져 대체물(증상)을 형성하는 — 에만 관심을 보이는 것으로 만족했다. 그리고 본능적 충동 그 자체에 관해서는 그 충동들이 바뀌지 않고 상당히 오랜 기간 동안 무의식에 남아 있다고 생각했다. 그러나 이제 우리의 관심은 억압된 본능의 변천으로 돌려졌는데, 우리는 그 충동들이 그런 식으로 바뀌지 않은 채 남아 있는 것이 자명하지도 않고 심지어 통상적이지도 않다는 생각을 하기 시작했다. 원래의 충동들이 억압을 받아 억제되고 그 목적에서 벗어났다는 데에는 의심의 여지가 없다. 그렇지만 무의식에 남은 충동들은 그대로 유지되어 그것들을 바꾸고 감소시키려는 삶의 영향에 저항한 증거가 있을까? 달리 말해서 우리가 분석을 통해 그 존재를 알아낼 수 있는 오래된 소망들이 여전히 존재할까? 그 대답은 곧바로 나올뿐더러 명백한 것으로 보인다. 즉 우리가 그 충동들의 파생물인 증상이 작용하고 있는 것을 관찰할 수 있는 만큼, 예전의 억압된 소망들이 여전히 존재한다는 것이다. 그러나 이 대답은 만족스럽지 못하다. 그것만으로는 두 가지 가능성 — 예전의 소망이 리비도 집중을 이룬 에너지를 모두 파생물들에게 넘겨 주고 그것들을 통해서만 작용하고 있는가,

이 논의의 전반부에서 거세의 위험이 여러 가지 신경증적 질환에 중요한 요인이라는 것을 알게 되었을 때, 우리는 그 점을 과대평가하지 않으려고 조심했다. 그 위험이 여자들 — 남자들보다 신경증에 걸리기가 더 쉬운 — 에게는 결정적인 요인이 될 수 없기 때문이었다. 그러나 이제 우리는 거세 불안을 신경증으로 이르는 방어 과정의 유일한 원동력이라고 보더라도 무방하다는 것을 알고 있다. 나는 어디에선가[48] 어린 여자아이들이 발달 과정에서 거세 콤플렉스로 인해 어떤 식으로 애정 어린 대상 리비도 집중을 하게 되는지 보여 주었다. 대상을 잃는 위험 상황이 가장 눈에 띄게 남는 것은 바로 여자들의 경우이다. 이제 우리가 해야 할 일은 불안의 결정 요인에 관한 우리의 설명을, 그 결정 요인이 이제는 대상 그 자체를 갈망하거나 또는 실제로 잃는다고 느끼는 문제가 아니라 대상의 사랑을 잃는 문제라는 의미에서 약간 수정하는 것뿐이다. 강박 신경증이 남자다움과 밀접한 관련이 있는 것처럼 히스테리는 여자다움과 밀접한 관련이 있는 만큼, 히스테리에서 애정의 상실은 불안의 결정 요인으로서 공포증에서의 거세 위협이나 강박 신경증에서 관찰되는 초자아의 두려움과 같은 역할을 할 수도 있는 것으로 보인다.

아니면 아직까지 소망 그 자체도 존재하고 있는가 — 가운데 어느 쪽인지를 결정할 수 없기 때문이다. 또 만일 소망이 그 파생물들을 리비도 집중하는 것으로 소멸되었다면 세 번째 가능성도 있다. 신경증이 진행되는 과정에서 그 소망이 억압에 의해, 비록 이제는 시대착오적이라고 하더라도 다시 활성화될 수 있기 때문이다. 이것은 절대로 한가한 공론이 아니다. 정신 생활에서는 정상적이건 병적이건 그런 의문을 제기하는 것처럼 보이는 현상들이 많이 있다. 나는 논문 「오이디푸스 콤플렉스의 소멸」에서 단순한 억압과 예전의 소망 어린 충동을 정말로 제거하는 일 사이의 차이점에 주목할 기회가 있었다 — 원주.
48 「성의 해부학적 차이에 따른 몇 가지 심리적 결과」 참조.

9

이제부터 우리가 해야 할 일은 증상의 형성과 불안의 생성 사이에 있는 관계를 고찰하는 것이다.

이 주제에 관해서는 두 가지 견해가 폭넓은 지지를 받고 있는 것으로 보인다. 그 하나는 불안 그 자체가 신경증 증상이라는 것이고, 다른 하나는 불안과 신경증 사이에 매우 밀접한 관계가 있다는 것이다. 두 번째 견해에 따르면 증상은 단지 불안을 피하기 위해 형성된다. 즉 증상이 생겨남으로써 그렇지 않았더라면 불안으로 발산되었을 심리적인 에너지가 속박당하는 것이다. 그러므로 불안은 신경증의 근본적인 현상이자 중심적인 문제가 된다.

몇 가지 인상적인 예들로 위에서 본 두 번째 견해가 적어도 부분적으로는 옳다는 사실이 밝혀진다. 만일 광장 공포증 환자가 누군가와 함께 길거리로 나섰다가 혼자 남겨지게 된다면 그는 불안 발작을 일으킬 것이다. 또 강박 신경증 환자가 뭔가를 만진 뒤에 손을 씻지 못한다면 그는 거의 견딜 수 없을 만큼 불안을 느끼게 될 것이다. 그러므로 길거리로 나설 때 동행을 하는 것과 손을 씻는 강박적 행위에 부과된 조건의 목적과 결과는 그런 불안이 돌발하지 않도록 미연에 방지하려는 것이다. 이런 의미에서 자아가 그 자체에 가하는 모든 억제는 증상이라고 불릴 수 있다.

불안이 생겨나는 원인을 위험 상황에서 찾게 된 뒤로 우리는 증상이 자아를 위험 상황에서 벗어나도록 하기 위해 생겨난다는 견해를 택하게 되었다. 증상이 형성되지 못하도록 방해를 받는다면 사실상 위험이 구체화된다. 즉 자아가 끊임없이 증가하는 본능의 욕구 — 불안의 원초적인 결정 요인 — 에 직면하여 무력해지는, 출생과 비슷한 상황이 정착된다. 따라서 우리의 견해로는 불안과 증상 사이의 관계가 그러리라고 생각되었던 것보다 덜 밀접하다. 왜냐하면 우리는 그 두 가지 사이에 위험 상황이라는 요인을 삽입했기 때문이다. 우리는 또 불안의 생성이 증상을 형성하는 데 반드시 필요한 조건이라고 덧붙일 수도 있다. 만일 자아가 불안을 유발함으로써 쾌감과 불쾌감의 작용을 일으키지 않는다면 이드에서 준비되고 있는, 위험을 가하겠다고 위협하는 과정을 저지할 힘을 얻을 수 없을 것이기 때문이다. 이 모든 과정에는 야기된 불안의 양을 최소한으로 제한하여 그것을 단지 전조로만 이용하려는 분명한 경향이 있다. 그렇지 않다면 대신에 본능적 과정이 일으키겠다고 위협하는 불쾌감만을 느끼게 될 것인데, 그것은 비록 신경증에서 매우 자주 일어나는 일이기는 해도 쾌락 원칙이라는 견지에서 본다면 성공적이지 못하다.

그러므로 증상의 형성은 사실상 위험 상황을 종식시킨다. 증상 형성에는 두 가지 모습이 있는데, 하나는 눈에 띄지 않게 이드에서 변화를 일으킴으로써 자아가 위험으로부터 벗어날 수 있도록 해주는 것이고, 다른 하나는 겉으로 드러나 영향을 받은 본능적 과정 대신에 생겨난 것 — 즉 대체물 형성 — 임을 보여 준다.

그러나 우리가 지금까지 증상 형성에 관해서 이야기한 것을 방어 과정으로 돌리고, 증상 형성이라는 용어를 대체물 형성과 동의어로 쓰는 것이 더 정확할 것이다. 그럼으로써 방어 과정이 자아로 하여금 이드에서 그것을 위협하는 위험으로부터 벗어나도록 해 주는 도피와 유사하다는 점이 분명해질 것이다. 방어 과정은 본능적 위험으로부터 도피를 하려는 시도이다. 이 비교의 미흡한 점들을 면밀히 조사해 본다면 상황이 더 분명해질 것이다.

이 견해에 대한 한 가지 반대 의견은 대상의 상실(또는 그 대상이 보이는 애정의 상실)과 거세의 위협이, 예를 들면 사나운 동물과 마찬가지로 외부에서 오는 위험이기도 하다는, 즉 그것들은 본능적 위험이 아니라는 것이다. 그럼에도 불구하고 두 경우는 서로 같지 않다. 늑대는 우리가 그것에 대해 어떤 행동을 보이건 상관없이 공격하겠지만, 우리는 마음속에 어떤 느낌과 의도를 품지만 않는다면 사랑을 잃지도 않을 것이고 거세의 위협을 받지도 않을 것이다. 따라서 그런 본능적 충동들은 외부적 위험의 결정 요인이며, 그 자체로서 위험해진다. 그리고 우리는 이제 내면적 위험에 대해 조치를 취함으로써 외부적 위험에 대처할 수 있다. 동물들에 대한 공포증에서 그 위험은 아직도 순전히 외부적인 위험으로 ─ 증상에서 그것이 외부적인 교체를 겪은 것이나 마찬가지로 ─ 보인다. 그러나 강박 신경증에서는 위험이 훨씬 더 많이 내향화된다. 사회적 불안을 구성하는 초자아와 관련된 부분의 불안은 여전히 외부의 위험을 내면적인 것으로 대체한 것이지만, 다른 부분 ─ 도덕적 불안 ─ 은 이미 완전히 내심리적*endopsychisch*이다.[49]

또 다른 반론은 긴박한 외부의 위험으로부터 도피하려는 시도에서 환자가 하는 일은 그 자신과 그를 위협하고 있는 것 사이의 거리를 벌리는 것뿐이라는 사실이다. 즉 그는 막대기로 늑대를 공격한다든가, 또는 총으로 늑대를 쏘아 죽이는 경우에서처럼 외부의 위험에 대해 자신을 방어할 준비가 되어 있지도 않고, 또 그 위험을 변경하기 위해 어떤 일을 시도하지도 않는다. 그러나 방어 과정은 도피 시도에 해당하는 것 이상의 어떤 일을 하는 것으로 보인다. 즉 그 과정은 위협을 하는 본능적 과정과 싸움을 벌여 어떻게든 억압을 하거나, 또는 본능의 목적을 다른 데로 돌려 해

---

49 이 논의 가운데 많은 부분은 프로이트가 초심리학적 논문 「억압에 관하여」와 「무의식에 관하여」에서 했던 주장을 다시 검토한 것이다.

롭지 않은 것으로 만든다. 이 반론은 비난받을 소지가 없으므로 그 정당한 가치를 인정받아야 할 것처럼 보인다. 나는 도피의 시도와 정말로 아주 비슷한 몇 가지의 방어 과정들이 있는 반면, 다른 방어 과정들에서는 자아가 훨씬 더 적극적으로 자기 보호 노선을 취해 강력한 대응책을 마련할 수도 있다고 생각한다. 그러나 방어와 도피 사이의 전체적인 유사성은 다음의 사실, 즉 이드에 있는 자아와 본능이 모두 같은 조직의 부분들이지 늑대와 아이처럼 독립된 실체들이 아니며, 따라서 자아가 보이는 모든 행동은 결국 본능적 과정에서도 변화를 일으킬 것이라는 사실 때문에 어쩌면 그 의미를 잃을 수도 있다.

불안의 결정 요인들에 관한 이 연구는, 말하자면 합리적인 견지에서 변모된 자아의 방어 행동을 보여 주었다. 하나하나의 위험 상황은 삶의 어느 특정한 시기나 또는 정신 기관의 어느 특정한 발달 단계에 해당하며, 그 시기나 단계에 타당한 것으로 보인다. 이른 유년기에 개개인은 사실상 외부에서 오는 것이건 내면에서 일어나는 것이건 많은 양의 흥분을 심리적으로 극복할 준비가 되어 있지 못하다. 또 삶의 어느 시기에서는 그가 의존하고 있는 사람들이 그에게 애정 어린 관심을 철회하지 않는 것이 사실상 그의 가장 중요한 관심사가 되기도 한다. 아동기 후반에 이르면 아이는 어머니를 대상으로 해서 아버지가 강력한 경쟁자라고 느끼고, 자기에게 아버지에 대한 적대적 경향과 어머니에 대한 성적 경향이 있다는 것을 알게 된다. 그때는 아버지에게 두려움을 느끼는 것이 사실상 당연한 일이다. 그리고 자기가 아버지에게 벌을 받게 되리라는 두려움은 계통 발생적 강화를 통해 거세당한다는 두려움으로 표현될 수도 있다. 마지막으로 그 아이가 사회적인 관계로 들어서면 초자아를 두려워하는, 즉 양심을 갖는 일이 정말로 필요해지는데, 그 요인이 결여된다면 심각한 갈등이나 위험 등이 생겨날 것이다.

그러나 이 마지막 관점은 새로운 문제를 제기한다. 이제 잠시 불안의 정서 대신 다른 정서 — 예를 들면 고통의 정서 — 를 택해 보기로 하자. 어떤 여자아이가 네 살 때 인형이 망가졌다거나, 또는 여섯 살 때 가정 교사에게 꾸지람을 들었다거나, 또는 열여섯 살 때 남자 친구에게 멸시를 받았다거나, 또는 스물다섯 살 때 그녀 자신의 아이가 죽었다고 몹시 슬프게 운다면 그것은 지극히 정상적인 일로 보인다. 그와 같은 고통의 결정 요인들은 제각기 해당되는 시기가 있고, 그 시기가 지나면 사라진다. 단지 최종적이고 완전히 발달된 결정 요인들만이 평생 동안 지속된다. 우리는 만일 위에서 본 그 여자가 성장해서 아내와 어머니가 된 뒤에 어떤 하찮은 장신구가 망가졌다고 운다면 이상하게 생각할 것이다. 하지만 그것이 바로 신경증 환자가 보이는 행동이다. 신경증 환자는 그의 정신 기관에서 이미 오래전부터 넓은 범위에 걸쳐 자극을 극복하는 힘들이 발달되어 있다 하더라도, 그리고 또 그가 자신의 필요를 거의 대부분 만족시킬 만큼 충분히 성장해서 거세는 이미 오래전에 처벌로 더 이상 집행되지 않는다는 사실을 알았더라도, 마치 예전의 위험 상황이 여전히 존재하는 것처럼 행동하며, 그 이전의 시기에 지니고 있던 불안의 결정 요인들을 모두 그대로 고수한다.

왜 그렇게 되는지를 설명하려면 좀 긴 대답이 필요하다. 무엇보다도 먼저 우리는 사실을 면밀히 조사해야 한다. 매우 많은 사례들에서는 예전에 존재했던 불안의 결정 요인들이 신경증적 반응을 일으킨 뒤에는 사실상 소멸한다. 어린아이들의 공포증, 즉 혼자 있거나, 어두운 곳에 있거나, 낯선 사람들과 함께 있을 때 느끼는 두려움 — 거의 정상적이라고 불릴 수 있는 공포증들 — 은 대체로 나중에 가서는 차츰차츰 사라지고, 아이는 어린 시절의 다른 장애들에서 벗어나는 것과 마찬가지로 그런 공포증에서도 벗어난다. 또 그처럼 자주 일어나는 동물들에 대한 공포증 역시 같은 운명을 겪으므로 어린 시절의 전환 히스테리는 대부분 나중에까지 지속되지 않는다. 잠복기에는 의식(儀式)적인 행동들이 상당히 자주 나타나지만, 그 가운데 아주 적은 부분만이 나중에 본격적인 강박 신경증으로 진전된다. 백인종에 속하고 상당히 높은 문화 수준에 따라 살고 있는 도시 아이들을 대상으로 관찰할 수 있었던 바에 따르면, 어린 시절의 신경증은 비록 아직까지 그런 현상들에 주의가 거의 기울여지지 않았다고는 하더라도 일반적으로 어린아이의 발달 과정에서 흔히 나타나는 것처럼 보인다. 아동기에 나타나는 신경증의 조짐은 모든 성인 신경증 환자들에게서 예외 없이 발견될 수 있지만, 그런 조짐을 보이는 아이들이 모두 나중에 신경증 환자가 되는 것은 절대로 아니다. 그러므로 개개인이 더 성숙해짐에 따라 불안의 어떤 결정 요인들은 포기되고, 어떤 위험 상황들은 그 의미를 잃는 것이 분명하다. 더군다나 그런 위험 상황들 가운데 몇 가지가 나중에까지 존속될 수 있는 이유는 불안의 결정 요인들이 시기에 맞도록 변경되었기 때문이다. 그러므로 어떤 환자들은, 성적인 욕망에 탐닉했다고 해서 거세를 하는 관습은 이제 없어졌지만 그처럼 본능에 굴복하는 사람은 누구나 심각한 질환에 걸릴 수도 있다는 사실을 알게 된 뒤로, 거세에 대한 두려움을 매독 공포증이라는 가장된 형태로 존속시킬 수도 있다. 불안의 다른 결정 요인들, 예를 들면 초자아의 두려움과 같은 것은 완전히 사라지는 것이 아니라 평생 동안 지속되게 되어 있다. 그 경우 신경증 환자는 두려움에 대한 반응이 지나치게 강하다는 점에서 정상인과 구분될 것이다. 마지막으로, 성장을 한다고 해서 원초적인 외상성 불안 상황으로 되돌아가는 위험이 완전히 제거되는 것은 아니다. 각각의 개인에게는 분명히 어떤 한계가 있어서 그 한계를 넘으면 그의 정신 기관이 해소되어야 할 필요가 있는 흥분의 양을 극복하는 기능에 장애를 일으키기 마련이다.

그러나 지금까지 본 것과 같은 사소한 수정으로는 지금 여기에서 논의되고 있는 사실, 즉 상당히 많은 수의 사람들이 위험에 직면하면 여전히 어린애 같은 행동을 보이며, 나이에 걸맞지 않은 불안의 결정 요인들을 극복하지 못한다는 사실을 어떻게도 변경할 수 없다. 이것을 부정하는 것은 곧 신경증의 존재를 부정하는 것이 된다. 왜냐하면 우리가 신경증 환자라고 부르는 사람들은 바로 그런 사람들이기 때문이다. 하지만 어떻게 그런 일이 가능할까? 개개인의 발달 과정에서 나타나는 모든 신경증적 사례들이 다음 단계에 이르렀을 때 끝나지 않는 것은 어째서일까? 위험에 대한 이런 반응들에서 지속적인 요소는 언제부터 생겨날까? 어째서 불안의 정서만이 다른 정서들, 즉 비정상적인 것으로서 그 밖의 모든 정서들과 구분되며 부적절한 방식으로 삶의 운행에 반대되는 반응을 일으키는 정서들보다 더 유리한 지위를 누리는 것처럼 보이는 것일까? 달리 말하자면 우리는 또다시 우리가 그처럼 자주 직면했던 수수께끼를 풀 수 없게 되었다. 신경증은 어디에서 오는 것이며, 그것의 궁극적이고 특유한 존재 이유는 무엇일까? 몇십 년 동안이나 정신분석 연구를 수행했는데도, 우리는 이 문제에 대해서 연구를 처음 시작했을 때와 마찬가지로 아는 바가 없다.

10

불안은 위험에 대한 반응이다. 그러므로 우리는 불안한 정서가 정신의 경제에서 독특한 지위를 점하는 것이 어째서 위험의 본질과 관계가 있는지 그 이유를 의심하지 않을 수 없다. 그러나 위험은 인간에게 공통된 운명이어서 누구에게나 같다. 우리가 정확히 밝혀낼 필요를 느끼면서도 그럴 수 없는 것이 한 가지 있다. 어떤 사람들은 어째서 불안한 정서를 그 특이한 성질에도 불구하고 정상적인 정신 작용으로 돌릴 수 있고, 또 어떤 사람들은 어째서 그럴 수 없는지를 결정하는 요인이 무엇이냐 하는 것이다. 그 요인을 알아내기 위해서 두 가지 시도가 이루어졌지만, 그런 시도는 아주 곤란한 국면에 봉착하기 마련이어서 동정 어린 반응밖에는 얻지 못했다. 그 두 시도는 상호 보완적이면서도 서로 반대되는 방향에서 문제에 접근한다. 첫 번째 시도는 10년 전쯤 알프레트 아들러Alfred Adler에 의해 이루어졌는데,[50] 그의 주장은 문제의 본질을 축소시킨 것으로, 위험이 따르는 일을 할 수 없는 사람은 어떤 기질적인 열등성으로 인해 심한 방해를 받은 사람이라는 것이었다. 만일 단순성은 진실의 징표라는 말이 옳다면 우리는 그 설명을 공식 의견으로 받아들여야 한다. 하지만 그와는 반대로 우리는 지난 10년 동안의 비판적인 연구를 통해 그런 설명 — 더군다나 정신분석에 의해서 발견된 풍부한 자료들을 모두 한옆으로 제쳐 놓은 설명 — 이 전적으로 옳지 못하다는 것을 효과적으로 보여 줄 수 있었다.

두 번째 시도는 1923년 오토 랑크에 의해 그의 저서인 『출생의

50 아들러Adler, 『기관의 열등함에 대한 연구Studie über Minderwertigkeit von Organen』 (1907) 참조.

외상』에서 이루어졌다. 그러나 랑크의 시도를 아들러의 시도와 같은 수준으로 평가하는 것은 옳지 못하다. 또 그 시도는 한 가지 점에서 우리와 관련이 있기도 하다. 왜냐하면 그 시도는 정신분석에 근거를 두고 정신분석적 사고방식을 따른다는 점에서 분석의 문제점들을 해결하려는 적절한 시도로 받아들여질 수 있기 때문이다. 위험에 대한 개개인의 관계를 다루면서 오토 랑크는 개인의 기질적인 결함이라는 문제를 떠나 위험의 강도가 여러 가지로 다르다는 데 관심을 집중했다. 출생의 과정은 첫 번째 위험 상황이며, 출생에 따르는 경제적 격변은 불안 반응의 원형이 된다. 우리는 이미 첫 번째 위험 상황과 불안의 결정 요인을 그 이후에 생겨나는 모든 위험 상황과 결합시키는 발달 노선을 밝혀냈다. 또 위험 상황이 어떤 의미에서는 어머니로부터의 분리 — 처음에는 단지 생물학적인 의미로, 다음에는 직접적인 대상의 상실이라는 의미로, 그리고 나중에는 간접적으로 초래된 대상의 상실이라는 의미로 — 인 한, 그 모든 위험 상황에 공통적인 특성이 있다는 것도 알았다. 우리가 그처럼 폭넓은 관련성을 발견한 것은 의심할 바 없이 랑크의 업적 덕분이다. 출생의 외상은 개개인에게 제각기 다른 강도로 닥치고, 그들이 얼마나 심하게 불안 반응을 일으키느냐는 외상의 강도에 따라 달라진다. 랑크의 말에 따르면 어느 한 개인이 불안을 제어할 수 있게 되느냐 아니냐 — 즉 그가 정상인이 되느냐, 신경증 환자가 되느냐 — 는 그에게서 일어난 원초적인 불안의 양에 따라 결정된다고 한다.

여기에서 랑크의 가설을 세세하게 비판하는 것은 우리가 할 일이 아니다. 우리는 단지 그 가설이 특별한 문제를 해결하는 데 도움이 되는지 아닌지만 고찰하면 된다. 그의 공식 — 신경증 환자가 된 사람들은 출생의 외상이 너무 강해서 그 외상을 완전히 해소하기가 절대로 불가능하다는 — 은 이론적인 관점에서 논란의 여지가 매우 많다. 우리는 외상을 해소한다는 말이 무슨 뜻인지 잘 모른다. 글자의 뜻대로라면 그 말은 신경증 환자인 사람이 점점 더 자주, 그리고 점점 더 강하게 불안한 정서를 일으킬수록 정신적으로 건강한 상태에 점점 더 가까워진다는 의미인데, 그것은 이치에 닿지 않는 결론이다. 내가 카타르시스적 방법에서 그처럼 중요한 역할을 했던 해소 이론을 포기한 것은 그 점이 사실과 부합하지 않았기 때문이다. 또 출생의 외상이 겪는 강도가 다르다는 데 그처럼 중점을 둔 것도 유전적 기질을 병인적 요인으로 주장할 여지를 전혀 남기지 않는다. 왜냐하면 강도가 그처럼 다른 것(변이성)은 기질과 관련하여 우연히 작용하는 기질적 요인이며, 우연하다고 할 수 있는 여러 가지 영향 — 예를 들면 분만을 할 때 시의적절한 도움을 받는 경우처럼 — 에 의존하기 때문이다. 랑크의 이론은 계통 발생적 요인뿐 아니라 기질적 요인도 완전히 무시한다. 그러나 만일 우리가, 이를테면 정말로 중요한 것은 개개인들이 그 강도가 여러 가지로 다른 출생의 외상에 반응하는 정도라는 조건을 붙여 그의 언급을 한정함으로써 기질적 요인이 차지하는 자리를 찾아내려고 한다면, 우리는 그의 이론에서 의미를 박탈하고 그가 새로 도입한 요인을 별로 중요하지 않은 것으로 격하시켜야 한다. 하지만 그렇게 한다면 신경증이 발병하느냐 아니냐를 결정하는 요인은 아직 알려지지 않은 또 다른 영역에 존재하게 될 것이다.

더군다나 인간이 다른 포유동물들과 같은 출생 과정을 거치면서도 인간만이 유일하게 신경증에 걸리기 쉬운 특별한 소인을 갖는다는 사실은 랑크의 이론과 부합하기가 어렵다. 그러나 우리가 그의 이론에 반대하는 주된 이유는, 그 이론이 확증된 관찰에 근거한 것이 아니라 탁상공론이라는 데 있다. 난산과 지체된 출산이 사실상 신경증의 발달과 일치한다거나, 그렇게 태어난 아이들이 초기 유년기에 불안해하는 현상을 다른 아이들보다 더 오랜 기간에 걸쳐 더 강하게 보인다는 사실을 밝혀 줄 어떤 구체적인 증거도 수집되지 않았기 때문이다. 산모가 편하도록 약물을 사용해서 진통과 분만을 촉진한 경우에는 아이에게 심각한 외상을 줄 수 있다는 반론이 제기될 수도 있을 것이다. 그러나 우리는 지체된 분만으로 질식 상태에서 출생한 아이도 다음에 뒤따를 것이라고 생각되는 결과의 명백한 증거를 보이기 마련이라는 점을 지적할 수 있다. 랑크의 병인 이론이 관찰로 그 존재를 입증할 수 있는 요인을 자명한 것으로 가정하는 것은 그의 이론이 지닌 장점들 가운데 한 가지가 되어야 한다. 그러나 지금까지는 확인을 하려는 시도가 이루어지지 않았기 때문에 그 이론의 가치를 평가하기란 불가능하다.

다른 한편으로 나는 랑크의 이론이 지금까지 정신분석으로 확인된 성적 본능들의 병인적 중요성과 상반된다는 견해에 동의할 수 없다. 왜냐하면 그의 이론은 위험 상황에 대한 개개인의 관계에만 관련된 것이므로, 어떤 사람이 첫 번째 위험을 극복할 수 없었다면 나중에 성적인 위험이 수반된 상황에서도 희생물이 되어 신경증 환자가 될 수밖에 없는지 아닌지 가정하는 일을 완전히 우리에게 맡겨 놓았기 때문이다.

그러므로 나는 랑크의 시도가 신경증의 원인에 관한 문제를 해결했다고는 생각하지 않으며, 또 아직까지는 그의 시도가 그 문제 해결에 얼마나 기여했는지 알 수 있다고도 생각하지 않는다. 만일 난산이 신경증을 일으키기 쉬운 기질에 미친 영향을 조사한 결과가 부정적인 것이라면, 우리는 그가 기여한 일의 가치를 낮게 평가해야 할 것이다. 신경증적 질환의 단일하고 확실한 〈궁극적 원인〉을 발견하려는 우리의 희망은 앞으로도 충족되지 못한 채로 남아 있을 위험이 있다. 의료계에 종사하는 사람들이 아직까지도 갈망하고 있을 것이 분명한 이상적인 해결책은, 분리되어 순수한 상태로 배양될 수 있고 접종하면 누구에게나 예외 없이 똑같은 질환을 일으킬 어떤 세균을 찾아내거나, 또는 좀 더 그럴싸하게 표현하자면 특별한 신경증들을 일으키거나 치료하는 어떤 화학 물질이 존재한다는 것을 밝히는 일일 것이다. 하지만 그런 해결책이 나올 가능성은 희박해 보인다.

정신분석은 그처럼 간단하고 만족스러운 결론에는 이르지 못한다. 그와 관련해서 내가 해야 할 말은 오래전부터 잘 알려져 있었으므로, 나로서는 새로 덧붙일 말이 아무것도 없다. 만일 자아가 억압 과정을 통해 위험한 본능 충동으로부터 그 자체를 보호할 수 있다면, 자아는 관련된 이드의 특정한 부분을 억제하고 손상시킨 것이 분명하지만, 그와 동시에 이드에게 어느 정도의 독립성을 주어 그 자체의 주권을 얼마쯤 포기한 셈이 된다. 이것은 억압의 본질상 필연적인 것이며 기본적으로는 도피의 시도이다. 억압된 이드는 말하자면 범법자가 되며, 따라서 자아의 거대한 조직으로부터 배제되어 무의식의 영역을 지배하는 법률에만 복종해야 한다. 그런데 만일 위험 상황이 바뀌어 자아가 억압된 이드와 비슷한 새로운 본능 충동을 방어할 이유가 없어진다면, 자아의 제한으로 인해 생겨난 결과가 분명하게 드러날 것이다. 즉 새로운 충동은 무의식의 영향 — 아니 그보다는 반복 강박의 영향 — 을 받아, 마치 극복된 위험 상황이 여전히 존재하는 것처럼 전에 억압된 이드와 같은 경로를 따라갈 것이다. 그러므로 억압에서의 고착 요인은 무의식적인 이드의 반복 강박 — 정상적인 상황에서는 자유롭게 변화하는 자아의 기능에 의해 폐지될 뿐인 강박 — 이다. 위험 상황이 바뀜에 따라 자아는 때때로 그것이 직접 쌓아 올린 억압의 장벽을 허물어 본능 충동에 대한 영향력을 회복하고 새로운 충동이 갈 길을 지시할 수도 있다. 그러나 사실상 자아가 그 일을 하는 데 성공을 거두는 경우는 매우 드물다. 억압을 없었던 것으로 할 수 없기 때문이다. 투쟁의 진행 방식이 양적인 관계에 의존할 수는 있다. 몇몇 사례들에서 우리는 그 결과가 강요된 것이라는, 즉 억압된 이드가 발휘하는 억압적 견인력과 억압력이 너무 커서 새로운 충동은 반복 강박에 복종할 수밖에 없었다는 인상을 받았다. 그리고 다른 사례들에서는 힘의 또 다른 작용으로 인해 생겨난 결과를 알아냈다. 즉 억압된 이드가 발휘하는 견인력은 현실적인 삶의 어려움으로부터 오는 반발로 강화되고, 그 어려움으로 인해 새로운 본능 충동이 취할 수 있는 다른 모든 길이 막혀 버린다.

이것이 억압의 고착과 현재는 더 이상 존재하지 않는 위험 상황의 보류(保留)에 대한 정확한 설명이라는 것은 분석 요법의 사실 — 그 자체로서는 온당하기 그지없지만 치료적인 견지에서는 여간해서 과대평가될 수 없는 사실 — 로 확증된다. 분석을 할 때 우리가 자아에게 억압을 해제할 수 있도록 도움을 주면 자아는 억압된 이드를 지배할 힘을 회복하고, 마치 예전의 위험 상황이 더 이상 존재하지 않는 것처럼 본능적인 충동들이 원래의 흐름을 따라가도록 허용할 수 있다. 우리가 그런 방법으로 할 수 있는 일은 다른 의학 분야에서 달성될 수 있는 것과 일치한다. 왜냐하면 대체로 우리의 치료는 바람직한 상황에서 좋은 결과가 저절로 생겨나는 경우가 아니라면, 더 빠르고 더 믿을 만하고 에너지의 지출이 더 적은 결과를 일으키는 것으로 만족해야 하기 때문이다.

지금까지 논의한 것으로부터 우리는 예전의 위험 상황이 보전될 것인지, 자아 쪽에서 억압이 유지될 것인지, 또는 어린 시절의 신경증이 계속될 것인지를 결정하는 것은 양적인 관계 — 직접 관찰할 수 있는 것이 아니라 단지 추론만 할 수 있는 관계 — 라는 것을 알았다. 신경증을 일으키는 데 참여해서 정신적인 힘들이 서로 다투는 상황을 조성하는 요인들 가운데서는 세 가지가 두드러지게 나타난다. 생물학적, 계통 발생적, 그리고 순전히 심리적 요인이 그것이다.

생물학적 요인은 어린아이가 무력하고 의존적인 상태에 있는 오랜 기간에 걸친다. 태아가 자궁 내에 있는 기간은 대부분의 다른 동물들에 비해 짧으며, 따라서 태아는 덜 완성된 상태로 세상에 나오는 것처럼 보인다. 그 결과 신생아에 대한 현실적 외부 세계의 영향이 강화되어 자아와 이드의 때 이른 분화가 촉진된다. 더군다나 외부 세계의 위험은 신생아에게 상당한 중요성을 지니므로 신생아를 외부의 영향으로부터 보호하고 자궁 내에서의 삶을 대신해 줄 수 있는 대상의 가치가 무한히 높아진다. 그러므로 생물학적 요인은 가장 이른 위험 상황을 확립하고 아이가 평생 동안 지니게 될 사랑받으려는 욕구를 창조한다.

두 번째 계통 발생적 요인은 추론에 근거를 두고 있는데, 리비도의 발달에서 볼 수 있는 괄목할 만한 특징 때문에 그 요인이 존재한다고 생각된다. 우리는 인간의 성적인 생활이 인간과 밀접하게 관련된 대부분의 다른 동물들처럼 출생에서부터 성숙기까지 꾸준하게 발달하는 것이 아니라 만 5세까지 이른 개화기를 거친 뒤 아주 분명한 중단을 거치며, 다음에는 사춘기에 그 과정이 한 번 더 시작되어 이른 아동기에 중단되었던 일이 재개된다는 것을 발견했다. 이 발견으로 인해 우리는 인류의 변천사에서 뭔가 중요한 일 — 개개인의 성적 발달에서 중단을 역사적 침전물로 뒤에 남긴 — 이 일어났다고 가정하게 되었다. 이 요인이 병인적 중요성을 갖는 이유는, 유아기 성욕의 본능적 욕구 가운데 대부분이 자아에 의해 위험으로 다루어져 저지되며, 따라서 자연스러운 상태에서는 자아-동조적인 것이 될 사춘기의 성적 충동들이 유년기의 원형에 끌려 그것들과 함께 억압을 받게 될 위험이 있다는 사실 때문이다. 그리고 바로 거기에서 우리는 신경증의 가장 직접적인 병인과 접하게 된다. 성욕의 요구와 때 이르게 접촉한 것이 자아에 대해 외부 세계와 때 이르게 접촉한 것과 비슷한 영향을 미친다는 것은 이상한 일이다.

세 번째 심리적인 요인은 정신 기관이 이드와 자아를 구분하는 것과 관련된, 따라서 결국은 외부 세계의 영향 탓으로 돌릴 수도 있는 정신 기관의 결함에 있다. (외부적인) 현실의 위험을 고려해서 자아는 이드의 어떤 본능 충동을 경계하고 그것들을 위험으로 다룰 수밖에 없다. 그러나 자아는 내면의 본능적 위험에 대해서는 그 자체의 일부가 아닌 현실에 대해서처럼 효과적으로 방어할 수 없다. 자아는 이드와 밀접한 관계가 있는 만큼 본능을 손상시킨 대가로 그 자체의 조직을 제한하고 증상의 형성을 묵인함으로써만 본능적 위험을 멀리할 수 있다. 만일 거절당한 본능이 공격을 재개한다면 자아는 우리가 신경증적 질환이라고 알고 있는 모든 질환에 직면한다.

나는 신경증의 본질과 원인에 대한 우리의 지식이 아직까지는 이 이상의 것을 다룰 수 없다고 생각한다.

11. 부록

이 논의를 해오는 과정에서 다양한 주제가 충분히 다루어지기도 전에 한옆으로 밀어 두어야 했다. 이 장에서 나는 그런 주제들을 한데 모아 우리가 마땅히 보여야 할 관심을 보이고자 한다.

(1) 전에 취했던 견해들의 수정

저항과 리비도 반대 집중

억압 이론에서 중요한 요소는 억압이 단 한 번만 일어나는 것이 아니라 영속적인 (힘의) 지출을 요한다는 것이다. 만일 이 지출이 중단된다면, 그동안 내내 여러 근원으로부터 에너지를 공급받아 온 억압된 충동이 전에 밀려났던 경로들을 따라 다시 흐를 것이고, 억압은 그 목적을 이루지 못하거나 또는 수없이 여러 번 반복될 것이다.[51] 그러므로 자아가 영속적인 (힘의) 지출로 방어 행동을 보장해야 하는 까닭은 본능들이 연속성을 띠고 있기 때문이다. 억압을 보호하기 위해 취해지는 이러한 행동은 분석 치료에서 〈저항〉으로 관찰될 수 있다. 저항은 내가 리비도 반대 집중이라고 부른 것의 존재를 전제 조건으로 한다. 이 리비도 반대 집중은 강박 신경증에서 분명하게 관찰되며, 자아의 반동 형성으로서 자아가 변경된 형태로 나타나 억압되어야 할 본능적 경향과 반대되는 태도 — 예를 들면 동정심, 양심, 그리고 청결성에서와 같이 — 를 강화한다. 강박 신경증의 이러한 반동 형성은 본질적으로 잠복기에 발달된 정상적 성향이 강조된 것이다. 히스테리에서는 리비도 반대 집중의 존재를 찾아내는 일이, 비록 이론적으로는 똑같이 필요하다고는 하더라도 훨씬 더 어렵다. 그러나 히스테리에서도

---

51 「억압에 관하여」 참조.

300

역시 자아가 반동 형성을 통해 어느 정도 바뀐 것이 분명히 눈에 띠는데, 어느 경우에는 그 변화가 너무 두드러져 주된 증상으로서 우리의 관심을 끈다. 예를 들면 히스테리에서는 양가감정에 기인한 갈등이 다음과 같은 식으로 해소된다. 즉 환자가 사랑하는 사람에 대해 느끼는 증오가 그에 대해서 지나치게 다정하고 걱정스러워하는 태도로 억눌려지는 것이다. 그러나 히스테리에서 생겨나는 반동 형성은 보편적인 성향을 갖는 것이 아니라 특정한 관계에 한정된다는 점에서 강박 신경증의 반동 형성과 다르다. 그래서 히스테리적인 여자는 그녀가 마음속으로 미워하는 자녀에게 특별히 다정할 수 있지만, 그렇다고 해서 다른 여자들보다 더 애정이 깊거나 아니면 다른 아이들에게 더 다정하지는 않을 것이다. 히스테리의 반동 형성은 특별한 대상에 완강하게 집착하고 자아의 일반적인 성향으로 번지는 법이 없는 반면, 강박 신경증에서 특징적인 것은 바로 반동 형성이 번져 나간다는 — 대상에 대한 관계가 느슨하고 대상의 선택에서 교체가 용이하다는 — 것이다.

그러나 히스테리의 특이한 성질에 좀 더 잘 맞는 것처럼 보이는 또 다른 종류의 리비도 반대 집중이 있다. 억압된 본능 충동은 두 방향에서 활성화될(새로 리비도가 집중될) 수 있는데, 안으로부터는 흥분의 내면적 원인이 강화되는 것이고 밖으로부터는 그 충동이 원하는 대상을 지각하는 것이다. 히스테리의 리비도 반대 집중은 주로 위험한 지각 대상을 피하기 위해 밖으로 향한다. 그러므로 이 리비도 반대 집중은 특별한 조심성의 형태를 띠며, 그 조심성은 자아를 제한함으로써 위험한 대상을 지각하게 되는 상황을 피하고, 만일 그런 상황이 일어난다면 환자의 관심을 다른 데로 돌린다. 몇몇 프랑스 분석자들, 특히 라포르그Laforgue[52]는

---

52 「억압과 암소화Verdrängung und Skotomisation」(1926) 참조.

최근 히스테리의 이 행동에 〈암소화Skotomisation〉[53]라는 특별한 이름을 붙였다. 이 리비도 반대 집중 기법은 공포증에서 더욱 눈에 띠는데, 그 목적은 환자를 두려운 지각이 일어날 가능성으로부터 더욱 멀리 떨어뜨려 놓는 데 집중되어 있다. 히스테리와 공포증에서의 리비도 반대 집중이 강박 신경증에서의 리비도 반대 집중과 정반대되는 방향을 취한다는 사실 — 비록 그 구별이 절대적인 것은 아니라고 하더라도 — 은 상당히 중요한 의미를 지니는 것으로 보인다. 즉 그 사실은 한편으로는 억압과 외부적인 리비도 반대 집중 사이에, 그리고 다른 한편으로는 억압과 내면적 리비도 반대 집중(즉 반동 형성을 통한 자아의 변화) 사이에 밀접한 관계가 있음을 암시한다. 그런데 위험한 지각 대상에 대해 방어를 하는 일은 모든 신경증에 공통적이므로, 강박 신경증의 다양한 명령과 금지도 같은 목적을 지니는 것으로 보인다.

우리는 전에[54] 분석에서 극복되어야 할 리비도 반대 집중에 집착하는 저항이 자아에서 생겨난다는 것을 보여 준 바 있다. 자아로서는 이제까지 계속 피해 왔던 지각 대상과 관념으로 관심을 돌리거나, 또는 그 자체에 속하는 것이라고 알고 있던 것과 정반대되는 충동들을 그 자체에 속하는 것으로 인정하기가 어렵다. 분석 치료에서 저항을 극복하려는 우리의 노력은 그와 같은 사실의 관찰에 근거를 두고 있다. 만일 저항이 그 자체로서 무의식적이라면 — 저항과 억압된 자료와의 관계로 인해 그런 일이 자주 일어난다 — 우리는 그것을 의식적이 되도록 한다. 또 저항이 의

---

53 프로이트는 「페티시즘」(프로이트 전집 7, 열린책들)에서 거부-Verleugnung라는 개념과 관련하여 이 용어를 어느 정도 상세히 논의했다. 암소화(暗所化)란 환자가 자아와 상충되는 모든 것의 존재를 부정하려고 하는 정신적 암점(暗點)의 발달을 말한다.

54 「자아와 이드」 참조.

식적이거나 의식적으로 되었을 때는 논리적인 주장을 펴서 만일 자아가 저항을 포기한다면 보답과 이익을 얻게 될 것이라고 약속한다. 자아 쪽에 이런 저항이 존재한다는 데에는 의심이나 오류가 있을 수 없다. 그러나 우리는 그것이 분석에서 모든 상황에 적용되는지 자문해 보아야 한다. 왜냐하면 자아가 저항을 그만두기로 결정한 뒤에도 억압을 없었던 것으로 하는 데는 여전히 어려움이 따르기 때문이다. 그래서 우리는 자아의 칭찬할 만한 결정에 뒤따르는 분투적인 노력의 시기를 〈진력Durcharbeiten〉의 단계라고 부른다. 이와 같은 진력이 어째서 필요하며 또 이해할 수 있는 것인지를 설명해 주는 역동적 요인은 가까이에서 찾아볼 수 있다. 즉 그것은 자아의 저항이 제거된 뒤에도 반복하려는 충동의 힘 — 억압된 본능적 과정에 대해 무의식적인 원형들이 행사하는 견인력 — 이 극복되어야 하기 때문이다. 이 요인을 무의식의 저항이라고 설명하는 것에 반대할 이유는 전혀 없다. 또 그와 같이 수정했다고 해서 낙심할 필요도 없다. 그런 수정은 우리의 지식에 뭔가를 보태 준다면 환영할 만한 것이며, 우리가 전에 취했던 견해를 무효로 하는 것이 아니라 더 풍부하게 해주는 한 — 어쩌면 너무 일반적인 어떤 언급을 제한하거나 또는 너무 좁은 의미로 공식화된 어떤 개념을 확장시킴으로써 — 우리의 체면을 손상시키는 것도 아니다.

하지만 그와 같은 수정이 우리가 분석에서 마주치게 되는 모든 저항을 완전하게 조망할 수 있도록 해준다고 가정해서는 안 된다. 환자를 좀 더 깊이 조사해 보면 분석자는 적어도 세 방향에서 생겨나는 — 자아, 이드, 그리고 초자아에서 오는 — 다섯 가지 종류의 저항과 싸워야 한다는 사실이 드러난다. 자아는 세 가지 저항의 근원인데, 그 저항들은 역동적 성질에서 제각기 다르다. 자아의 세 가지 저항 가운데 첫 번째 것은 억압 저항인데, 우리는 이미 그것을 위에서 논의했으므로 거기에 대해서 다시 덧붙일 말은 거의 없다. 그다음 것은 전이 저항인데, 이것은 같은 성질의 것이지만 분석에서 첫 번째 저항과는 다른, 훨씬 더 명확한 영향을 미친다. 왜냐하면 이 저항은 분석의 상황이나 분석자 자신에 대해 어떤 관계를 확립했으므로 단지 회상만 되어야 할 억압을 되살리기 때문이다. 세 번째 저항은 역시 자아의 저항이기는 하지만 전혀 다른 성질의 것이다. 이 저항은 질병의 이익으로부터 생겨나며, 증상을 자아에 동화시키는 것을 근본으로 한다. 이 세 번째 저항은 얻어진 어떤 만족이나 안도감도 포기하지 않으려고 한다. 이드에서 생겨나는 네 번째 저항은 우리가 방금 전에 보았듯이 〈진력Durcharbeiten〉을 필요로 한다. 그리고 초자아에서 생겨나 마지막으로 관찰되는 다섯 번째 저항 역시 항상 가장 미약한 것은 아니더라도 가장 불분명하다. 이 다섯 번째 저항은 죄악감에서 생겨나 처벌을 필요로 하며, 따라서 분석을 통한 환자의 회복을 포함해서 성공을 향한 모든 움직임에 반대한다.[55]

리비도의 변화로부터 생겨나는 불안

　내가 이 논문에서 제시한 불안의 관점은 내가 지금까지 옳다고 생각했던 관점과 어느 정도 다르다. 예전에 나는 불안을 불쾌한 상황에서 자아가 보이는 일반적인 반응으로 간주했었다. 그래서 나는 항상 불안이 나타나는 것을 경제적인 근거에서 정당화하려 했고, 내가 〈실제의〉 신경증을 탐구한 것에 힘입어 자아에 의해 거부되거나 이용되지 못한 리비도(성적 흥분)는 불안의 형태로 직접적인 해소 방법을 찾는다고 가정했다. 이런 여러 가지 주장

55 「자아와 이드」참조.

들이 서로 잘 어울리지 않거나, 또는 어쨌건 반드시 하나가 다른 하나를 따르지 않는다는 것은 부정할 수 없는 사실이다. 더군다나 그것들은 불안과 리비도 사이에 특별히 밀접한 관계가 있다는 인상을 주는데, 그것은 불쾌감에 대한 반응인 불안의 일반적인 특징과 일치하지 않는다.

이 견해에 대한 반대는 우리가 자아를 이 불안의 유일한 중심으로 보게 된 것에서 생겨난다. 그것은 내가 「자아와 이드」에서 정신 기관의 구조적 분리를 시도한 데서 기인한 결과들 중의 하나이다. 예전의 견해는 리비도에서 생겨나는 불안이 억압된 본능 충동에 속한다는 가정을 당연한 것으로 받아들였지만, 새로운 견해는 그와는 반대로 자아를 불안의 원천으로 본다. 따라서 그것이 본능적인 (이드의) 불안이냐 또는 자아의 불안이냐 하는 문제가 생긴다. 자아가 채택한 에너지는 성적인 특징이 없어졌으므로 새로운 견해는 또한 불안과 리비도 사이의 밀접한 관계를 약화시키는 경향이 있다. 나는 내가 적어도 그 모순을 명확히 하고, 의심스러운 점에 대해서는 명확한 개념을 제시할 수 있었다고 기대한다.

랑크의 주장 ─ 원래는 나의 주장이었던 ─ 즉 불안의 정서는 출생 사건의 결과이며, 그때 경험한 상황의 반복이라는 주장으로 인해 나는 불안 문제를 한 번 더 고찰하지 않을 수 없었다. 그러나 출생이 외상이며, 불안 상태는 그것을 해소하려는 반응이고, 그 이후의 모든 불안 정서*Angstaffekt*는 출생의 외상을 더욱더 완전하게 〈소산하기*Abreagieren*〉 위한 시도라는 그의 견해를 가지고는 아무런 진전도 이룰 수 없었다. 어쩔 수 없이 나는 불안 반응으로부터 그 저변에 깔려 있는 위험 상황으로 되돌아가야 했는데, 그 요소를 도입한 덕분으로 그 문제에 대한 새로운 관점이 열렸다. 출생을 나중에 생겨나는 모든 위험 상황, 말하자면 변화된 생활 양식과 점증하는 정신적 발달로 생겨나는 새로운 조건하에서 개개인을 덮치는 위험 상황의 원형으로 보게 된 것이었다. 그리고 다른 한편으로 출생 그 자체의 의미는 이 원형의 위험에 대한 관계로 축소되어, 출생시에 느끼는 불안은 다른 정서들과 같은 변화를 겪어야 하는 정서 상태의 원형이 되었다. 즉 원초적인 상황과 비슷한 상황에서 불안 상태가 무의식적으로 되살아나 최초의 위험 상황에서는 적절한 반응이었던 것을 부적절한 반응 형태로 대신했거나, 또는 자아가 불안 정서를 지배할 힘을 얻어 주도적으로 그것을 되살림으로써 위험을 경고하고 쾌감과 불쾌감의 메커니즘을 작동시키는 수단으로 채택했다는 것이다. 그래서 우리는 불안을 위험 상황에 대한 반응으로 인식하여 불안 정서의 생물학적 관점에 적절한 중요성을 부여하는 한편, 필요에 따라 불안 정서를 일으키는 기능을 자아에 할당함으로써 자아가 불안의 중심으로서 수행하는 역할을 인정했다. 그러므로 우리는 나중에 생겨나는 불안의 원인에 두 종류가 있다고 생각했다. 그 하나는 자기도 모르게 저절로 생겨난 것으로 경제적인 근거에서 항상 정당화될 수 있었고, 출생과 비슷한 위험 상황이 있을 때는 언제나 생겨났다. 또 다른 하나는 그런 위험이 단지 일어날 조짐을 보이자마자 그 상황을 피하도록 요구하기 위해 자아에서 생겨났다. 두 번째 경우에 자아는 일종의 예방 접종으로서 불안을 겪고, 질환이 충분히 진전되는 것을 피하기 위해 미약한 공격에도 굴복한다. 그래서 자아는 말하자면, 그 괴로운 경험을 단지 조짐으로만 제한하려는 분명한 목적을 가지고 활발하게 위험 상황을 상상한다. 우리는 이미 여러 가지 위험 상황이 어떻게 차례로 생겨나며, 그와 동시에 계통적 관련성을 보유하고 있는지 상세히 알아보았다.

만일 우리가 신경증적 불안과 현실적 불안 사이의 관계에 대한 문제로 돌아간다면, 우리는 아마도 불안을 이해하는 데서 한 걸음 더 나아갈 수 있을 것이다.

우리가 전에 취했던, 리비도가 곧장 불안으로 바뀐다는 가설은 예전처럼 우리의 관심을 끌지 못한다. 그럼에도 불구하고 그 점을 고려하자면 다른 경우들을 구분해야 할 것이다. 자아에 의해 전조로서 환기되는 불안과 관련해서는 그 점이 고려되지 않으며, 따라서 자아로 하여금 억압을 일으키도록 하는 어떤 위험 상황과 관련해서도 그 점은 고려되지 않는다. 억압된 본능 충동에 대한 리비도 집중은, 전환 히스테리에서 매우 분명히 관찰될 수 있는 것처럼 불안으로 바뀌어 해소되기보다는 다른 방법으로 이용된다. 그러나 다른 한편으로, 위험 상황에 대한 문제를 더 깊이 파고든다면 우리는 다른 방식으로 설명되어야 할 불안의 형성 사례에 주목하게 될 것이다.

억압과 방어

불안의 문제를 논의하는 과정에서 나는 한 가지 개념, 또는 좀 더 신중하게 말하자면 내가 30년 전 연구를 처음 시작했을 때 배타적으로 사용했다가 나중에는 포기한 용어를 되살렸다. 그것은 〈방어 과정〉이라는 용어이다.[56] 그 후에 나는 그 용어를 〈억압〉이라는 말로 바꾸었지만, 그 양자 사이의 관계는 불확실한 채로 남아 있었다. 그러나 내가 보기에는 예전의 〈방어〉라는 개념으로 되돌아가는 것이 — 우리가 그 용어를 신경증으로 이끌릴 수 있는

---

56 「방어 신경 정신증」(1894) 참조 — 원주. 프로이트가 여기에서 두 용어의 역사에 대해 제시한 설명은 약간 잘못되었다. 「신경증의 병인에서 성욕이 작용하는 부분에 대한 나의 견해」(프로이트 전집 10, 열린책들) 참조.

갈등에서 자아가 이용하는 모든 기법에 대한 일반적인 명칭으로 분명하게 채택하는 한편, 〈억압〉이라는 용어는 우리가 연구를 하면서 택한 접근 방법 덕분에 우리에게 가장 잘 알려진 방어의 특별한 수단을 위해 남겨 둔다는 것을 조건으로 하여 — 틀림없이 더 편리할 것이라고 생각된다. 용어만 새롭게 바꾸는 일이라도 그것을 채택하는 데는 타당성이 있어야 한다. 즉 그 용어는 새로운 관점 또는 지식의 확장을 반영해야 한다. 방어라는 개념을 부활하고 억압이라는 개념을 제한하려면, 오래전부터 알려져 있었지만 몇 가지 새로운 발견들로 인해 그 중요성이 더 커진 한 가지 사실을 고려해야 한다. 억압과 증상의 형성에 대한 우리의 첫 번째 관찰은 히스테리와 관련해서 이루어졌다. 우리는 자극적인 경험의 지각 내용과 병적인 사고 구조의 관념 작용 내용이 잊혀져 기억으로 되살아나지 못한다는 것을 발견했고, 그래서 히스테리성 억압의 주된 특성은 의식으로부터 동떨어져 있는 것이라고 결론지었다. 그러나 나중에 강박 신경증을 연구하게 되었을 때는 그 질환에서 병인적 사건들이 잊혀지지 않는다는 것을 발견했다. 그 사건들은 여전히 의식적으로 남아 있지만 우리가 아직 파악할 수 없는 방식으로 〈고립〉되었고, 그래서 히스테리성 기억 상실에서와 거의 같은 결과가 얻어진다. 그럼에도 불구하고 그 차이는 강박 신경증에서 본능적 요구들을 한옆으로 제쳐 두는 과정이 히스테리에서와 같을 수 없다는 믿음을 정당화시켜 줄 정도로 충분히 크다. 좀 더 조사를 해본 결과 강박 신경증에서는 초기의 리비도 단계에 대한 본능 충동의 억압이 자아의 저항을 통해 일어나며, 이 억압은 비록 억압을 불필요한 것으로 만들지는 않지만 분명히 억압과 같은 의미로 작용한다는 것이 밝혀졌다. 우리는 또 강박 신경증에서 리비도 반대 집중 — 히스테리에도 역시 있을 것으로 여겨지는 — 이 자아로 하여금 민감한 변화를 일으키도록 함으로써 자아를 보호하는 데 특히 큰 역할을 하는 것도 보았다. 더군다나 우리의 관심은 직접적인 증상의 발현을 찾아내는 〈고립〉의 과정(그 기법이 아직은 밝혀지지 않았더라도)과 요술적이라고도 불릴 수 있는 이미 이루어진 것의 〈취소〉 절차 — 방어적인 목적이 있다는 것은 의심할 바 없지만 〈억압〉의 과정과 더 이상 닮은 점이 없는 절차 — 에 쏠렸다. 이러한 관찰 덕분에 같은 목적 — 즉 본능의 요구에 대한 자아의 보호 — 을 지닌 모든 과정을 다룰 수 있도록 방어라는 예전의 개념을 다시 도입하고 억압을 특별한 사례로서 방어에 포함시킬 충분한 근거가 마련되었다. 이 용어의 중요성은 만일 우리가 더 많은 조사를 함으로써 특수한 형태의 방어와 특별한 질환, 예를 들면 억압과 히스테리 사이에 밀접한 관계가 있다는 것을 보여 줄 가능성을 생각한다면 더욱 커질 것이다. 그리고 한마디 덧붙이자면, 우리는 또 다른 중요한 상호 관계를 발견할 가능성을 기대할 수도 있다. 왜냐하면 자아와 이드가 분명히 구분되기 전에, 그리고 초자아가 형성되기 전에, 정신 기관이 그런 조직 단계에 이른 뒤에야 이용하는 방어 수단과 다른 방어 수단을 이용하리라는 것은 당연한 일일 것이기 때문이다.

(2) 불안에 관한 보충적 언급들

불안의 정서는 그 주제를 연구함으로써 더 밝혀질 수 있는 한두 가지 특징을 드러낸다. 불안*Angst*은 기대와 분명한 관련을 지니고 있다. 즉 그것은 어떤 일에 대한 불안이다. 불안은 모호하고 대상이 없는 것이 특징이다. 그래서 우리는 정확한 서술이 필요할 경우, 불안이 대상을 찾아내면 〈불안〉이라는 말 대신 〈두려움

Furcht〉이라는 말을 사용한다. 더군다나 불안은 위험과 관련되어 있을 뿐 아니라, 우리가 오랫동안 밝히려고 노력해 온 신경증과도 관련되어 있다. 여기에서 의문점이 생겨난다. 어째서 불안에 대한 모든 반응이 신경증적이지 않는가 — 어째서 우리는 그런 반응들 가운데 많은 것을 정상적인 것으로 받아들이느냐 하는 의문이 그것이다. 그리고 마지막으로, 현실적인 불안과 신경증적 불안 사이의 차이라는 문제를 더 철저히 조사해 볼 필요가 있다.

마지막 문제부터 고찰해 보기로 하자. 우리가 이루어 온 발전은 불안의 이면을 조사하여 위험 상황을 밝혀냈다는 것이다. 만일 우리가 현실적 위험을 가지고 같은 일을 한다면 우리는 문제를 푸는 데 아무런 어려움이 없을 것이다. 현실적 위험은 알려져 있는 위험이고, 현실적 불안은 그처럼 알려진 위험에 대한 불안이기 때문이다. 신경증적 불안은 알려지지 않은 위험에 대한 불안이다. 그러므로 신경증적 위험은 앞으로 발견되어야 할 위험인데, 우리는 분석을 통해 그것이 본능적 위험이라는 것을 보여 주었다. 분석자는 자아에게 알려지지 않은 이 위험을 의식으로 불러옴으로써 신경증적 위험을 현실적 위험과 다르지 않은 것으로 만들고, 그렇게 함으로써 그 위험을 같은 방식으로 다룰 수 있다.

현실적 위험에 대한 반응에는 두 가지가 있다. 그 하나는 정서적인 반응, 즉 불안의 촉발이고 다른 하나는 보호적인 행동인데, 이것은 본능적 위험에도 마찬가지로 해당될 것이다. 우리는 두 가지 반응이 편리한 방식으로, 즉 한 반응이 신호를 발함으로써 다른 반응이 나타나도록 하면서 협동할 수 있다는 것을 알고 있다. 그러나 우리는 또한 그 반응들이 부적절한 방식으로 행동할 수 있다는 것도 알고 있다. 불안으로 인해 마비가 일어나면 한 반응이 확산되어 다른 반응이 일어나지 못하는 경우가 그것이다.

몇몇 사례에서는 현실적 불안의 특징들과 신경증적 반응의 특징들이 뒤섞인다. 위험은 알려져 있고 현실적이지만, 그 위험과 관련된 불안이 적절하다고 여겨지는 것 이상으로 너무 클 경우이다. 신경증적 요소가 존재한다는 사실을 드러내는 것은 바로 이 남아도는 불안이다. 하지만 그런 사례들로는 어떤 새로운 원칙도 도입될 수 없다. 분석을 해보면 알려지지 않은 본능적 위험이 알려진 현실적 위험에 덧붙여져 있다는 것이 드러나기 때문이다.

　만일 우리가 불안의 원인을 위험에서 찾는 데 만족하지 않고, 계속해서 위험 상황의 본질과 의미가 무엇인지를 탐구한다면 불안에 대해서 더 많은 것을 알아낼 수 있을 것이다. 분명히 불안은 환자가 자신의 힘을 위험의 크기와 비교해서 평가하고, 그 위험에 직면해서 자기가 무력하다는 사실 — 만일 그 위험이 현실적인 것이라면 신체적인 무력감이고, 본능적인 것이라면 심리적인 무력감이다 — 을 인정하는 것으로 이루어진다. 그러면서 환자는 자기가 실제로 겪었던 경험들의 지시를 받을 것이다(그가 평가를 잘못했는지 아닌지는 결과에 중요하지 않다). 우리는 실제로 경험된 이와 같은 무력한 상황을 외상성 상황이라고 부른다. 그러므로 우리에게는 위험 상황으로부터 외상성 상황을 구분할 만한 근거가 충분하다.

　무력감이 뒤따르는 외상성 상황이 일어나기를 그저 기다리는 대신, 그 상황을 예견하고 예상할 수 있다면 우리는 자기 보존 능력에서 큰 발전을 이루게 될 것이다. 그런 예상을 할 수 있는 결정 요인이 포함된 상황을 위험 상황이라고 부르기로 하자. 불안 신호가 주어지는 것은 바로 이 상황에서이다. 그 신호는 이렇게 말한다. 〈나는 무력감이 시작되는 상황을 예상하고 있다.〉 또는 〈현재 상황이 내가 전에 겪었던 외상성 경험들 중의 하나를 떠올려 준다. 그러니까 나는 아직 비켜 갈 시간이 있을 때 그 외상을 예상하고 그것이 이미 와 있는 것처럼 행동할 것이다.〉 그러므로 불안은 한편으로는 외상에 대한 예상이고, 다른 한편으로는 완화된 형태로 이루어지는 그 외상의 반복이다. 따라서 우리가 보아 온 불안의 두 모습에는 다른 원인들이 있다. 즉 예상과 관련된 불안은 위험 상황에 속하는 반면, 막연하고 대상이 없는 불안은 외상성인 무력감의 상황 — 위험 상황에서 기대되는 상황 — 에 속한다.

이 순서, 즉 불안-위험-무력감(외상)이라는 순서를 받아들임으로써 우리는 이제 지금까지 논의한 것을 요약할 수 있다. 위험 상황은 무력감의 상황이 인식되고 기억되고 예상된 것이다. 불안은 외상에서의 무력감에 대한 원초적인 반응이고, 나중에 위험 상황에서 도움을 청하는 신호로 다시 생겨난다. 외상을 수동적으로 경험한 자아는 그 스스로 외상의 방향을 돌릴 수 있으리라는 희망을 갖고서 미약한 형태로, 그러나 적극적으로 외상을 반복한다. 어린아이들이 놀이를 통해 저희들이 받는 느낌을 되살림으로써 모든 괴로운 느낌에 대해 그런 식으로 행동한다는 것은 분명하다. 그러면서 아이들은 수동성에서 능동성으로 옮아가 저희들의 경험을 심리적으로 극복하려고 하는 것이다.[57] 만일 그런 반응이 〈외상을 해소하는〉 의미라면 우리는 그 말에 대해서 어떤 반박도 할 수 없다. 그러나 결정적으로 중요한 것은 불안 반응이 원래의 무력한 상황에서 그 상황에 대한 기대, 즉 위험 상황으로 처음 바뀐다는 것이다. 그리고 다음에는 불안이 불안의 결정 요인 — 우리가 이미 잘 알고 있는 대상의 상실과 그 상실의 수정 — 으로 바뀌게 된다.

57 「쾌락 원칙을 넘어서」 두 번째 장 참조.

어린아이를 〈망치는〉 바람직하지 못한 결과는 대상(모든 무력한 상황에 대해 보호막이 되는 대상)을 상실하는 위험의 중요성을 다른 모든 위험에 비해 너무 확대시켜 생각한 데서 비롯된 것이다. 그 결과로 개개인은 아동기, 즉 육체적·정신적 무기력으로 특징지어지는 삶의 시기에 머물러 있도록 조장된다.

지금까지 우리는 현실적 불안을 신경증적 불안과 조금이라도 다른 견지에서 볼 기회가 없었지만, 그 차이가 무엇인지는 알고 있다. 실제의 위험은 외부의 대상으로부터 오는 위험이고, 신경증적 위험은 본능적 욕구로부터 오는 위험이다. 본능적 욕구가 현실적인 것이라면 신경증적 불안 역시 현실적 근거를 갖는 것으로 받아들여질 수 있다. 불안과 신경증 사이에 특별히 밀접한 관계가 있는 것처럼 보이는 이유는, 자아가 본능적 위험에 대해 외부의 현실적인 위험에 대해서 그러는 것과 마찬가지로 불안 반응의 도움을 받아 그 자체를 방어하기 때문이지만, 우리는 이 방어적 행동 노선이 결국은 정신 기관의 불완전성 때문에 신경증으로 끝난다는 것을 알았다. 우리는 또한 본능적 요구는 흔히 (내면적인) 위험이 될 뿐이라는 결론에 이르렀다. 그 요구가 만족되면 외부의 위험을 초래할 — 즉 내면적 위험이 외부의 위험을 대신하므로 — 것이기 때문이다.

그러나 다른 한편으로 외부의 (현실적) 위험 역시, 그것이 자아에 대해 중요한 의미가 있다면 내향화될 수밖에 없었다. 즉 그것은 전에 경험되었던 어떤 무력한 상황과 관계되는 것으로 인식되었다.[58]

58 비록 위험 상황이 그 자체로서 정확하게 평가된다고 하더라도 현실적 불안에 어느 정도의 본능적 불안이 더해지는 경우가 매우 자주 생겨날 수 있다. 이 경우에 자아가 본능의 만족 앞에서 반발하는 본능적 요구는 피학적인 것이다. 왜냐하면 파괴 본능이 환자 자신에게로 돌려지기 때문이다. 어쩌면 이런 종류의 부가(附加)를 통해 불

인간은 밖에서부터 위협을 가하는 위험에 대한 본능적 인식 능력을 전혀 부여받지 못했거나 아주 조금밖에 부여받지 못한 것으로 보인다. 어린아이들은 끊임없이 저희들의 생명을 위태롭게 하는 짓을 하는데, 그것이 바로 아이들이 보호해 주는 대상 없이는 살아가지 못하는 이유이다. 환자가 어떻게도 할 수 없는 외상성 상황과 관련해서는 외부적인 위험과 내면적인 위험, 그리고 실제의 위험과 본능적 요구가 수렴한다. 자아가 멈추지 않는 고통을 겪건 또는 만족을 얻을 수 없는 본능적 욕구의 축적을 경험하건, 경제적 상황은 동일하므로 자아의 운동성 무력증이 심리적 무력감으로 표현 수단을 찾아내는 것이다.

이 점에서 아주 어린 시절의 당혹스러운 공포증을 다시 한번 언급할 필요가 있다. 우리는 혼자 있거나 어두운 곳에 있거나 낯선 사람과 함께 있는 두려움 같은 경우처럼, 그 가운데 몇 가지를 대상을 잃는 위험에 대한 반응으로 설명할 수 있었다. 그리고 조그만 동물들과 천둥, 번개 등에 대한 두려움 같은 다른 공포증들은 다른 동물들에게서 매우 강하게 발달된 현실적 위험을 막기 위한 선천적인 준비 태세가 퇴화한 흔적으로 설명될 수 있을 것이다. 말하자면 인간에게는 대상의 상실과 관련된 이 진부한 유산의 일부분만이 고유한 것이다. 만일 어린 시절의 공포증이 고착되고 점점 더 강해져 나중까지 지속된다면, 분석은 그 공포증의 내용이 본능적인 요구와 관련되어 내면적 위험까지도 나타내게 되었다는 점을 보여 준다.

안 반응이 과장되거나 부적절하거나 마비성이 되는 사례들을 설명할 수 있을 것이다. 고소 공포증(창문, 탑, 절벽 등에서 느끼는 공포증)도 같은 원인을 가질 수 있다. 그런 증세에 숨어 있는 여성적 의미는 마조히즘과 밀접하게 관련된다 —원주.

(3) 불안, 고통 그리고 비탄

정서 과정의 심리학에 관해서는 알려져 있는 것이 거의 없기 때문에, 내가 지금부터 그 주제에 관해 이야기하려는 시험적인 언급에 대해서는 아주 너그러운 판단을 요구할 수 있을 것이다. 우리 앞에 놓여 있는 문제는 우리가 도달한 결론 — 불안이 대상을 잃는 위험에 대한 반응이라는 — 으로부터 생겨난다. 이제 우리는 대상의 상실에 대한 반응을 한 가지 알고 있는데, 그것은 비탄이다. 그러므로 문제는 그 상실이 언제 불안으로 이끌리고 언제 비탄으로 이끌리느냐 하는 것이다. 지난번에 비탄이라는 주제를 논의하면서 나는 그것에 대해 전혀 설명되지 않은 채로 남아 있는 특징이 한 가지 있다는 것을 알았다. 그것은 비탄의 특유한 고통스러움이었다.[59] 그러나 대상으로부터의 분리가 고통스럽다는 것은 자명한 듯 보인다. 따라서 문제는 좀 더 복잡해진다. 즉 대상으로부터의 분리가 언제 불안을 일으키고 언제 비탄을 일으키며, 또 언제 고통만을 일으키느냐 하는 것이다.

우선 당장은 그런 질문들에 대한 답이 나올 전망이 전혀 없다고 해두자. 우리는 어떤 구분을 짓고 어떤 가능성을 어렴풋이 보여 주는 것으로 만족해야 한다.

우리의 출발점은 또다시 우리가 이해할 수 있다고 생각하는 상황 — 어린아이가 어머니 대신 낯선 사람과 함께 있을 때의 상황 — 이 될 것이다. 이때 아이는 우리가 대상을 잃는 위험이라고 생각하는 불안을 보일 것이다. 그러나 아이의 불안은 의심할 바 없이 더 복잡하기 때문에 더 철저한 논의를 필요로 한다. 아이가 불안을 느낀다는 데에는 의심의 여지가 없지만 그 아이의 얼굴 표정과 우는 반응은 고통 또한 느끼고 있음을 암시한다. 그 상황

59 「슬픔과 우울증」참조.

에는 나중에 분리될 여러 가지 요소가 함께 결합되어 있는 것으로 보인다. 아이는 아직 일시적인 부재와 영원한 상실 사이의 차이점을 구분하지 못한다. 어머니가 눈에 띄지 않게 되자마자 아이는 마치 제 어머니를 다시는 보지 못할 것처럼 행동한다. 그래서 아이는 어머니가 보이지 않았다가 다시 나타나곤 한다는 것을 알게 될 때까지 그와 반대되는, 즉 위안이 되는 경험도 반복해야 한다. 아이의 어머니는 손으로 얼굴을 가렸다가 다시 얼굴을 보이곤 하는, 우리에게 잘 알려진 놀이를 함으로써 아이가 반드시 알아야 하는 그 일을 더 잘 알 수 있게 해주는데,[60] 그런 상황에서 아이는 말하자면 절망이 수반되지 않는 갈망을 느낄 수 있다.

어린아이가 사실을 잘못 이해한 결과로 어머니를 잃는 상황은 위험 상황이 아니라 외상성 상황이다. 또는 좀 더 정확히 표현하자면, 그 상황은 아이가 때마침 어머니만이 만족시켜 줄 수 있는 욕구를 느꼈을 경우에는 외상성 상황이 된다. 그러나 욕구를 느끼지 않았다면 그것은 위험 상황으로 바뀐다. 그러므로 자아가 직접 도입하는 불안의 첫 번째 결정 요인은 대상에 대한 지각의 상실(대상 그 자체의 상실과 동등한)이다. 그러나 아직 애정의 상실이라는 문제는 없다. 나중에 가서야 아이는 경험을 통해 대상이 있기는 하지만 자기에게 화를 낼 수 있다는 것을 알게 되는데, 그러면 대상으로부터 애정을 잃는 것이 새로운, 그리고 훨씬 더 오래 지속되는 위험이자 불안의 결정 요인이 된다.

어머니를 잃는 외상성 상황은 한 가지 중요한 점에서 출생의 외상성 상황과 다르다. 출생 시에는 대상이 전혀 존재하지 않았고, 따라서 어떤 대상도 잃을 수가 없었기 때문이다. 불안은 단지 일어난 일에 대한 반응이었다. 그 이후로 반복되는 만족스러운

60 아이의 놀이에 대해서는 「쾌락 원칙을 넘어서」에 기록되어 있다.

상황으로부터 어머니라는 대상이 생겨나는데, 이 대상은 어린아이가 욕구를 느낄 때마다 〈갈망하는 관심〉이라고도 할 수 있는 강한 리비도 집중을 받는다. 고통의 반응은 바로 이러한 사태의 새로운 국면에서 일어난다고 할 수 있다. 그러므로 고통은 대상의 상실에 대한 실제의 반응인 반면, 불안은 그 상실에 뒤따르는 위험에 대한 반응이자 한 걸음 더 나아가 대상 그 자체를 상실하는 위험에 대한 반응이다.

우리는 고통에 대해서도 아는 것이 별로 없다. 우리가 분명히 알 수 있는 단 한 가지 사실은, 말초 신경으로 침투하는 자극이 자극에 대한 보호막이라는 장치를 뚫고 끊임없는 본능적 자극 — 그 자극에 대해서는 자극받는 부위를 자극으로부터 물러나도록 하기 때문에 대체로 효과적인 근육 운동이 불가능해진다[61] — 처럼 행동하기 시작할 때마다 통상적으로 맨 먼저 고통이 일어난다는 것뿐이다. 고통이 피부의 일부에서가 아니라 내부의 기관에서 생겨나더라도 상황은 여전히 같다. 이때 일어난 일은 내부의 말초 신경이 외부의 말초 신경을 대신했다는 것뿐이다. 아이는 분명히 욕구를 일으키는 경험과는 무관한 이런 종류의 고통을 겪은 일이 있었을 것이다. 그러나 고통을 일으키는 이 결정 요인은 대상의 상실과 비슷한 점이 거의 없는 것으로 보인다. 또 그 외에도 어린아이가 갈망을 하는 상황에서는 고통에 반드시 필요한 요소인 말초 신경의 자극이 전혀 없다. 더군다나 언어의 일반적인 용법에 비추어 본다면, 이유 없이 내면적 고통과 정신적 고통이라는 말을 만들어 내어 대상의 상실감을 신체적 고통과 대등한 것으로 다루었을 리가 없다.

신체적 고통이 있을 때는 고통스러운 부위에 대해 자기애적 리

---

61 「쾌락 원칙을 넘어서」 참조.

비도 집중이라고 부를 수도 있는 것이 강하게 생겨난다.[62] 이 리비도 집중은 계속 증가하고, 그래서 말하자면 자아를 비우는 경향이 있다.[63] 몸속의 기관들이 고통을 안겨 줄 때 우리가 그 부분들에서 정상적으로는 의식의 관념 작용에 전혀 나타나지 않는 공간적인 다른 직각(直覺)을 받는다는 것은 잘 알려져 있는 사실이다. 더군다나 다른 어떤 일에 관심이 쏠려서 불러일으켜진 심리적 전환이 있을 때는 아주 극심한 신체적 고통도 일어날 수 없다는 놀라운 사실(이 경우에는 〈무의식에 남아 있다〉고 할 수 없다) 또한 고통을 주고 있는 신체 부분의 심리적 유사물Repräsentanz에 리비도가 집중되어 있다는 말로 설명될 수 있다. 나는 바로 여기에서 고통스러운 느낌을 정신의 영역으로 떠넘기는 일을 가능케 한 유사점이 발견될 것이라고 생각한다. 왜냐하면 없어지거나 상실한 대상에 집중된 강렬한 갈망의 리비도 집중(충족될 수 없기 때문에 끊임없이 증가하는)은 신체의 다친 부분에 집중된 고통의 리비도 집중이 일으킨 것과 같은 경제적 상황을 일으킬 것이기 때문이다. 그러므로 신체적 고통의 주변적인 원인이라는 사실이 설명에서 배제되어서는 안 된다. 신체적 고통이 정신적 고통으로 바뀌는 변화는 자기애적 리비도 집중이 대상 리비도 집중으로 바뀌는 변화와 동일하다. 본능적 욕구에 의해 고도로 리비도 집중된 대상 연출Objektvorstellung은 자극의 증가로 리비도 집중된 신체 부분과 같은 역할을 하기 때문이다. 리비도를 집중하는 과정이 연속적인 성질을 띠고 있으며, 그 과정을 억제할 수 없다는 사실로 인해 정신적 무력감과 같은 상황이 생겨난다. 만일 그다음에 일어나는 불쾌한 느낌이 민감한 불안의 형태로 발현되는 대신 특

62 「나르시시즘 서론」 참조.
63 「쾌락 원칙을 넘어서」 참조.

별히 고통스러운 특징(더 정확하게 설명될 수 없는 특징)을 보인다면, 우리는 그것을 우리가 설명을 하는 데서 충분히 이용하지 않은 요인 — 불쾌한 느낌으로 이끌리는 과정이 일어나는 동안에 보편화되는 고도의 리비도 집중과 〈결합〉 — 의 탓으로 돌릴 수 있을 것이다.[64]

우리는 대상의 상실에 대한 또 다른 감정적 반응을 알고 있는데, 그것은 비탄이다. 그러나 이제는 비탄을 설명하는 데 아무런 어려움이 없다. 비탄은 현실 검증의 영향하에서 일어난다. 왜냐하면 현실 검증의 기능은 대상을 잃은 사람에게 이제는 존재하지 않는 대상과 분리될 것을 무조건적으로 요구하기 때문이다.[65] 비탄은 그것이 강한 리비도 집중을 받는 모든 상황에서 대상으로부터 물러나는 일을 떠맡는다. 대상을 잃은 사람이 자기에게 묶인 끈을 풀어야만 하는 상황이 다시 일어나는 동안 그 대상에게 향하는 강렬하고 충족될 수 없는 갈망의 리비도 집중을 감안한다면, 이 분리가 고통스럽다는 것은 우리가 방금 말한 것과 일치한다.

64 「쾌락 원칙을 넘어서」 참조.
65 「슬픔과 우울증」 참조.

프로이트의 삶과 사상

— 제임스 스트레이치

지크문트 프로이트Sigmund Freud는 1856년 5월 6일, 그 당시에는 오스트리아-헝가리 제국의 일부였던 모라비아의 소도시 프라이베르크에서 출생했다. 83년에 걸친 그의 생애는 겉으로 보기에는 대체로 평온무사했고, 따라서 장황한 서술을 요하지 않는다.

그는 중산층 유대인 가정에서 두 번째 부인의 맏아들로 태어났지만, 집안에서 그의 위치는 좀 이상했다. 프로이트 위로 첫 번째 부인 소생의 다 자란 두 아들이 있었기 때문이다. 그들은 프로이트보다 스무 살 이상 나이가 많았고, 그중 하나는 이미 결혼해서 어린 아들을 두고 있었다. 그랬기에 프로이트는 사실상 삼촌으로 태어난 셈이었지만, 적어도 그의 유년 시절에는 프로이트 밑으로 태어난 일곱 명의 남동생과 여동생 못지않게 조카가 중요한 역할을 했다.

그의 아버지는 모피 상인이었는데, 프로이트가 태어난 후 얼마 지나지 않아 사업이 어려워지기 시작했다. 그래서 프로이트가 겨우 세 살이었을 때 그는 프라이베르크를 떠나기로 결심했고, 1년 뒤에는 온 가족이 빈으로 이주했다. 이주하지 않은 사람은 영국 맨체스터에 정착한 두 이복형과 그들의 아이들뿐이었다. 프로이트는 몇 번인가 영국으로 건너가서 그들과 합류해 볼까 하는 생각을 했지만, 그것은 거의 80년 동안 실행에 옮겨지지 못했다.

프로이트가 빈에서 어린 시절을 보내는 동안 그의 집안은 몹시 궁핍한 상태였지만, 어려운 형편에도 불구하고 그의 아버지는 언제나 셋째 아들의 교육비를 최우선으로 꼽았다. 프로이트가 매우 총명했을 뿐 아니라 공부도 아주 열심히 했기 때문이다. 그 결과 그는 아홉 살이라는 어린 나이에 김나지움에 입학했고, 그 학교에서 보낸 8년 가운데 처음 2년을 제외하고는 자기 학년에서 수석을 놓친 적이 없었다. 그는 열일곱 살 때 아직 어떤 진로를 택할 것인지 결정을 하지 못한 채 김나지움을 졸업했다. 그때까지 그가 받았던 교육은 지극히 일반적인 것이어서, 어떤 경우에든 대학에 진학할 것으로 보였으며, 서너 곳의 학부로 진학할 길이 그에게 열려 있었다.

프로이트는 수차례에 걸쳐, 자기는 평생 동안 단 한 번도 〈의사라는 직업에 선입관을 가지고 특별히 선호한 적이 없었다〉고 주장했다.

나는 그보다는 오히려 일종의 호기심을 느꼈다. 하지만 그것은 자연계의 물체들보다는 인간의 관심사에 쏠린 것이었다.[1]

그리고 어딘가에서는 이렇게 적었다.

어린 시절에 나는 고통받는 인간을 도우려는 어떤 강한 열망도 가졌던 기억이 없다. (……) 그러나 젊은이가 되어서는 우리가 살고 있는 세상의 수수께끼들 가운데 몇 가지를 이해하고, 가능하다면 그 해결책으로 뭔가 기여도 하고 싶은 억누를 수 없는 욕망을

---

1 「나의 이력서」(1925) 앞부분 참조.

느꼈다.[2]

또 그가 만년에 수행했던 사회학적 연구를 논의하는 다른 글에서는 이렇게 적기도 했다.

나의 관심은 평생에 걸쳐 자연 과학과 의학과 심리 요법을 두루 거친 뒤에 오래전, 그러니까 내가 숙고할 수 있을 만큼 충분히 나이가 들지 않았던 젊은 시절에 나를 매혹시켰던 문화적인 문제들로 돌아왔다.[3]

프로이트가 자연 과학을 직업으로 택하는 데 직접적인 계기가 되었던 사건은 — 그의 말대로라면 — 김나지움을 졸업할 무렵 괴테가 썼다고 하는(아마도 잘못된 것으로 보인다) 〈자연〉에 관한 매우 화려한 문체의 에세이를 낭독하는 독회에 참석한 일이었다고 한다. 하지만 그 선택이 자연 과학이긴 했지만, 실제로는 의학으로 좁혀졌다. 그리고 프로이트가 열일곱 살 때인 1873년 가을, 대학에 등록했던 것도 의과대 학생으로서였다. 하지만 그는 서둘러 의사 자격을 취득하려고 하지는 않았다. 한두 해 동안 그가 다양한 과목의 강의에 출석했던 것만 보더라도 이를 알 수 있다. 그러나 차츰차츰 관심을 기울여 처음에는 생물학에, 다음에는 생리학에 노력을 집중했다. 그가 맨 처음 연구 논문을 쓴 것은 대학 3학년 때였다. 당시 그는 비교 해부학과 교수에게 뱀장어를 해부해서 세부 사항을 조사하라는 위임을 받았는데, 그 일에는 약 4백 마리의 표본을 해부하는 일이 포함되었다. 그로부터 얼마 지

2 「비전문가 분석의 문제」(1927)에 대한 후기 참조.
3 「나의 이력서」에 대한 후기 참조.

나지 않아서 그는 브뤼케Brücke가 지도하는 생리학 연구소로 들어가 그곳에서 6년 동안 근무했다. 그가 자연 과학 전반에 대해 보이는 태도의 주요한 윤곽들이 브뤼케에게서 습득되었다는 것은 의심할 여지가 없는 일이다. 그 기간 동안 프로이트는 주로 중추 신경계의 해부에 대해서 연구했고, 이미 책들을 출판하고 있었다. 그러나 실험실 연구자로서 벌어들이는 수입은 대가족을 부양하기에는 충분하지 못했다. 그래서 마침내 1881년 그는 의사 자격을 따기로 결정했고, 그로부터 1년 뒤에는 많은 아쉬움을 남긴 채 브뤼케의 연구소를 떠나 빈 종합 병원에서 근무하기 시작했다.

그러나 결국 프로이트의 삶에 변화를 가져다준 결정적인 계기가 있었다면, 그것은 생각보다도 더 절박한 가족에 대한 것이었다. 1882년에 그는 약혼을 했고, 그 이후 결혼을 성사시키는 데 모든 노력을 기울였다. 그의 약혼녀 마르타 베르나이스Martha Bernays는 함부르크의 이름 있는 유대인 집안 출신으로, 한동안 빈에서 지내고 있었지만 얼마 안 가서 곧 머나먼 독일 북부에 있는 그녀의 집으로 돌아가야 했다. 그 뒤로 4년 동안 두 사람이 서로를 만나 볼 수 있었던 것은 짧은 방문이 있을 때뿐이었고, 두 연인은 거의 매일같이 주고받는 서신 교환으로 만족해야 했다. 그 무렵 프로이트는 의학계에서 지위와 명성을 확립해 가고 있었다. 그는 병원의 여러 부서에서 근무했지만, 얼마 지나지 않아 곧 신경 해부학과 신경 병리학에 몰두하기 시작했다. 또 그 기간 중에 코카인을 의학적으로 유용하게 이용하는 첫 번째 연구서를 출간했고, 그렇게 해서 콜러에게 그 약물을 국부 마취제로 사용하도록 제안하기도 했다. 바로 뒤이어 그는 두 가지 즉각적인 계획을 수립했다. 하나는 객원 교수 자리에 지명을 받는 것이었고, 다른 하나는 장학금을 받아 얼마 동안 파리로 가서 지내려는 것이었다. 그곳에서는 위대한 신경 병리학자 샤르코Charcot가 의학계를 주도하고 있었다. 프로이트는 그 두 가지 목적이 실현된다면 자기에게 커다란 도움이 될 것이라고 생각했고, 열심히 노력한 끝에 1885년에 두 가지 모두를 얻어 냈다.

프로이트가 파리 살페트리에르 병원(신경 질환 치료로 유명한 병원)의 샤르코 밑에서 보냈던 몇 달 동안, 그의 삶에는 또 다른 변화가 있었다. 이번에는 실로 혁명적인 변화였다. 그때까지 그의 일은 전적으로 자연 과학에만 관련되었고, 파리에 있는 동안에도 그는 여전히 뇌에 관한 병력학(病歷學) 연구를 계속하고 있었다. 그 당시 샤르코의 관심은 주로 히스테리와 최면술에 쏠려 있었는데, 빈에서는 그런 주제들이 거의 생각할 만한 가치가 없는 것으로 여겨졌다. 그러나 프로이트는 그 일에 몰두하게 되었다. 비록 샤르코 자신조차 그것들을 순전히 신경 병리학의 지엽적인 부문으로 보았지만, 프로이트에게는 그것이 정신의 탐구를 향한 첫걸음인 셈이었다.

1886년 봄, 빈으로 돌아온 프로이트는 신경 질환 상담가로서 개인 병원을 열고, 뒤이어 오랫동안 미루어 왔던 결혼식을 올렸다. 하지만 그렇다고 해서 그가 당장 자기가 하던 모든 신경 병리학 업무를 그만둔 것은 아니었다. 그는 몇 년 더 어린아이들의 뇌성 마비에 관한 연구를 계속했고, 그 분야에서 주도적인 권위자가 되었다. 또 그 시기에 실어증에 관해서 중요한 연구 논문을 쓰기도 했지만, 최종적으로는 신경증의 치료에 더욱 노력을 집중했다. 전기 충격 요법 실험이 허사로 돌아간 뒤 그는 최면 암시로 방향을 돌려서, 1888년에 낭시를 방문하여 리에보Liébeault와 베르넴Bernheim이 그곳에서 괄목할 만한 성공을 거두는 데 이용한 기법을 배웠다. 하지만 그 기법 역시 불만족스러운 것으로 밝혀지자, 또 다른 접근 방법을 강구하지 않을 수 없었다. 그는 빈의 상담가이자 상당히 손위 연배인 요제프 브로이어Josef Breuer 박사가 10년 전쯤 아주 새로운 치료법으로 어떤 젊은 여자의 히스테리 증세를 치료했다는 사실을 알고 있었다. 그는 브로이어에게 그 방법을 한 번 더 써보도록 설득하는 한편, 그 스스로도 새로운 사례에 그 방법을 몇 차례 적용해서 가망성 있는 결과를 얻었다. 그 방법은 히스테리가 환자에게 잊힌 어떤 육체적 충격의 결과라는 가정에 근거를 둔 것이었다. 그리고 치료법은 잊힌 충격을 떠올리기 위해 적절한 감정을 수반하여 환자를 최면 상태로 유도하는 것으로 이루어져 있었다. 얼마 지나지 않아 프로이트는 그 과정과 저변에 깔린 이론 모두에서 변화를 일으키기 시작했고, 마침내는 그 일로 브로이어와 갈라설 정도까지 되었지만, 자기가 이루어 낸 모든 사상 체계의 궁극적인 발전에 곧 정신분석학이라는 이름을 붙였다.

그때부터 — 아마도 1895년부터 — 생을 마감할 때까지 프로이트의 모든 지성적인 삶은 정신분석학의 발전과 그 광범위한 언외(言外)의 의미, 그리고 그 학문의 이론적이고 실제적인 영향을 탐구하는 데 바쳐졌다. 프로이트의 발견과 사상에 대해서 몇 마디 말로 일관된 언급을 하기란 물론 불가능하겠지만, 그가 우리의 사고 습관에 불러일으킨 몇 가지 주요한 변화를 단절된 양상으로나마 지적하기 위한 시도는 얼마 안 가서 곧 이루어질 것이다. 그러는 동안 우리는 그가 살아온 삶의 외면적인 과정을 계속 좇을 수 있을 것이다.

빈에서 그가 영위했던 가정생활에는 본질적으로 에피소드가 결여되어 있다. 1891년부터 47년 뒤 그가 영국으로 떠날 때까지 그의 집과 면담실이 같은 건물에 있었기 때문이다. 그러나 행복한 결혼 생활과 불어나는 가족 — 세 명의 아들과 세 명의 딸 — 은 그가 겪는 어려움들, 적어도 그의 직업적 경력을 둘러싼 어려움들에 견실한 평형추가 되어 주었다. 의학계에서 프로이트에 대해 편견을 가지고 있었던 이유는 그가 발견한 것들의 본질 때문만이 아니라, 어쩌면 그에 못지않게 빈의 관료 사회를 지배하고 있던 강한 반유대 감정의 영향 때문이기도 했을 것이다. 그가 대학교수로 취임하는 일도 정치적 영향력 탓으로 끊임없이 철회되었다.

그러한 초기 시절의 특별한 일화 한 가지는 그 결과 때문에 언급할 필요가 있다. 그것은 프로이트와, 명석하되 정서가 불안정한 베를린의 의사 빌헬름 플리스Wilhelm Fließ의 우정에 관한 것이다. 플리스는 이비인후과를 전공했지만 인간 생태학과 생명 과정에서 일어나는 주기적 현상의 영향에 이르기까지 관심 범위가 매우 넓었다. 1887년부터 1902년까지 15년 동안 프로이트는 그와 정기적으로 편지를 교환하면서 자기의 발전된 생각을 알렸고, 자기가 앞으로 쓸 책들의 윤곽을 개술한 긴 원고를 그에게 미리 보냈다. 그리고 무엇보다도 중요한 것은 「과학적 심리학 초고」라는 제목이 붙은 약 4만 단어짜리 논문을 보낸 것이었다. 이 논문은 프로이트의 경력에서 분수령이라고도 할 수 있는, 즉 그가 어쩔 수 없이 생리학에서 심리학으로 옮겨 가고 있던 1895년에 작성된 것으로, 심리학의 사실들을 순전히 신경학적 용어들로 서술하려는 시도였다. 다행스럽게도 이 논문과 프로이트가 플리스에게 보낸 다른 편지들도 모두 보존되어 있는데, 그것들은 프로이트의 사상이 어떻게 발전되었는가에 대해 매혹적인 빛을 던질 뿐 아니라, 정신분석학에서 나중에 발견된 것들 중 얼마나 많은 것이 초기 시절부터 이미 그의 마음속에 있었는지를 보여 준다.

플리스와의 관계를 제외한다면, 프로이트는 처음에는 외부의 지원을 거의 받지 못했다. 빈에서 점차 프로이트 주위로 몇몇 문하생이 모여들었지만, 그것은 대략 10년쯤 후인 1906년경, 즉 다수의 스위스 정신 의학자가 그의 견해에 동조함으로써 분명한 변화가 이루어진 뒤의 일이었다. 그들 가운데 중요한 인물로는 취리히 정신 병원장인 블로일러E. Bleuler와 그의 조수인 융C. G. Jung이 있었는데, 그것으로 우리는 정신분석학이 처음으로 확산되기 시작했음을 알 수 있다. 1908년에는 잘츠부르크에서 정신분석학자들의 국제적인 모임이 열린 데 이어, 1909년에는 미국에서 프로이트와 융을 초청해 여러 차례의 강연회를 열어 주었다. 프로이트의 저서들이 여러 나라 말로 번역되기 시작했고, 정신분석을 실행하는 그룹들이 세계 각지에서 생겨났다. 그러나 정신분석학의 발전에 장애가 없지는 않았다. 그 학문의 내용이 정신에 불러일으킨 흐름들은 쉽게 받아들이기에는 너무 깊이 흐르고 있었던 것이다. 1911년 빈의 저명한 프로이트 지지자들 중 한 명인 알프레트 아들러Alfred Adler가 그에게서 떨어져 나갔고, 이삼 년 뒤에는 융도 프로이트와의 견해 차이로 결별했다. 그 일에 바로 뒤이어 제1차 세계 대전이 발발하자, 정신분석의 국제적인 확산은 중단되었다. 그리고 얼마 안 가서 곧 가장 중대한 개인적 비극이 닥쳤다. 딸과 사랑하는 손자의 죽음, 그리고 삶의 마지막 16년 동안 그를 가차 없이 쫓아다닌 악성 질환의 발병이었다. 그러나 어떤 질병도 프로이트의 관찰과 추론의 발전을 막을 수는 없었다. 그의 사상 체계는 계속 확장되었고, 특히 사회학 분야에서 더욱더 넓은 적용 범위를 찾았다. 그때쯤 그는 세계적인 명사로서 인정받는 인물이 되어 있었는데, 1936년 그가 여든 번째 생일을 맞던 해에 영국 왕립 학회Royal Society의 객원 회원으로 선출된 명예보다 그를 더 기쁘게 한 일은 없었다. 1938년 히틀러가 오스트리아를 침공했을 때 국가 사회주의자들의 가차 없는 박해로부터 그를 보호해 주었던 것도 — 비록 그들이 프로이트의 저서들을 몰수해서 없애 버리기는 했지만 — 들리는 말로는 루스벨트 대통령까지 포함된, 영향력 있는 찬양자들의 노력으로 뒷받침된 그의 명성이었다. 그렇다 하더라도 프로이트는 어쩔 수 없이 빈을 떠나 그해 6월 몇몇 가족과 함께 영국으로 건너갔고, 그로부터 1년 뒤인 1939년 9월 23일 그곳에서 세상을 떠났다.

프로이트를 현대 사상의 혁명적인 창립자들 중 한 사람으로 일컬으며, 그의 이름을 아인슈타인Albert Einstein에 결부시켜 생각하는 것은 신문이나 잡지에 실릴 법한 진부한 이야기가 되었다. 그러나 대부분의 사람은 그나 아인슈타인에 의해 도입된 변화들을 간략하게 설명하기가 매우 어려울 것이다.

프로이트의 발견들은 물론 서로 연관되어 있기는 하지만 크게 세 가지로 묶을 수 있다. 연구의 수단, 그 수단에 의해 생겨난 발견들, 그리고 그 발견들에서 추론할 수 있는 이론적 가설들이 그것이다. 그런데 여기서 우리는 프로이트가 수행했던 모든 연구 이면에 결정론 법칙의 보편적 타당성에 대한 믿음이 있었다는 사실을 인정해야 한다. 자연 과학 현상과 관련해서는 이 믿음이 아마도 브뤼케의 연구소에서 근무한 경험에서 생겨났을 것이고, 궁극적으로는 헬름홀츠Helmholtz 학파로부터 생겨났을 것이다. 그러나 프로이트는 단호히 그 믿음을 정신 현상의 분야로 확장시켰는데, 그러는 데는 자기의 스승이자 정신 의학자인 마이네르트Meynert에게서, 그리고 간접적으로는 헤르바르트Herbart의 철학에서 영향을 받았을 수도 있다.

무엇보다도 먼저 프로이트는 인간의 정신을 과학적으로 탐구하기 위한 첫 번째 도구를 찾아낸 사람이었다. 천재적이고 창조적인 작가들은 단편적으로 정신 과정을 통찰해 왔지만, 프로이트 이전에는 어떤 체계적인 탐구 방법도 없었다. 그는 이 방법을 단지 점차적으로 완성시켰을 뿐인데, 그것은 그러한 탐구에서 장애가 되는 어려움들이 점차적으로 분명해졌기 때문이다. 브로이어가 히스테리에서 설명한 잊힌 충격은 가장 최초의 문제점을 제기했고, 어쩌면 가장 근본적인 문제점을 제기했을 수도 있다. 관찰자나 환자 본인 모두에 의해서 검사에 즉각적으로 개방되지 않는, 정신의 활동적인 부분들이 있다는 것을 결정적으로 보여 주었기 때문이다. 정신의 그러한 부분들을 프로이트는 형이상학적 논쟁이나 용어상의 논쟁을 고려하지 않고 〈무의식〉이라고 기술했다. 무의식의 존재는 최면 후의 암시라는 사실로도 증명되는데, 이 경우 환자는 암시 그 자체를 완전히 잊었다 하더라도 충분히 깨어 있는 상태에서 조금 전 그에게 암시되었던 행동을 수행한다. 그러므로 어떠한 정신의 탐구도 그 범위에 이 무의식적인 부분이 포함되지 않고는 완전한 것으로 여겨질 수 없었다. 그렇다면 이것이 어떻게 완전해질 수 있었을까? 명백한 해답은 〈최면 암시라는 수단에 의해서〉인 것처럼 보였다. 그리고 이 방법은 처음엔 브로이어에 의해, 다음에는 프로이트에 의해 이용된 수단이었다. 그러나 얼마 안 가서 곧 그 방법은 불규칙하거나 불명확하게 작용하고, 때로는 전혀 작용하지 않는 불완전한 것임이 밝혀졌다. 따라서 프로이트는 차츰차츰 암시의 이용을 그만두고 나중에 〈자유 연상〉이라고 알려진 완전히 새로운 방법을 도입했다. 즉 정신을 탐구하려는 상대방에게 단순히 무엇이든 머릿속에 떠오르는 것을 말하라고 요구하는, 전에는 들어 보지 못했던 계획을 채택했다. 이 중대한 결정 덕분에 곧바로 놀라운 결과가 도출되었다. 프로이트가 채택한 수단이 초보적인 형태였음에도 불구하고 그것은 새로운 통찰력을 제시했던 것이다. 한동안은 이런저런 연상들이 물 흐르듯 이어진다 하더라도 조만간 그 흐름은 고갈되기 마련이고, 환자는 더 말할 것을 아무것도 생각하지 않거나 또는 할 수 없게 된다. 그렇게 해서 저항의 진상, 즉 환자의 의식적인 의지와 분리되어 탐구에 협조하기를 거부하는 힘의 진상이 드러난다. 여기에 아주 근본적인 이론의 근거, 즉 정신을 뭔가 역동적인 것으로, 일부는 의식적이고 일부는 무의식적이며, 때로는 조화롭게 작용하고 때로는 서로 상반되는 다수의 정신적인 힘들로 이루어져 있다고 가정할 근거가 있었다.

　그러한 현상들은 결국 보편적으로 생겨난다는 것이 밝혀지기는 했지만, 처음에는 신경증 환자들에게서만 관찰 연구되었고, 처음 몇 년 동안 프로이트의 연구는 주로 그러한 환자들의 〈저항〉을 극복하여 그 이면에 있는 것을 밝혀낼 수단을 발견하는 일과 관련되었다. 그 해결책은 오로지 프로이트 편에서 극히 이례적인 자기 관찰 — 지금에 와서는 자기 분석이라고 기술되어야 할 — 을 함으로써만 가능해졌다. 다행스럽게도 우리는 앞에서 얘기한, 그가 플리스에게 보냈던 편지로 그 당시의 상황을 직접적으로 알 수 있다. 즉 그는 분석 덕분에 정신에서 작용하는 무의식적인 과정의 본질을 발견하고, 어째서 그 무의식이 의식으로 바뀔 때 그처럼 강한 저항이 있는지를 이해할 수 있었다. 또 그의 환자들에게서 저항을 극복하거나 피해 갈 기법을 고안할 수 있었고, 무엇보다도 중요한 것, 즉 그러한 무의식적인 과정의 기능 방식과 익히 알려진 의식적인 과정의 기능 방식 사이에 아주 큰 차이점이 있음을 알아낼 수 있었다는 것이다. 다음 세 가지는 그 하나하나에 대해서 언급이 좀 필요할 것 같다. 왜냐하면 사실 그것들은 정신에 관한 우리의 지식에 프로이트가 미친 공적들의 핵심을 구성하고 있기 때문이다.

정신의 무의식적인 내용들은 대체로 원초적인 육체적 본능에서 직접 그 에너지를 이끌어 내는 능동적인 경향의 활동 — 욕망이나 소망 — 으로 이루어져 있는 것으로 보인다. 이 무의식은 즉각적인 만족을 얻는 것 외에는 전혀 아무것도 고려하지 않고 기능하며, 따라서 현실에 적응하고 외부적인 위험을 피하는 것과 관련된, 정신에서 더욱더 의식적인 요소들과 동떨어져 있기 마련이다. 더군다나 이러한 원초적인 경향은 훨씬 더 성적이거나 파괴적인 경향을 지니며, 좀 더 사회적이고 개화된 정신적인 힘들과 상충할 수밖에 없다. 이것을 계속 탐구함으로써 프로이트는 오랫동안 숨겨져 있던 어린아이들의 성적인 삶과 오이디푸스 콤플렉스의 비밀을 알아낼 수 있었다.

두 번째로, 그는 자기 분석을 함으로써 꿈의 본질을 탐구하기 시작했다. 이 꿈들은 신경증 증상들과 마찬가지로 원초적인 무의식적 충동과 2차적인 의식적 충동 사이에서 생겨나는 갈등과 타협의 산물임이 밝혀졌다. 그것들을 구성 요소별로 나누어 분석함으로써 프로이트는 숨어 있는 무의식적인 내용들을 추론할 수 있었으며, 꿈이 거의 모든 사람들에게 보편적으로 일어나는 공통된 현상인 만큼 꿈의 해석이 신경증 환자의 저항을 간파하기 위한 기술적 도구 중의 하나임을 밝혀냈다.

마지막으로, 꿈에 대해 면밀하게 고찰함으로써 프로이트는 그가 생각의 1차적 과정과 2차적 과정이라고 명명한 것, 즉 정신의 무의식적 영역에서 일어나는 일과 의식적 영역에서 일어나는 일

사이의 엄청난 차이점들을 분류할 수 있었다. 무의식에서는 조직이나 조화는 전혀 발견되지 않고, 하나하나의 독립적인 충동이 다른 모든 충동과 상관없이 만족을 추구한다. 그 충동들은 서로 영향을 받지 않고 진행되며, 모순은 전혀 작용하지 않고 가장 대립되는 충동들이 아무런 갈등 없이 병존한다. 그러므로 무의식에서는 또한 생각들의 연상이 논리와는 아무런 관련도 없는 노선들을 따라 진행되며, 유사한 것들은 동일한 것으로, 반대되는 것들은 긍정적으로 동등하게 다루어진다. 또 무의식에서는 능동적인 경향을 수반한 대상들이 아주 이례적으로 가변적이어서, 하나의 무의식이 아무런 합리적 근거도 없는 온갖 연상의 사슬을 따라 다른 무의식으로 대체될 수도 있다. 프로이트는 원래 1차적 과정에 속하는 심리 기제가 의식적인 생각으로 침투하는 것이 꿈뿐만 아니라 여러 가지 다른 정상적 또는 정신 병리학적인 정신적 사건의 기이한 점을 설명해 준다는 사실도 분명히 알아냈다.

프로이트가 했던 연구의 후반부는 모두 이러한 초기의 사상들을 무한히 확장하고 정교하게 다듬는 데 바쳐졌다고 해도 과언이 아닐 것이다. 그러한 사상들은 정신 신경증과 정신 이상의 심리 기제뿐 아니라 말이 헛나온다거나 농담을 한다거나 예술적 창조 행위라거나 정치 제도 같은 정상적인 과정의 심리 기제를 설명하는 데도 적용되었고, 여러 가지 응용과학 — 고고학, 인류학, 범죄학, 교육학 — 에 새로운 빛을 던지는 데도 일익을 담당했다. 그리고 정신분석 요법의 효과를 설명하는 데도 도움이 되었다. 마지막으로, 프로이트는 이러한 근본적인 관찰들을 근거로 해서 그가 〈초심리학〉이라고 명명한 좀 더 일반적인 개념의 이론적인 구조를 세우기도 했다. 그러나 많은 사람들이 이 일반적 개념을 매혹적이라고 생각할지라도, 프로이트는 언제나 그것이 잠정적인 가설의 속성을 띤다고 주장했다. 만년에 그는 〈무의식〉이라는 용어의 다의성과 그것의 여러 가지 모순되는 용법에 많은 영향을 받아 정신에 대한 새로운 구조적 설명 — 여러 가지 문제점을 해명하기 위해 만들어진 것이 분명한 새로운 설명 — 을 제시했는데, 거기에서는 조화되지 않은 본능적인 경향은 〈이드〉로, 조직된 현실적인 부분은 〈자아〉로, 비판적이고 도덕적인 기능은 〈초자아〉로 불렸다.

지금까지 훑어본 내용으로 독자들은 프로이트의 삶에 있었던 외면적인 사건들의 윤곽과 그가 발견한 것에 대해 어느 정도 조망했을 것이다. 그런데 더 많은 것을 요구하는 것이, 좀 더 깊이 파고들어 가서 프로이트가 어떤 부류의 사람이었는지를 알아보는 것이 과연 적절할까? 아마도 그렇지 않을 것이다. 그러나 위인에 대한 사람들의 호기심은 만족할 줄 모르며, 그 호기심이 진실된 설명으로 충족되지 않으면 필연적으로 꾸며 낸 이야기라도 붙잡으려고 할 것이다. 프로이트는 초기에 낸 두 권의 책(『꿈의 해석』과 『일상생활의 정신 병리학』)에서 그가 제기한 논제로 인해 개인적인 사항들을 예외적으로 많이 제시하지 않을 수 없었다. 그럼에도 불구하고, 또는 바로 그런 이유로 그는 자기의 사생활이 침해당하는 것을 완강히 거부했으며, 따라서 여러 가지 근거 없는 애깃거리의 소재가 되었다. 일례로 처음에 떠돌았던 아주 단순한 소문에 따르자면, 그는 공공 도덕을 타락시키는 데 온 힘을 쏟는 방탕한 난봉꾼이라는 것이었다. 또 이와 정반대되는 터무니없는 평가도 없지 않았다. 그는 엄격한 도덕주의자, 가차 없는 원칙주의자, 독선가, 자기중심적이고 웃지도 않는 본질적으로 불행한 남자로 묘사되었다. 그를 조금이라도 알고 있는 사람들이라면 누구에게나 위의 두 가지 모습은 똑같이 얼토당토않은 것으로 보일 것이다. 두 번째 모습은 분명히 부분적으로는 그가 말년에 육체적으로 고통받았다는 것을 아는 데서 기인한 것이다. 그러나 또 한편으로는 가장 널리 퍼진 그의 몇몇 사진이 불러일으킨 불행해 보이는 인상에 기인한 것일 수도 있다. 그는 적어도 직업적인 사진사들에게는 사진 찍히기를 싫어했으며, 그의 모습은 때때로 그런 사실을 드러냈다. 화가들 역시 언제나 정신분석학의 창시자를 어떻게든 사납고 무서운 모습으로 표현할 필요를 느꼈던 것처럼 보인다. 그러나 다행히도 좀 더 다정하고 진실한 모습을 보여 주는 다른 증거물들도 있다. 예를 들면 그의 장남이 쓴 아버지에 대한 회고록(마르틴 프로이트Martin Freud, 『명예로운 회상』, 1957)에 실려 있는, 휴일에 손자들과 함께 찍은 스냅 사진 같은 것들이다. 이 매혹적이고 흥미로운 책은 실로 여러 가지 면에서 좀 더 형식적인 전기들 ― 그것들도 매우 귀중하기는 하지만 ― 의 내용에서 균형을 회복하는 데 도움을 주는 한편, 일상생활을 하는 프로이트의 모습도 얼마간 드러내 준다. 이러한 사진들 가운데 몇 장은 그가 젊은 시절에 매우 잘생긴 용모였다는 것을 보여 준다. 하지만 나중에 가서는, 그러니까 제1차 세계 대전 뒤 병이 그를 덮치기 얼마 전부터는 더 이상 그렇지 못했고, 그의 용모는 물론 전체적인 모습(대략 중간 키 정도인)도 주로 긴장된 힘과 빈틈없는 관찰력을 풍기는 인상으로 널리 알려졌다. 그는 공식적인 자리에서는 진지하되 다정하고 사려 깊었지만, 사사로운 곳에서는 역설적인 유머 감각을 지닌 유쾌하고 재미있는 사람이기도 했다. 그가 가족에게 헌신적인 애정을 기울인 사랑받을 만한 남자였다는 것을 알아보기란 그리 어려운 일이 아니다. 그는 다방면으로 여러 가지 취미가 있었고 ― 그는 외국 여행과 시골에서 보내는 휴일, 그리고 등산을 좋아했다 — 미술, 고고학, 문학 등 좀 더 전념해야 하는 주제에도 관심이 많았다. 프로이트는 독일어 외에 여러 외국어에도 능통해서 영어와 프랑스어를 유창하게 구사했을 뿐 아니라, 스페인어와 이탈리아어에도 상당한 지식을 갖고 있었다. 또 그가 후기에 받은 교육은 주로 과학이었지만(대학에서 그가 잠시 철학을 공부했던 것은 사실이다), 김나지움에서 배웠던 고전들에 대한 애정 또한 잃지 않았다. 우리는 그가 열일곱 살 때 한 급우[4]에게 보냈던 편지를 가지고 있는데, 그 편지에서 그는 졸업 시험의 각기 다른 과목에서 거둔 성과들, 즉 로마의 시인 베르길리우스에게서 인용한 라틴어 구절, 그리고 무엇보다도 『오이디푸스왕』에서 인용한 30행의 그리스어 구절을 적고 있다.

한마디로 우리는 프로이트를, 영국에서라면 빅토리아 시대 교육의 가장 뛰어난 산물과 같은 인물로 볼 수도 있을 것이다. 그러므로 프로이트의 문학과 예술에 대한 취향은 분명 우리와 다를 것이며, 윤리에 대한 견해도 자유롭고 개방적일지언정 프로이트 이후 세대에 속하지는 않을 것이다. 그러나 우리는 그에게서 많은 고통을 겪으면서도 격한 태도를 보이지 않는, 충만한 감성을 지닌 인간형을 본다. 그에게서 두드러지는 특징들은 완전한 정직과 솔직성, 그리고 아무리 새롭거나 예외적이더라도 자기에게 제시된 사실을 어떤 것이든 기꺼이 받아들여 숙고할 준비가 되어 있는 지성이다. 그가 이처럼 놀라운 면을 지니게 된 것은, 아마도 표면적으로 사람들을 싫어하는 태도가 숨기지 못한 전반적인 너그러움을 그러한 특징들과 결합하여 확장시킨 필연적인 결과일 것이다. 미묘한 정신을 지녔음에도 불구하고 그는 본질적으로 순

---

4 에밀 플루스Emil Fluss. 이 편지는 『프로이트 서간집』(1960)에 들어 있다.

박했으며, 때로는 비판 능력에서 예기치 않은 착오를 일으키기도 했다. 예를 들어 이집트학이나 철학 같은 자기 분야가 아닌 주제에서 신빙성이 없는 전거(典據)를 받아들이는 실수를 한다든가, 그리고 무엇보다도 이상한 것은 그 정도의 인식력을 지닌 사람으로 믿기 어려울 만큼 때로는 그가 알고 있는 사람들의 결점을 보지 못한 것 등이 그렇다. 그러나 프로이트가 우리와 같은 인간이라고 단언함으로써 허영심을 만족시킬 수 있다 하더라도, 그 만족감은 쉽사리 도를 넘어설 수 있다. 이제까지는 정상적인 의식에서 제외되었던 정신적 실체의 모든 영역을 처음으로 알아볼 수 있었던 사람, 처음으로 꿈을 해석하고, 유아기의 성욕이라는 사실을 처음으로 인정하고, 사고의 1차적 과정과 2차적 과정을 처음으로 구분한 사람 ── 우리에게 무의식을 처음으로 현실로 제시한 사람 ── 에게는 사실상 매우 비범한 면들이 있었을 것이다.

1856년 5월 6일, 오스트리아 모라비아의 프라이베르크에서 태어남.

1860년 가족들 빈으로 이주, 정착.

1865년 김나지움(중등학교 과정) 입학.

1873년 빈 대학 의학부에 입학.

1876년 1882년까지 빈 생리학 연구소에서 브뤼케의 지도 아래 연구 활동.

1877년 해부학과 생리학에 관한 첫 번째 논문 출판.

1881년 의학 박사 과정 졸업.

1882년 마르타 베르나이스와 약혼. 1885년까지 빈 종합 병원에서 뇌 해부학을 집중 연구, 논문 다수 출판.

1884년 1887년까지 코카인의 임상적 용도에 관한 연구.

1885년 신경 병리학 강사 자격(프리바트도첸트) 획득. 10월부터 1886년 2월까지 파리의 살페트리에르 병원(신경 질환 전문 병원으로 유명)에서 샤르코의 지도 아래 연구. 히스테리와 최면술에 대해 소개하기 시작.

1886년 마르타 베르나이스와 결혼. 빈에서 개업하여 신경 질환 환자를 치료하기 시작. 1893년까지 빈 카소비츠 연구소에서 계속 신경학을 연구. 특히 어린이 뇌성 마비에 관심을 가지고 많은 출판 활동을 함. 신경학에서 점차 정신 병리학으로 관심을 돌리게 됨.

1887년 장녀 마틸데 출생. 1902년까지 베를린의 빌헬름 플리스와 교분을 맺고 서신 왕래. 이 기간에 프로이트가 플리스에게 보낸 편지는 프로이트 사후인 1950년에 출판되어 그의 이론 발전 과정에 많은 시사점을 주고 있음. 최면 암시 요법을 치료에 사용하기 시작.

1888년 브로이어를 따라 카타르시스 요법을 통한 히스테리 치료에 최면술을 이용하기 시작. 그러나 점차 최면술 대신 자유 연상 기법을 시도하기 시작.

1889년 프랑스 낭시에 있는 베르넴을 방문. 그의 〈암시〉 요법을 연구. 장남 마르틴 출생.

1891년 실어증에 관한 연구 논문 발표. 차남 올리버 출생.

1892년 막내아들 에른스트 출생.

1893년 브로이어와 함께 히스테리의 심적 외상(外傷) 이론과 카타르시스 요법을 밝힌 『예비적 보고서』 출판. 차녀 소피 출생. 1896년까지 프로이트와 브로이어 사이에 점차 견해차가 생기기 시작. 방어와 억압의 개념, 그리고 자아와 리비도 사이의 갈등의 결과로 생기는 신경증 개념을 소개하기 시작. 1898년까지 히스테리, 강박증, 불안에 관한 연구와 짧은 논문 다수 발표.

1895년 브로이어와 함께 치료 기법에 대한 증례 연구와 설명을 담은 『히스테리 연구』 출판. 감정 전이 기법에 대한 설명이 이 책에서 처음으로 나옴. 『과학적 심리학 초고』 집필. 플리스에게 보내는 편지 속에 그 내용이 포함되어 있는 이 책은 1950년에야 비로소 첫 출판됨. 심리학을 신경학적인 용어로 서술하려는 이 시도는 처음에는 빛을 보지 못했지만 프로이트의 후기 이론에 관한 많은 시사점을 담고 있음. 막내딸 아나 출생.

1896년 〈정신분석〉이란 용어를 처음으로 소개. 부친 향년 80세로 사망.

1897년 프로이트의 자기 분석 끝에 심적 외상 이론을 포기하는 한편, 유아 성욕과 오이디푸스 콤플렉스에 대해 인식하게 됨.

1900년 『꿈의 해석』 출판. 책에 표시된 발행 연도는 1900년이지만 실제로 책이 나온 것은 1899년 11월임. 이 책의 마지막 장에서 정신 과정, 무의식, 〈쾌락 원칙〉 등에 대한 프로이트의 역동적인 관점이 처음으로 자세하게 설명됨.

1901년 『일상생활의 정신 병리학』 출판. 이 책은 꿈에 관한 저서와 함께 프로이트의 이론이 병적인 상태뿐만 아니라 정상적인 정신생활에까지 적용된다는 것을 분명히 보여주고 있음.

1902년 특별 명예 교수에 임명됨.

1905년 「성욕에 관한 세 편의 에세이」 발표. 유아에서 성인에 이르기까지 인간의 성적 본능의 발전 과정을 처음으로 추적함.

1906년 융이 정신분석학의 신봉자가 됨.

1908년 잘츠부르크에서 제1회 국제 정신분석학회가 열림.

1909년 프로이트와 융이 미국으로부터 강의 초청을 받음. 〈꼬마한스〉라는 다섯 살 어린이의 병력(病歷) 연구를 통해 처음으로 어린이에 대한 정신분석을 시도. 이 연구를 통해 성인들에 대한 분석에서 수립된 추론들이 특히 유아의 성적 본능과 오이디푸스 콤플렉스 및 거세 콤플렉스에 까지 적용될 수 있음을 확인함.

1910년 〈나르시시즘〉 이론이 처음으로 등장함.

1911년 1915년까지 정신분석 기법에 관한 몇 가지 논문 발표. 아들러가 정신분석학회에서 탈퇴. 정신분석학 이론을 정신병 사례에 적용한 슈레버 박사의 자서전 연구 논문이 나옴.

1912년 1913년까지 『토템과 터부』 출판. 정신분석학을 인류학에 적용한 저서.

1914년 융의 학회 탈퇴. 「정신분석 운동의 역사」라는 논문 발표. 이 논문은 프로이트가 아들러 및 융과 벌인 논쟁을 담고 있음. 프로이트의 마지막 주요 개인 병력 연구서인 『늑대 인간』(1918년에 비로소 출판됨) 집필.

1915년 기초적인 이론적 의문에 관한 〈초심리학〉 논문 12편을 시리즈로 씀. 현재 이 중 5편만 남아 있음. 1917년까지 『정신분석 강의』 출판. 제1차 세계 대전까지의 프로이트의 관점을 광범위하고도 치밀하게 종합해 놓은 저서임.

1919년 나르시시즘 이론을 전쟁 신경증에 적용.

1920년 차녀 사망. 『쾌락 원칙을 넘어서』 출판. 〈반복 강박〉이라는 개념과 〈죽음 본능〉 이론을 처음 명시적으로 소개.

1921년 『집단 심리학과 자아 분석』 출판. 자아에 대한 체계적이고 분석적인 연구에 착수한 저서.

1923년 『자아와 이드』 출판. 종전의 이론을 크게 수정해 마음의 구조와 기능을 이드, 자아, 초자아로 나누어 설명. 암에 걸림.

1925년 여성의 성적 발전에 관한 관점을 수정.

1926년 『억압, 증상 그리고 불안』 출판. 불안의 문제에 대한 관점을 수정.

1927년 『어느 환상의 미래』 출판. 종교에 관한 논쟁을 담은 책. 프로이트가 말년에 전념했던 다수의 사회학적 저서 중 첫 번째 저서.

1930년 『문명 속의 불만』 출판. 이 책은 파괴 본능(〈죽음 본능〉의 표현으로 간주되는)에 대한 프로이트의 첫 번째 본격적인 연구서임. 프랑크푸르트시로부터 괴테상(賞)을 받음. 어머니 향년 95세로 사망.

1933년 히틀러 독일 내 권력 장악. 프로이트의 저서들이 베를린에서 공개적으로 소각됨.

1934년 1938년까지 『인간 모세와 유일신교(有一神敎)』 집필. 프로이트 생존 시 마지막으로 출판된 책.

1936년 80회 생일. 영국 왕립 학회의 객원 회원으로 선출됨.

1938년 히틀러의 오스트리아 침공. 빈을 떠나 런던으로 이주. 『정신분석학 개요』 집필. 미완성의 마지막 저작인 이 책은 정신분석학에 대한 결정판이라 할 수 있음.

1939년 9월 23일 런던에서 사망.

억압, 불안과 신경증

정신 병리학은 정신 의학의 한 분야로서 신체 병리학에 대응하여 정신 장애의 원인과 본질을 과학적으로 관찰, 기술, 분석함으로써 정신 질환의 심리적 측면을 밝히고자 하는 학문이다. 이 연구 분야에는 정신 증상론이나 현상학적 정신 병리학 같은 다른 방법론들도 있지만, 프로이트는 자유 연상을 이용한 정신분석을 통해 무의식이 어떤 성격의 것인지를 밝혀내는 접근 방법을 택했다. 따라서 정신분석은 정신에 의식이라는 체계와 무의식이라는 체계가 있다는 것을 전제로 하여 억압된 무의식을 끌어내려는 것이다. 그의 연구 방법은 정신 장애를 무의식 가운데 억압되어 있는 갈등에 기인하는 것으로 보는 역동 정신 의학의 기초가 되었다.

억압은 충동에 따라 일어나는 상념이나 회상 등 충동을 대신하는 표상이 의식에 나타나면 그 대리 표상을 의식하지 못하도록 무의식 속에 억눌러 두려고 하는 정신 작용을 말한다. 일반적으로 충동을 만족시키면 긴장이 해소되고 쾌감을 가져오므로 충동의 대리 표상을 무의식에 억눌러 두려고 하는 일은 모순이라고 할 수 있지만, 한 충동을 만족시키면 다른 충동을 만족시킬 수 없고 도리어 긴장을 증대시킬 위험이 있을 때 억압이 일어난다. 충동에 따라 일어나는 감정을 억눌러 두는 일은 억제라고 하며, 억압과는 미묘하게 다른 정신 작용이다. 즉 억제는 어떤 충동에 수반해서 일어나는 감정을 의식적으로 저지한다는 점에서 무의식적 작용인 억압과 구분된다. 그러나 이 책에 실려 있는 「억압, 증상 그리고 불안」에서는 억압과 억제가 혼용되어 쓰이고 있다.

감정은 억제함으로써 없어지지만, 대리 표상은 억압한다고 없어지는 것이 아니라 무의식 속에 머물러 있으면서 언제든지 다시 의식으로 돌아오려고 한다. 그러므로 끊임없이 억압을 계속하다 보면 정신의 소모를 초래하여 정신 작용이 쇠약해지지 않을 수 없는데, 이러한 에너지의 낭비를 막는 경제적 억압은 에너지를 반대 집중하는 것이다. 프로이트는 그와 같은 에너지의 반대 집중을 경제적 사고방식이라는 입장에서 고찰했다. 억압 시에 나타나는 증상을 막기 위해서는 에너지가 필요하지만, 그 에너지는 새롭게 조달할 필요가 없이 반사 에너지의 집중으로 가능하다고 하는 것이다. 아이를 미워하는 어머니가 오히려 아이를 귀여워해 주는 반작용 형성으로 증오의 억압을 달성하려고 하는 것이 그런 예가 될 것이다.

본래 억압은 신경증 환자에게만 나타나는 정신 작용으로 보아 왔지만, 오늘날에는 정상인에게서도 나타날 수 있는 일반적인 의미를 지닌 것으로 보고 있다. 즉 억압은 이른바 심리적 방어 기제의 한 전형이며, 억압 이외의 여러 가지 방어 기제에서도 어느 정도의 억압 과정은 포함되어 있다고 여겨진다.

정신분석의 목적은 무의식이 인간의 행동에 많은 영향을 미친다는 가설하에 억압된 기억들을 끌어냄으로써 신경증을 치료하려는 것이다. 무의식은 의식에 나타나지 않는 모든 심리적 내용으로서 정신분석을 통하지 않고는 의식하지 못하는 것이지만, 그렇더라도 의식 과정에 심대한 영향을 미친다. 현실의 지배를 받는 의식과는 달리 쾌감의 원칙에 지배되어 의식을 배후에서 조종하기 때문이다. 그러므로 정신분석에서는 무의식이 중요한 의미를 갖는다. 정신분석을 무의식 심리학이라고 하는 것도 바로 그 때문이다.

정신분석은 꿈이나 공상을 연구함으로써 정신의 무의식 과정, 즉 1차 과정이라고 불리는 것을 밝혀낼 수 있다. 무의식적인 1차 과정을 분명하게 밝히려는 것은 어떤 행동의 동기를 분명하게 알아내려는 것이다. 정신분석에서는 발병이 되는 동기가 모두 의식하지 못하는 성 충동에 있다고 간주한다. 이 때문에 정신분석을 범(汎)성욕설이라고 격하하는 경우도 있었지만, 정신분석에서 성욕의 개념은 상식적인 의미의 성욕과는 차원이 다르다. 프로이트는 후기에 이르러 성욕을 더욱 포괄적인 입장에서 생각하여 죽음 충동(타나토스*Thanatos*)에 대립하는 생의 충동(에로스*Eros*)으로 보았다.

프로이트가 무의식을 의식으로 끌어내기 위해 이용한 자유 연상은 환자로 하여금 머리에 떠오르는 것을 무엇이건 생각나는 대로 말하도록 하는 것이다. 그러나 이 방법은 잡담이 아니라 진실한 말을 하도록 유도함으로써 자기 변호가 아닌 말을 하도록 하려는 것이다. 환자는 자유 연상으로 자기 변호, 방어, 저항을 나타내고 분석자는 그러한 저항을 해석함에 따라 특수한 저항을 발견하게 되는데, 이것을 전이(轉移)라고 한다. 환자는 자신이 아이이고 분석자는 부모 같다는 감정을 가지게 되며, 자유 연상 속에서 부모와 자식 사이의 관계는 분석 상황으로 옮겨진다.

분석 상황에서 부모와 자식 사이의 관계는 오이디푸스적 관계, 즉 아버지, 어머니, 자식의 이른바 삼각관계이다. 남자아이는 어머니에게 애정을 품고 아버지에게 적의를 가지며, 아버지를 죽이고 어머니와 둘만의 관계를 유지하려고 한다. 이것은 근친상간의 소망인 동시에 억압되는 운명인데, 아이는 아버지에게 적의를 품은 데 대한 보복으로 거세를 당하지 않을까 하는 불안을 가진다. 이 불안을 없애기 위해서 아이는 자신을 부친과 동일시하여 오이디푸스적 관계를 극복하려고 하며, 극복되지 않을 때에는 공포증 등의 증상이 생겨나게 된다.

신경증이라는 말은 1777년 스코틀랜드의 의사 W. 쿨렌이 처음 사용한 용어로, 당시의 개념은 병인이 불분명한 정신 신경 질환의 총칭이었다. 그러나 19세기 말엽부터 샤르코, 프로이트, 자네, 오펜하임 등 많은 학자들에 의해서 신경증의 실태에 관한 연구가 거듭되었고, 그에 따라 무도병, 파킨슨병, 간질 등 많은 신경 질환이 독립된 질환으로 취급되어 신경증에서 배제되었다. 오늘날에는 신경증을 신체적 병인에서 유래하는 것이 아니라 심인성인 기능적·정신적·신체적 장애로 보고 있다. 이 증상들의 공통되는 특징은 자각 증상이 강하다는 것인데, 이 점에서 병에 대한 자각이 없는 좁은 의미의 정신증과 다르다.

이 책에서 중점적으로 다루어지는 불안 신경증은 뚜렷한 대상이 없는 막연한 두려움을 주된 증상으로 하며 동계(動悸), 호흡 촉진, 숨참, 빈뇨, 저림 등의 자율 신경 증상과 긴장감, 무력감을 수반한다. 또 그런 증상이 발작적으로 일어나는 불안 발작에서는 종종 죽음의 공포가 따르기도 한다. 때로는 신체 증상이 불안에 의한 것임을 알지 못하고 심장 질환 등이 아닌지 의심하는 경우도 있지만, 그것은 건강 상태에 지나친 주의를 기울이고 거기에 구애되어 건강이 불완전하다는 느낌으로 고민하는 건강 염려증과는 구분되어야 한다.

신경증에는 환경 조건이 강하게 작용하여 발병한 경우와 성격적 요인이 주된 역할을 하는 경우가 있는데, 이 문제는 본서에 실린 「신경증 발병의 유형들」과 「강박 신경증에 잘 걸리는 기질」두 논문에서 상세히 논의된다. 정상적인 사람은 본능적 또는 사회적 욕구를 충족시키지 못해서 생겨나는 욕구 불만이나 갈등이 있어도 그것을 무의식적으로 적절하게 처리함으로써 심리적인 파탄을 일으키지는 않는다. 그러나 신경증인 성격의 사람은 욕구 불만이나 갈등 상황에 대한 저항이 약해서 불만을 건전하게 해소할 수 있는 방위 기제의 방법을 취하는 대신 병적인 방위 기제를 택함으로써 신경증 증상을 보이게 된다. 불만이나 갈등은 무의식적으로 억압되지만 억압된 불만이나 갈등이 신체 증상으로 발현되는 것이다.

욕구 불만이 잘 처리되지 않을 때나 갈등 상태에서는 불안이 생겨난다. 불안은 장차 일어날 것 같은 위험이나 고통에 대한 막연한 예감과 그에 수반하는 생리적 반응을 총칭하는 것으로, 공포와는 구별되는 개념이다. 공포에는 특정한 대상이 있으므로 그것에 맞서거나 회피하는 일이 가능하지만, 불안은 막연하며 확실한 대상이 없고 부유(浮遊)하는 특성이 있기 때문에 환자가 불명확한 위기감과 무력감 등을 보이게 된다.

모든 불안의 원형은 모체로부터 최초로 분리되는 출생 체험이라고 생각할 수 있다. 프로이트는 출생을 〈최초의 극심한 불안 상태〉라고 했는데, 그 불안이 취하는 형태에 대해 오토 랑크는 그의 저서인 『출생의 외상』에서 프로이트의 설명을 채택하는 것만으로 그치지 않고 더 나중에 생겨나는 모든 불안 발작이 출생의 충격을 해제시키려는 시도라고 주장했다. 심지어 그는 모든 신경증을 비슷한 논리로 설명하면서 오이디푸스 콤플렉스를 배척하고 출생의 충격을 극복하는 데 근거한 개선된 치료 기법을 제안하기까지 했다. 프로이트는 랑크의 이론을 반박하면서 자신의 견해를 다시 고찰하도록 자극받았고, 그 결과로 「억압, 증상 그리고 불안」이 탄생할 수 있었다.

원서를 처음 훑어보았을 때는 몇 가지 전문 용어를 제외하고는 어렵지 않게 이해할 수 있으리라는 생각이 들어 가벼운 마음으로 번역 작업에 뛰어들었다. 그러나 번역을 해나가면서 이 번역 작업이 쉽게 생각할 일이 아니라는 것을 깨닫게 되었다. 전문 용어 외에도 프로이트가 만들어 낸 단어들, 일반 문장에서 쓰이는 것과는 전혀 다른 의미로 사용되는 단어들이 번역의 진전을 막았다.

당시 빗발치는 여론의 비난 속에서 발표된 논문들인지라 조심스럽게 표현한 프로이트의 이론들을 비전문가가 이해하고 설명하기란 쉬운 일이 아니었다.

그러나 신경정신과 의사인 유완상 박사의 도움이 이 어려움을 헤쳐 나가는 데 큰 힘이 되었다. 바쁜 시간을 쪼개어 꼼꼼히 교정을 보아 준 그에게 다시 한번 감사드린다.

이 책은 영국 펭귄 출판사에서 발행한 *Penguin Freud Library* 의 제10권 *On Psychopathology*를 대본으로 하고 *The Standard Edition of the Complete Psychological Works of Sigmund Freud*, London: the Hogarth Press and the Institute of Psycho-Analysis, 1955를 참고했다.

1997년 3월

황보석

참고 문헌

프로이트의 저술은 『표준판 전집』에 있는 논문 제목과 권수를 표시하고 열린책
들 프로이트 전집의 권수를 병기했다.

Adler, A. (1907) *Studie über Minderwertigkeit von Organen*, Berlin und Wien.

(1910) "Der psychische Hermaphroditismus im Leben und in der Neurose",
Fortschr. Med., 28, 486.

Beard, G. M. (1881) *American Nervousness, its Causes and Consequences*, New
York.

(1884) *Sexual Neurasthenia(Nervous Exhaustion), its Hygiene, Causes, Symptoms
and Treatment*, New York.

Binet, A. (1888) *Études de psychologie expérimentale: le fétichisme dans l'amour*,
Paris.

Bleuler, E. (1913) "Der Sexualwiderstand", *Jb. psychoanalyt. psychopath. Forsch.*, 5,
442.

(1916) "Physisch und Psychisch in der Pathologie", *Z. ges. Neurol. Psychiat.*, 30,
426.

Darwin, C. (1872) *The Expression of the Emotions in Man and Animals*, London.
(2nd ed., 1890).

Ellis, Havelock (1898) "Auto-Erotism: A Psychologial Study", *Alien & Neurol.*, 19,
260.

(1899) *Studies in the Psychology of Sex*, Vol, 1: *The Evolution of Modesty; the
Phenomena of Sexual Periodicity; and Auto-Erotism*, "Leipzig" London (3rd ed.,
Philadelphia, 1910).

Ferenczi, S. (1913) "Entwicklungsstufen des Wirklichkeitssinnes", *Int. Z. ärztl.
Psychoanal.*, 1, 124.

(1919) *Hysterie und Pathoneurosen*, Leipzig & Wien ("Hysterische Materiali-
zationsphänomene" 포함).

(1925) "Zur Psychoanalyse von Sexualgewohnheiten", *Int. Z. Psychoanal.*, 11, 6.

Ferenczi, S. & Hollós, S. (1922) *Zur Psychoanalyse der paralytischen Geistesstörung*, Wien.

Fließ, W. (1892) *Neue Beiträge zur Klinik und Therapie der nasalen Reflexneurose*, Wien.

(1893) "Die nasale Reflexneurose", *Verhandlungen des Kongresses für innere Medizin*, Wiesbaden.

Freud, M. (1957) *Glory Reflected*, London.

Freud, S. (1891b) *On Aphasia*, London and New York, 1953.

(1893a) & Breuer, J., "On the Psychical Mechanism of Hysterical Phenomena: Preliminay Communication", in *Studies on Hysteria, Standard Ed.*, 2, 3; 열린책들 3.

(1894a) "The Neuro-Psychoses of Defence", *Standard Ed.*, 3, 43.

(1895b [1894]) "On the Grounds for Detaching a Particular Syndrome from Neurasthenia under the Description 'Anxiety Neurosis'", *Standard Ed.*, 3, 87; 열린책들 10.

(1895c [1894]) "Obsessions and Phobias", *Standard Ed.*, 3, 71.

(1895d) & Breuer, J., *Studies on Hysteria*, London, 1956; *Standard Ed.*, 2; 열린 책들 3.

(1895f) "A Reply to Criticisms of my Paper on Anxiety Neurosis", *Standard Ed.*, 3, 121.

(1896b) "Further Remarks on the Neuro-Psychoses of Defence", *Standard Ed.*, 3, 159.

(1896c) "The Aetiology of Hysteria", *Standard Ed.*, 3, 189.

(1897) *Abstracts of the Scientific Writing of Dr Sigm. Freud (1877-1897)*, *Standard Ed.*, 3, 225.

(1900a) *The Interpretation of Dreams*, London and New York, 1955; *Standard Ed.*, 4-5; 열린책들 4.

(1901b) *The Psychopathology of Everyday Life*, *Standard Ed.*, 6; 열린책들 5.

(1905d) *Three Essays on the Theory of Sexuality*, London, 1962; *Standard Ed.*, 7, 125; 열린책들 7.

(1905d [1901]) "Fragment of an Analysis of a Case of Hysteria", *Standard Ed.*, 7, 3; 열린책들 8.

(1906a [1905]) "My Views on the Part played by Sexuality in the Aetiology of the Neuroses", *Standard Ed.*, 7, 271; 열린책들 10.

(1907a) *Delusions and Dreams in Jensen's "Gradiva"*, *Standard Ed.*, 9, 31; 열린책들 14.

(1908a) "Hysterical Phantasies and their Relation to Bisexuality", *Standard Ed.*, 9, 157; 열린책들 10.

(1908b) "Character and Anal Erotism", *Standard Ed.*, 9, 169; 열린책들 7.

(1908c) "On the Sexual Theories of Children", *Standard Ed.*, 9, 207; 열린책들 7.

(1908d) " 'Civilized' Sexual Morality and Modern Nervous Illness", *Standard Ed.*, 9, 179; 열린책들 12.

(1908e [1907]) "Creative Writers and Day-Dreaming", *Standard Ed.*, 9, 143; 열린책들 14.

(1909a [1908]) "Some General Remarks on Hysterical Attacks", *Standard Ed.*, 9, 229; 열린책들 10.

(1909b) "Analysis of a Phobia in a Five-Year-Old Boy", *Standard Ed.*, 10, 3; 열린책들 8.

(1909c [1908]) "Family Romances", *Standard Ed.*, 9, 237; 열린책들 7.

(1909d) "Notes upon a Case of Obsessional Neurosis", *Standard Ed.*, 10, 155; 열린책들 9.

(1910a [1909]) *Five Lectures on Psycho-Analysis*, *Standard Ed.*, 11, 3.

(1901c) *Leonardo da Vinci and a Memory of his Childhood*, *Standard Ed.*, 11, 59; 열린책들 14.

(1910h) "A Special Type of Choice of Object Made by Men", *Standard Ed.*, 11, 165; 열린책들 7.

(1910i) "The Psycho-Analytic View of Psychogenic Disturbance of Vision", *Standard Ed.*, 11, 211; 열린책들 10.

(1911b) "Formulations on the Two Principles of Mental Functioning", *Standard Ed.*, 12, 215; 열린책들 11.

(1911c [1910]) "Psycho-Analytic Notes on an Autobiographical Account of a Case Paranoia (Dementia Paranoides)", *Standard Ed.*, 12, 3; 열린책들 9.

(1912c) "Types of Onset of Neurosis", *Standard Ed.*, 12, 229; 열린책들 10.

(1912d) "On the Universal Tendency to Debasement in the Sphere of Love", *Standard Ed.*, 11, 179; 열린책들 7.

(1912-13) *Totem and Taboo*, London, 1950; New York, 1952; *Standard Ed.*, 13, 1; 열린책들 13.

(1913i) "The Disposition to Obsessional Neurosis", *Standard Ed.*, 12, 313; 열린책들 10.

(1914c) "On Narcissism : an Introduction", *Standard Ed.*, 14, 69; 열린책들 11.

(1914d) "On the History of the Psycho-Analytic Movement", *Standard Ed.*, 14, 3; 열린책들 15.

(1915c) "Instincts and their Vicissitudes", *Standard Ed.*, 14, 111; 열린책들 11.

(1915d) "Repression", *Standard Ed.*, 14, 143; 열린책들 11.

(1915e) "The Unconscious", *Standard Ed.*, 14, 161; 열린책들 11.

(1915f) "A Case of Paranoia Running Counter to the Psycho-Analytic Theory of the Disease", *Standard Ed.*, 14, 263; 열린책들 10.

(1916d) "Some Character-Types Met with in Psycho-Analytic Work", *Standard Ed.*, 14, 311; 열린책들 14.

(1916-17 [1915-17]) *Introductory Lectures on Psycho-Analysis*, New York, 1966; London, 1971; *Standard Ed.*, 15-16; 열린책들 1.

(1917d [1915]) "A Metapsychological Supplement to the Theory of Dreams" *Standard Ed.*, 14, 219; 열린책들 11.

(1917e [1915]) "Mourning and Melancholia", *Standard Ed.*, 14, 239; 열린책들 11.

(1918b [1914]) "From the History of an Infantile Neurosis", *Standard Ed.*, 17, 3; 열린책들 9.

(1919d) *Introduction to Psycho-Analysis and the War Neuroses*, London and New York, 1921; *Standard Ed.*, 17, 207.

(1919e) "A Child is Being Beaten", *Standard Ed.*, 17, 177; 열린책들 10.

(1920g) *Beyond the Pleasure Principle*, London, 1961; *Standard Ed.*, 18, 7; 열린책들 11.

(1921c) *Group Psychology and the Analysis of the Ego*, London and New York, 1959; *Standard Ed.*, 18, 69; 열린책들 12.

(1922b) "Some Neurotic Mechanism in Jealousy, Paranoia and Homosexuality", *Standard Ed.*, 18, 223; 열린책들 10.

(1923b) *The Ego and the Id*, London and New York, 1962; *Standard Ed.*, 19, 3; 열린책들 11.

(1923e) "The Infantile Genital Organization", *Standard Ed.*, 19, 141; 열린책들 7.

(1924b) "Neurosis and psychosis", *Standard Ed.*, 19, 149; 열린책들 10.

(1924c) "The Economic Problem of Masochism", *Standard Ed.*, 19, 157; 열린책들 11.

(1924d) "The Dissolution of the Oedipus Complex", *Standard Ed.*, 19, 173; 열린책들 7.

(1924e) "The Loss of Reality in Neurosis and Psychosis", *Standard Ed.*, 19, 183; 열린책들 10.

(1925d [1924]) *An Autobiographical Study, Standard Ed.*, 20, 3; 열린책들 15.

(1925j) "Some Psychical Consequences of the Anatomical Distinction between the Sexes", *Standard Ed.*, 19, 243; 열린책들 7.

(1926d [1925]) *Inhibitions, Symptoms and Anxiety*, London, 1960; *Standard Ed.*, 20, 77; 열린책들 10.

(1927a) "Postscript to the Question of Lay Analysis", *Standard Ed.*, 20, 251; 열린책들 15.

(1927c) *The Future of an Illusion*, London, 1962; *Standard Ed.*, 21, 31; 열린책들 13.

(1927e) "Fetishism", *Standard Ed.*, 21, 149; 열린책들 7.

(1928b) "Dostoevsky and Parricide", *Standard Ed.*, 21, 175; 열린책들 14.

(1930a) *Civilization and its Discontents*, New York, 1961; London, 1963; *Standard Ed.*, 21, 59; 열린책들 12.

(1931b) "Female Sexuality", *Standard Ed.*, 21, 223; 열린책들 7.

(1933a [1932]) *New Introductory Lectures on Psycho-Analysis*, New York, 1966; London 1971; *Standard Ed.*, 22; 열린책들 2.

(1935a) "Postscript to An Autobiographical Study", new edition, London and New York; *Standard Ed.*, 20, 71; 열린책들 15.

(1936a) "A Disturbance of Memory on the Acropolis", *Standard Ed.*, 22, 239; 열린책들 11.

(1937c) "Analysis Terminable and Interminable", *Standard Ed.*, 23, 211.

(1939a [1934-8]) *Moses and Monotheism, Standard Ed.*, 23, 3; 열린책들 13.

(1940a [1938]) *An Outline of Psycho-Analysis*, New York, 1968; London, 1969; *Standard Ed.*, 23, 141; 열린책들 15.

(1940e [1938]) "Splitting of the Ego in the Process of Defence", *Standard Ed.*, 23, 273; 열린책들 11.

(1950a [1887-1902]) *The Origins of Psycho-Analysis*, London and New York, 1954.

(1960a) *Letters 1873-1939* (ed. E. L. Freud), New York, 1960; London, 1961.

(1963a [1909-39]) *Psycho-Analysis and Faith. The Letters of Sigmund Freud and Oskar Pfister* (ed. H. Meng and E. L. Freud), London and New York, 1963.

(1965a [1907-26]) *A Psycho-Analytic Dialogue. The Letters of Sigmund Freud and Karl Abraham* (ed. H. C. Abraham and E. L. Freud), London and New

York, 1965.

(1966a [1912-36]) *Sigmund Freud and Lou Andreas-Salomé: Letters* (ed. E. Pfeiffer), London and New York, 1972.

(1968a[1972-39]) *The Letters of Sigmund Freud and Arnold Zweig* (ed. E. L. Freud), London and New York, 1970.

(1970a [1919-35]) *Sigmund Freud as a Consultant. Recollections of a Pioneer in Psychoanalysis* (Freud가 Edoardo Weiss에게 보낸 편지, Weiss의 회고와 주석, Martin Grotjahn의 서문과 해설 포함), New York, 1970.

(1974a [1906-23]) *The Freud/Jung Letters* (ed. W. McGuire), London and Princeton, N. J., 1974.

Hecker, E. (1893) "Über larvirte und abortive Angstzustände bei Neurasthenie", *Zentbl. Nervenheilk*, 16, 565.

Janet, Pierre (1898) *Névroses et idées fixes* (2 vols), 2nd ed., Paris.

Jones, E. (1913) "Haß und Analerotik in der Zwangsneurose", *Int. Z. ärztl. Psychoanal.*, 1, 425.

(1953) *Sigmund Freud: Life and Work*, Vol. 1, London and New York.

(1955) *Sigmund Freud: Life and Work*, Vol. 2, London and New York.

(1957) *Sigmund Freud: Life and Work*, Vol. 3, London and New York.

Jung, C. G. (1909) "Die Bedeutung des Vaters für das Schicksal des Einzelnen", *Jb. psychoanalyt. psychopath. Forsch.*, 1, 155.

(1910) "Über Konflikte der kindlichen Seele", *Jb. psychoanalyt. psychopath. Forsch.*, 2, 33.

Kaan, H. (1893) *Der neurasthenische Angstaffekt bei Zwangsvorstellungen und der primordiale Grübelzwang*, Wien.

Laforgue, R. (1926) "Verdrängung und Skotomisation", *Int. Z. Psychoanal.*, 12, 54.

Löwenfeld, L. (1904) *Die psychischen Zwangserscheinungen*, Wiesbaden.

(1906) *Sexualleben und Nervenleiden*, 4th ed., Wiesbaden.

Marcinowski, J. (1918) "Erotische Quellen der Minderwertigkeitsgefühle", *Z. SexWiss.*, Bonn, 4, 313.

Möbius, P.J. (1894) *Neurologische Beiträge*, Vol. 2, Leipzig.

Moll, A. (1898) *Untersuchungen über die Libido sexualis*, Vol. 1, Berlin.

Ophuijsen, J. H. W. van. (1917) "Beiträge zum Männlichkeitskomplex der Frau", *Int. Z. ärztl. Psychoanal.*, 4, 241.

Peyer, A. (1893) "Die nervösen Affektionen des Darmes bei der Neurasthenie des männlichen Geschlechtes (Darmneurasthenie)", *Vorträge aus der gesamten praktischen Heilkunde*, Vol. 1, Wien.

Pick, A. (1896) "Über pathologische Träumerei und ihre Beziehung zur Hysterie". *Jb. Psychiat, Neurol.*, 14, 280.

Rank, O. (1924) *Das Trauma der Geburt*, Wien.

Reik, T. (1925) *Geständniszwang und Strafbedürfnis*, Leipzig, Wien & Zürich.

Sadger, I. (1907) "Die Bedeutung der psychoanalytischen Methode nach Freud", *Zentbl, Nervenheilk. Psychiat.* N.F., 18, 41.

Silberer, H. (1910) "Phantasie und Mythos", *Jb. psychoanalyt. psychopath. Forsch.*, 2, 541.

Stekel, W. (1911) *Die Sprache des Traumes*, Wiesbaden (2nd ed., 1922).

Wernicke, C. (1894) 「불안 정신증에 관한 강연」, *Allg. Z. Psychiat.* 51에 보도됨 (1895), 1020.

찾아보기

충동Strebungen(Trieb) / impulse 34, 35, 56, 69, 70, 116, 117, 135, 147, 156, 157, 173,
174, 176, 177, 182~184, 186~188, 193, 194, 198, 199, 205, 214, 217, 220, 221,
223, 225, 226, 228, 229, 231, 232, 234~236, 238~240, 242~244, 251~254, 258,
261~263, 265, 283, 284, 287, 296, 297, 299~303, 305, 307, 308

카타르시스Katharsis / catharsis 50, 177, 294
칸Kann, M. 11

≣

퇴행Regression / regression 158, 249, 252~254, 265, 266

⊕

페렌치Ferenczi, Sándor 83, 122, 141, 179, 195, 208, 279, 280
페티시즘Fetischismus / fetishism 147, 162, 203, 216, 302
편집증Paranoia / paranoia 52, 63, 67, 113, 125, 127, 130, 131, 134~138, 166, 173,
179, 181, 183~191, 193, 209, 231, 232
플리스Fließ, Wilhelm 7, 10, 35, 45, 61, 112, 141, 142, 173, 206
피학대 음란증Masochismus / masochism 160, 167, 168
피해 편집증die verfolgte Paranoia / persecutory paranoia 185, 186, 188, 193
픽Pick, A. 63

⊕

항문기die anale Phase / anal phase 157, 252
항문 성애(항문 에로티시즘)Analerotik / anal eroticism 117, 120, 252
해석Deutung / interpretation 11, 21, 57, 63, 64, 67, 75~77, 92, 115, 130, 185, 189,
191, 275
헤커Hecker, E. 11, 15
홀로슈Hollós, S. 195
환각Halluzination / hallucination 15, 21, 54, 75, 86, 199, 209, 246, 277
환상Phantasie / phantasy 20, 35, 45, 51, 52, 57, 58, 61, 63~71, 75~77, 79, 99, 101,
115, 117, 135, 136, 139, 143~146, 148, 150~160, 162~172, 174~178, 189~191,
210, 211, 219, 223, 237, 258, 280
히르슈펠트Hirschfeld, M. 61
히스테리Hysterie / hysteria 8, 12, 14, 16, 20, 21, 23, 25, 30~32, 35, 38, 40~43, 45,

49~55, 57, 61~71, 73, 75~81, 85~87, 91, 98, 113~115, 118, 122, 123, 128, 137, 143, 148, 177, 189~191, 206, 208, 210, 217, 218, 223, 224, 229, 231, 232, 245~251, 255, 257, 260, 272, 273, 284, 290, 300~302, 307~309

옮긴이 **황보석** 1953년 충북 청주에서 출생하여, 서울대학교 불어교육과를 졸업하였으며 현재 전문 번역가로 활동하고 있다. 옮긴 책으로는 폴 오스터의 『기록실로의 여행』, 『공중 곡예사』, 『거대한 괴물』, 『달의 궁전』, 『우연의 음악』, 『고독의 발명』, 『뉴욕 3부작』, 『환상의 책』, 『신탁의 밤』, 『브루클린 풍자극』, 막심 고리끼의 『끌림 쌈긴의 생애』, 피터 메일의 『내 안의 프로방스』, 친기즈 아이뜨마또프의 『백년보다 긴 하루』, 시배스천 폭스의 『새의 노래』등 다수가 있다.

프로이트 전집 10

불안과 억압

발행일	1997년 4월 10일 초판 1쇄
	1998년 1월 20일 초판 2쇄
	2003년 9월 30일 2판 1쇄
	2019년 12월 15일 2판 10쇄
	2020년 10월 30일 신판 1쇄
	2023년 12월 15일 신판 3쇄

지은이   지크문트 프로이트
옮긴이   황보석
발행인   홍예빈·홍유진
발행처   주식회사 열린책들

경기도 파주시 문발로 253 파주출판도시
전화 031-955-4000 팩스 031-955-4004
홈페이지 www.openbooks.co.kr 이메일 humanity@openbooks.co.kr

ISBN 978-89-329-2058-0 94180
ISBN 978-89-329-2048-1 (세트)

이 도서의 국립중앙도서관 출판예정도서목록(CIP)은 서지정보유통지원시스템 홈페이지(http://seoji.nl.go.kr)와 국가자료공동목록시스템(http://www.nl.go.kr/kolisnet)에서 이용하실 수 있습니다.(CIP제어번호: CIP2020039781)